Philosophie der Freude

Heiterkeit, Lust, Vergnügen oder Wohlbefinden sind die Stiefkinder der Philosophie der Gegenwart. Die Auseinandersetzungen mit dem negativen Spektrum der Gefühle, wie Angst, Sorge oder Melancholie, dominieren. Die Heiterkeit steht im Verruf, oberflächlich, falsch und vor allem gedankenlos zu sein. Detlev Schöttker regt mit repräsentativen Beiträgen namhafter Autoren eine neue Debatte zur Philosophie der Freude an.

Detlev Schöttker, geboren 1954, ist Professor für Neuere deutsche Literatur und Medienanalyse an der TU Dresden. Zahlreiche Veröffentlichungen zur Medienanalyse, Ästhetik und Literaturgeschichte, darunter: *Konstruktiver Fragmentarismus. Form und Rezeption der Schriften Walter Benjamins*, 1999; als Herausgeber: *Mediengebrauch und Erfahrungswandel. Beiträge zur Kommunikationsgeschichte*, 2003.

Philosophie der Freude

Von Freud bis Sloterdijk

Herausgegeben von
Detlev Schöttker

RECLAM
LEIPZIG

Besuchen Sie uns im Internet:
www.reclam.de

© Reclam Verlag Leipzig, 2003
Reclam Bibliothek Leipzig, Band 20079
1. Auflage, 2003
Reihengestaltung: Gabriele Burde | Kurt Blank-Markard
Umschlaggestaltung: Gabriele Burde unter Verwendung des
Gemäldes »A sud del tempo« von Stefano Di Stasio
Gesetzt aus ITC Slimbach
Satz: Reclam Verlag Leipzig
Druck und Bindung: Reclam, Ditzingen
Printed in Germany
ISBN 3-379-20079-4

Inhalt

III. Melancholie-Therapie: Heiterkeit der Literatur

IV. Glück: Grenzen der Freude in der Moderne

Epilog

Vorwort

In einer seiner Thesen *Über den Begriff der Geschichte* hat Walter Benjamin ein Programm skizziert, das bis heute in großen Teilen uneingelöst geblieben ist, ob man es nun – wie der Autor im Jahr 1940 – dem Historischen Materialismus oder – mit dem nüchternen Blick auf die Entwicklung der folgenden Jahrzehnte – lieber den Kulturwissenschaften insgesamt zuweisen möchte. In der IV. These spricht Benjamin vom »Kampf um die rohen und materiellen Dinge, ohne die es keine feinen und spirituellen« gebe. Die aber seien »als Zuversicht, als Mut, als Humor, als List, als Unentwegtheit in diesem Kampf lebendig« und wirkten zugleich »in die Ferne der Zeit zurück«. Das entsprechende Programm ist allerdings so orakelhaft und reduziert formuliert, als traute sich der Autor nicht, es auszusprechen: »Wie Blumen ihr Haupt nach der Sonne wenden, so strebt kraft eines Heliotropismus geheimer Art, das Gewesene *der* Sonne sich zuzuwenden, die am Himmel der Geschichte im Aufgehen ist. Auf diese unscheinbarste von allen Veränderungen muß sich der historische Materialist verstehen.« Die Sensibilität gegenüber den positiven Stimmungen, die Benjamin fordert, gehört in der Tat zu den Defiziten der Wissenschaften, so daß über jene Erfahrungs- und Ausdrucksformen, die die antike Philosophie unter dem Begriff der Glückseligkeit zusammengefasst hat, in der Moderne kaum etwas bekannt ist. Der vorliegende Band versucht, diesem Mangel durch den Nachdruck von Arbeiten abzuhelfen, die sich mit Formen der Heiterkeit in der Nachfolge der Antike beschäftigt haben, um Elemente einer Philosophie der Freude für die Gegenwart zur Diskussion zu stellen.

Berlin und Dresden, im Juli 2003　　　　　　*Detlev Schöttker*

Detlev Schöttker

Philosophie der Freude?
Über Heiterkeitsdiskurse in der Moderne

»Die Freude flieht auf allen Wegen;/der Ärger kommt uns gern entgegen«, heißt es in Wilhelm Buschs Bildergeschichte *Balduin Bählamm, der verhinderte Dichter* (1883). Die These von der Flüchtigkeit des Glücks läßt sich mühelos von der Alltagserfahrung auf die Humanwissenschaften übertragen. Auch hier dominiert die Auseinandersetzung mit dem leidvollen Spektrum der Gefühle, wie Trauer, Angst und Frustration, während die Erscheinungsformen der Heiterkeit, wie Freude, Lust und Wohlbefinden, vernachlässigt werden: für theorieunwürdig befunden in der Philosophie und Psychologie, nur in der pathologischen Form der Manie behandelt von der Psychoanalyse oder als diabolisches Phänomen aufgefaßt in Studien zum Lachen.[1]

Diese Ausgrenzung der Heiterkeit aus den Wissenschaften ist jedoch kein Phänomen der Gegenwart, sondern das Ergebnis eines langfristigen Prozesses, der in der frühen Neuzeit mit der Aufwertung der Melancholie einsetzte. Galt diese von der Antike bis ins 18. Jahrhundert hinein als seelische Krankheit, um die sich zunächst die Medizin und später auch die Theologie und die Literatur in diätetischer Absicht bemühten, so wurde sie seit der Renaissance zunehmend als Kennzeichen bedeutender Persönlichkeiten und Voraussetzung künstlerischer und wissenschaftlicher Produktivität aufge-

---

1 Vgl. als Beispiele Fink-Eitel/Lohmann (Hg.), *Zur Philosophie der Gefühle* (1993); Lewin, *Das Hochgefühl* (1982); Dietzsch (Hg.), *Luzifer lacht* (1993). Vollständige Angaben zu den Büchern, die im Text erwähnt oder in den Fußnoten mit kurzen Angaben zitiert werden, finden sich in der Auswahlbibliographie.

faßt, wie Raymond Klibansky, Erwin Panofsky und Fritz Saxl in ihrer monumentalen und einflußreichen Untersuchung zur antiken Melancholieauffassung und ihrem Wandel gezeigt haben.

Das Buch, das 1964 unter dem Titel *Saturn and Melancholy* erschien und seit 1990 in deutscher Übersetzung vorliegt, hat wie keine andere Darstellung zum Verständnis jener Entwicklung beigetragen, die zur Aufwertung der Melancholie geführt hat und mit ihr in der Folgezeit verbunden war. Der Wandel ging danach vor allem von den Schriften Marsilio Ficinos aus, der am Ende des 15. Jahrhunderts als lateinischer Übersetzer und Kommentator der Schriften Platons bekannt wurde. Ficino berief sich auf eine Aristoteles zugeschriebene Äußerung, daß »alle hervorragenden Männer« Melancholiker gewesen seien. Diese Verknüpfung von Melancholie- und Genieauffassung war so wirkungsvoll, daß sie weitere Erörterungen des Phänomens geprägt hat.[2] Auch in den modernen Kulturwissenschaften hat deshalb nicht der heitere, sondern der melancholische Blick auf die Welt die größte Aufmerksamkeit beansprucht, wie zahlreiche Studien zur Rolle der Melancholie in Künsten und Wissenschaften zeigen.[3]

Zwar gab es seit dem 16. Jahrhundert auch eine Strömung der Heiterkeit in der deutschen Philosophie, Theologie und Literatur, die auf Luthers Auslegung des christlichen Glaubens als Gottvertrauen und die Rezeption der Philosophie Epikurs in

---

2 Die wichtigsten Texte sind abgedruckt in: Horstmann (Hg.), *Die stillen Brüter* (1992), und Sillem (Hg.), *Melancholie* (1997).

3 Beiträge der Forschung sind zusammengestellt bei Walter (Hg.), *Melancholie* (1999). Vgl. darüber hinaus Heinz-Günter Schmitz, *Das Melancholieproblem in Wissenschaft und Kunst der frühen Neuzeit.* In: *Sudhoffs Archiv* 60 (1976), S. 135–162; Wolfgang Weber, *Im Kampf mit Saturn. Zur Bedeutung der Melancholie im anthropologischen Modernisierungsprozeß des 16. und 17. Jahrhunderts.* In: *Zeitschrift für historische Forschung* 17 (1990), S. 155–192; Wagner-Egelhaaf, *Die Melancholie der Literatur* (1997), S. 32–251.

der frühen Aufklärung beruhte.[4] Doch verlor die Idee am Ende des 18. Jahrhunderts an Wirksamkeit, da die Heiterkeit durch die Aufwertung der Melancholie in den Verruf der Kunst- und Gedankenfeindlichkeit geriet, so daß sie – wie bei Schiller und Kleist – mit philosophischen Ansprüchen wie Freiheit oder Unsterblichkeit verknüpft werden mußte, um gerechtfertigt werden zu können.[5] Die idealistischen Konzeptionen allerdings wurden der psychischen Dimension des Phänomens nicht mehr gerecht, so daß sich die Idee der Heiterkeit in den Debatten des späten 18. Jahrhunderts nicht mehr behaupten konnte und zu Beginn des 19. Jahrhunderts aus der Philosophie und Literatur verschwand.[6]

Noch Freuds Deutung literarischer Produktivität, wonach nur der »Unbefriedigte«, nicht aber der »Glückliche« phantasiert, ist dieser Tradition einer Nobilitierung der Melancholie verpflichtet. »Unbefriedigte Wünsche«, so Freud in seinem Vor-

4 Vgl. Franz Schultz, *Die Göttin Freude. Zur Geistes- und Stilgeschichte des 18. Jahrhunderts.* In: *Jahrbuch des Freien Deutschen Hochstifts* (1926), S. 3–38; Wolfgang Binder, *»Genuß« in Dichtung und Philosophie des 17. und 18. Jahrhunderts* (1973). In: ders., *Aufschlüsse. Studien zur deutschen Literatur.* Zürich, München 1976, S. 7–33; Hans Joachim Krämer, *Epikur und die hedonistische Tradition.* In: *Gymnasium* 87 (1980), S. 294–326, hier S. 311 ff.; Gerhild Scholz Williams, *Faust verführt: Epikur in der Frühen Neuzeit.* In: Johannes Janota u. a. (Hg.), *Festschrift Walter Haug und Burghart Wachinger*, 2 Bde. Tübingen 1992, Bd. 1, S. 124–138. Vgl. außerdem Kimmich, *Epikureische Aufklärungen* (1993), S. 122 ff., und die Sammlung der einschlägigen Arbeiten von Mauser, *Konzepte aufgeklärter Lebensführung* (2000).

5 Vgl. Weinrich, *Kleine Geschichte der Heiterkeit* (2000), sowie die Beiträge von Anja Höfer und Karl-Heinz Bohrer in diesem Band.

6 Vgl. Detlev Schöttker, *Metamorphosen der Freude. Darstellung und Reflexion der Heiterkeit in der Literatur des 18. Jahrhunderts.* In: *Deutsche Vierteljahrsschrift für Literaturwissenschaft und Geistesgeschichte* 72 (1998), H. 3, S. 354–375. Die Überlegungen des Aufsatzes werden hier aufgenommen und weitergeführt.

trag *Der Dichter und das Phantasieren* (1908), »sind die Triebkräfte der Phantasien.«[7] In seinen späteren Arbeiten hat Freud die Melancholie sogar zur anthropologischen Konstante erklärt und damit die Heiterkeit in theoretischer Hinsicht aus der Psychoanalyse ausgegrenzt. »Man möchte sagen«, so heißt es in dem Aufsatz *Das Unbehagen an der Kultur* (1930), »die Absicht, daß der Mensch ›glücklich‹ sei, ist im Plan der ›Schöpfung‹ nicht enthalten.«[8] Freud übernimmt hier jenen Pessimismus in der Geschichtsphilosophie des 19. Jahrhunderts vor Marx, der in der vielzitierten Äußerung Hegels gipfelt, daß in der »Weltgeschichte« die »Perioden des Glücks« nur »leere Blätter« seien.[9] Zwar enthält Freuds kurzer Aufsatz *Der Humor* von 1927, der an seine frühere Studie *Der Witz und seine Beziehung zum Unbewußten* (1905) anknüpft, Elemente einer psychoanalytischen Theorie der Heiterkeit als »Triumph des Narzißmus« und »der siegreich behaupteten Unverletzlichkeit des Ichs«. Doch beginnt die Theoriebildung der Psychoanalyse erst »jenseits« des »Lustprinzips«.[10]

Auch Friedrich Nietzsche konnte seine Konzeption der Heiterkeit als heroische Selbstbehauptung gegen die Dominanz der melancholischen und pessimistischen Diskurse nicht durchsetzen, so daß die Idee bis heute zu den am wenigsten behandelten Elementen in seinem Werk gehört, obwohl sie zum Inbegriff seiner Philosophie und in der Formel *Die fröhliche*

7 Sigmund Freud, *Der Dichter und das Phantasieren*. In: ders., Studienausgabe. Frankfurt/M. 1982, Bd. X, S. 171–179, hier S. 173.

8 Sigmund Freud, *Das Unbehagen an der Kultur*. In: ders., *Studienausgabe* (1982), Bd. IX, S. 197–259, hier S. 208.

9 Georg Friedrich Wilhelm Hegel, *Vorlesungen über die Philosophie der Geschichte* [postum 1833–1836]. Frankfurt/M. 1970 (Werke, Bd. 12), S. 42.

10 Vgl. Paul Parin, *Psychoanalytische Entlarvung des Glücks*. In: *Kursbuch* 95/1989: Das Glück, S. 111–120, sowie zu neueren Entwicklungen der Theoriebildung den Beitrag von Andreas Heinz in diesem Band.

Wissenschaft (1882) sogar zum Titel eines Buches wurde.[11] Zwar forderte Jacques Derrida in seinem Vortrag *Die Struktur, das Zeichen und das Spiel im Diskurs der Wissenschaften vom Menschen* (1966/67), der zum Gründungsdokument des Postmodernismus wurde, mit Bezug auf Nietzsche »die fröhliche Bejahung des Spiels der Welt und der Unschuld der Zukunft«. Doch ist die Welt hier auf Sprache reduziert, so daß die psychische Dimension ausgeblendet wird. Derrida geht es nicht um Stimmungen, sondern um »die Bejahung einer Welt aus Zeichen ohne Fehl, ohne Wahrheit, ohne Ursprung, die einer tätigen Deutung offen ist«[12].

Für Nietzsche ist Heiterkeit dagegen kein sprachliches, sondern ein psychisches und moralisches Phänomen. Gleich zu Beginn der *Götzen-Dämmerung* (1889), die er als letztes Buch vor seinem psychischen Zusammenbruch noch selbst publizierte, schreibt er: »Inmitten einer düstern und über die Maassen verantwortlichen Sache seine Heiterkeit aufrecht erhalten ist nichts Kleines von Kunststück: und doch, was wäre nöthiger als Heiterkeit?« Ebenso heißt es am Schluß des Buches über sein gesamtes Werk seit dem Buch über *Die Geburt der Tragödie aus dem Geiste der Musik* (1872): »Das Jasagen zum Leben selbst noch in seinen fremdesten und härtesten Problemen; der Wille zum Leben, im *Opfer* seiner höchsten Typen der eignen Unerschöpflichkeit frohwerdend – *das* nannte ich dionysisch; das errieth ich als die Brücke zur Psychologie des *tragischen* Dichters. *Nicht* um von Schrecken und Mitleiden loszukommen, nicht um sich von einem gefährlichen Affekt durch dessen vehemente Entladung zu reinigen – so verstand es Aristoteles –: sondern um, über Schrecken und Mitleid hinaus, die

11 Vgl. Schneider, *Grundzüge einer Philosophie des Glücks bei Nietzsche* (1983), Brusotti, *Die Leidenschaft der Erkenntnis* (1997).

12 In: Jacques Derrida, *Die Schrift und die Differenz*. Frankfurt/M. 1976 (stw 177) [zuerst franz. 1967], S. 422–450, hier S. 441.

ewige Lust des Werdens *selbst zu sein*, jene Lust, die auch noch die *Lust am Vernichten* in sich schließt ...«[13]

Der philosophische Pessimismus, gegen den sich Nietzsche hier wendet, findet sich auch in Werken, die die intellektuellen Debatten der Bundesrepublik seit Ende der sechziger Jahre geprägt haben. So wird in der *Dialektik der Aufklärung* von Horkheimer und Adorno, die zwanzig Jahre nach ihrem Erscheinen (1947) intensiv rezipiert wurde, die Geschichte als Verfallsprozeß gedeutet und damit der Wahrnehmungsmodus des Melancholikers zum Modell des historischen Prozesses. Da »Aufklärung« hier zum Verbündeten von »Barbarei« und »Massenbetrug« gemacht wird,[14] gerät ihre ursprüngliche Idee als Aufheiterung endgültig aus dem Blick.[15] Dagegen haben Alexander und Margarete Mitscherlich in ihrem Buch *Die Unfähigkeit zu trauern* (1967) die Trauer zu einem kollektiven Phänomen gemacht, um die Verdrängung der nationalsozialistischen Verbrechen in der Nachkriegszeit sozialpsychologisch zu beschreiben. Die Idee der »Heiterkeit« wird hier zwar positiv aufgefaßt, allerdings in konsumkritischer Perspektive als »angstfreie Einstellung zum Objektverlust« definiert, so daß sie der Vielfalt des Phänomens nicht gerecht wird.[16]

Beide Bücher haben zur Aufwertung der Trauer als Haltung moralischer und intellektueller Redlichkeit und zur Fortsetzung der Stigmatisierung von Heiterkeit als Oberflächlichkeit

---

13 Friedrich Nietzsche, *Götzen-Dämmerung*. In: ders., *Sämtliche Werke. Kritische Studienausg. in 15 Bänden*. München 1988, Bd. 6, S. 55–160, hier S. 55 und 160 (Hervorh. und Auslassung im Orig.).

14 Adorno/Horkheimer, *Dialektik der Aufklärung* (1947/1987), S. 144 ff.

15 Vgl. Weinrich, *Kleine Literaturgeschichte der Heiterkeit* (2000).

16 Mitscherlich, *Die Unfähigkeit zu trauern* (1967/1990), S. 243. Vgl. zu den theoretischen Defiziten des Buches Tilmann Moser, *Die Unfähigkeit zu trauern: Hält die Diagnose einer Überprüfung stand? Zur psychischen Verarbeitung des Holocaust in der Bundesrepublik*. In: *Psyche* 46 (1992), S. 391–405.

und Gedankenlosigkeit beigetragen. Die Philosophie konnte sich deshalb seit Ende der sechziger Jahre erfolgreich als »traurige Wissenschaft« etablieren, wie Adorno sie im Gegenzug zu Nietzsche zu Beginn seiner *Minima Moralia* (1951) genannt hat.[17] Ebenso waren die Geisteswissenschaften in erster Linie auf *Positionen der Negativität* fixiert, wie die Gruppe »Poetik und Hermeneutik« eine ihrer Tagungen Anfang der siebziger Jahre in Anlehnung an eine zentrale Kategorie Adornos überschrieb.[18] Karl Heinz Bohrer hat in seine Arbeiten zur literarischen Ästhetik diese Idee der Negativität aufgenommen, sie im Gegensatz zu Adorno allerdings nicht geschichtsphilosophisch aufgefaßt, sondern im Sinne von Hofmannsthals Konzeption des »gefährlichen Augenblicks« in reflexiver Hinsicht ausgearbeitet.[19]

In einem Beitrag, der im Juli 1967 in der *Süddeutschen Zeitung* unter dem Titel *Ist die Kunst heiter?* erschien, hat sich Adorno schließlich ausdrücklich gegen die »Heiterkeit der Kunst« gewandt und seine Auffassung mit der manipulativen Rolle der

17 Adorno, *Minima Moralia* (1951/1979), S. 7. Ulrich Raulff hat das Buch zu Recht als »Hausbuch der kritischen Intelligenz« bezeichnet: U. R., *Die »Minima Moralia« nach fünfzig Jahren*. In: Andreas Bernhard/ders. (Hg.), *»Minima Moralia« neu gelesen*. Frankfurt/M. 2003 (es 2284), S. 123-131, hier S. 124.
18 Vgl. Weinrich (Hg.), *Positionen der Negativität* (1975). Vgl. dazu Hendrik Birus, *Adornos ›Negative Ästhetik‹?* In: *Deutsche Vierteljahrschrift für Literaturwissenschaft und Geistesgeschichte* 62 (1988), S. 1-23. Die Idee der Heiterkeit führte zur selben Zeit dagegen ein unbedeutendes Schattendasein. Vgl. Kiedaisch, *Ist die Kunst noch heiter?* (1996).
19 Vgl. *Plötzlichkeit* (1981), *Das absolute Präsens* (1994), *Ästhetische Negativität* (2000), *Ekstasen der Zeit* (2003). Zu den historischen Voraussetzungen der Idee vgl. ders., *Zur Vorgeschichte des Plötzlichen. Die Generation des »gefährlichen Augenblicks«*. In: ders., *Plötzlichkeit* (1981), S. 43-67, und Sauerland (Hg.), *Melancholie und Enthusiasmus* (1988).

Kulturindustrie begründet. »Seitdem die Kunst von der Kulturindustrie an die Kandare genommen wird und unter die Kon-
sumgüter sich einreiht«, so Adorno, »ist ihre Heiterkeit synthe-
tisch, falsch, verhext.« Und er fügt hinzu: »Kunst, die anders als
reflektiert gar nicht mehr möglich ist, muß von sich aus auf
Heiterkeit verzichten.«[20] Da eine wirkungsvolle Gegenposition
fehlte, folgte die Philosophie seit Ende der sechziger Jahre aus-
nahmslos der Auffassung Adornos.[21]

Die marxistische Linke hatte dem Negativismus der kritischen
Theorie in den siebziger Jahren nichts entgegenzusetzen.
Während »Hedonismus« zum Phänomen der »Subkultur«
wurde, konnte die Idee der Heiterkeit im Sinne von Blochs
Prinzip Hoffung (1959) nur als Utopie verstanden werden, so
daß sie aus der Gegenwart verbannt wurde.[22] 1981 mußte deshalb Karl Marcus Michel in einem *Kursbuch* zum Wetter feststellen, daß die Frage nach der Bedeutung der metaphorischen
Feststellung »Hab Sonne im Herzen« auf ein »theoretisches
Defizit« stoße, während das anschließende »Lob des Regenschirms« reichhaltig illustriert werden konnte.[23]

Zwar hat Emil Staiger als Vertreter einer konservativen Geistes-
wissenschaft bereits 1966 eine Gegenposition zum Negativismus der Moderne zu formulieren versucht, als er in seiner
Zürcher Rede über *Literatur und Öffentlichkeit* gegen die

20 Theodor W. Adorno, *Ist die Kunst heiter?* In: ders., *Noten zur Litera-
tur* IV. Frankfurt/M. 1974 (Bibliothek Suhrkamp 395), S. 147–157, hier
S. 153.
21 Vgl. als Beispiele Eichhorn, *Kritik der Heiterkeit* (1973), und Odo
Marquard, *Exile der Heiterkeit*. In: Preisendanz/Warning (Hg.), *Das
Komische*, S. 133–151.
22 Vgl. Kerbs (Hg.), *Die hedonistische Linke* (1970), zu Blochs Prinzip
Hoffnung u. a. Burghart Schmidt (Hg.), *Seminar: Zur Philosophie
Ernst Blochs*. Frankfurt/M. 1983 (stw 268).
23 Karl Marcus Michel, *Hab Sonne im Herzen. Über ein theoretisches
Defizit*. In: Kursbuch 64/1981: Das Wetter, S. 25–37; Ulrich Raulff, *Lob
des Regenschirms*. In: ebd., S. 38–42.

»Scheußlichkeiten« in der modernen Literatur die Forderung nach mehr »Heiterkeit des Schönen« erhob. Doch scheiterte er nicht nur am Widerspruch seiner zahlreichen Kritiker (auch Adorno bezog sich in seinem Beitrag zur Heiterkeit ohne Nennung des Namens auf ihn). Sein Scheitern war vielmehr im Idealismus seiner Auffassung begründet, die bereits Schillers Idee der Heiterkeit ausgehöhlt hatte.[24] »Die Heiterkeit des Schönen«, so meinte Staiger am Schluß seiner Rede, »aber schließt den tiefen Ernst nicht aus. Und eben diese Heiterkeit, die sich aus dem tiefen Ernst, der bangsten Erkenntnis der menschlichen Dinge entwindet, schwebe uns unablässig vor als höchste Form der Menschlichkeit.«[25] Harald Weinrich hat in seinen *Drei Thesen von der Heiterkeit der Kunst* (1968) den Mangel an Heiterkeit in der modernen Literatur zwar mit der veränderten Haltung des Autors zu seinem Publikum zu erklären versucht, damit aber den Befund Staigers zugleich bestätigt: »Die Welt nimmt vorwiegend in ihrer Negativität literarische Gestalt an.«[26]

Dennoch setzte in den siebziger Jahren ein Wandlungsprozeß ein, der zur Renaissance von Ideen der Heiterkeit führte. Sie wird in dieser Anthologie durch verschiedene Beiträge dokumentiert. So sind unter dem Einfluß von Wolfgang Preisendanz' Buch *Humor als dichterische Einbildungskraft* (1963) zunehmend Arbeiten entstanden, die das Phänomen des Komischen über das Drama hinaus in unterschiedlichen Bereichen der Literatur und des Alltagslebens untersucht haben, wie ein 1974 veranstaltetes Kolloquium der Gruppe »Poetik und

24 Vgl. dazu Schöttker, *Metamorphosen* (Anm. 6).

25 Emil Staiger, *Literatur und Öffentlichkeit*. In: *Neue Zürcher Zeitung* vom 21.12.1966. Der Text und die zahlreichen Reaktionen, die die Rede auslöste, sind dokumentiert in zwei Heften von *Sprache im technischen Zeitalter* (1967), S. 83–206, und (1968), S. 87–179; Staigers Rede ebd. (1967), S. 90–97.

26 Harald Weinrich, *Drei Thesen von der Heiterkeit der Kunst* (1968). In: ders., *Literatur für Leser. Essays und Aufsätze zur Literaturwissenschaft*. München 1986 (dtv 4451), S. 7–20, hier S. 9.

Hermeneutik« zeigt.[27] Die neuere Barockforschung hat, angeregt durch Richard Alewyns Buch *Das große Welttheater* (1959), die Formen der Lebenslust in der höfischen Kultur des 17. Jahrhunderts wiederentdeckt.[28] Peter Sloterdijk hat mit seiner *Kritik der zynischen Vernunft* (1983) – im Anschluß an Niehues-Pröbstings Buch über den *Kynismus des Diogenes* (1979/ 88) – die Diskussion auf die kynische Tradition der Heiterkeit und ihre Verfallsformen im modernen Zynismus gelenkt.[29] Die intensive Rezeption von zwei Büchern Michail Bachtins über *Dostojewskis Poetik* (1971) und *Rabelais und seine Welt* (1987), die erstmals 1969 durch den Auswahlband *Literatur und Karneval* bekannt wurden, führte zu einer Fülle von literatur- und kulturhistorischen Arbeiten über die Tradition der populären Lachkultur, die trotz der mangelhaften empirischen Basis Bachtins die Blickwinkel der Mediävistik und Frühneuzeitforschung verändert haben.[30] Und schließlich haben die späten Schriften Michel Foucaults zur *Geschichte der Sexualität* (vor allem *Der Gebrauch der Lüste* und *Die Sorge um sich selbst* von 1984) durch ihren Rückgriff auf die einschlägigen antiken Schriften zu einer erneuten Beschäftigung mit dem Phänomen des Glücks und den Bedingungen eines guten Lebens geführt.[31]

27 Warning/Preisendanz (Hg.), *Das Komische* (1976). Weinrichs Beitrag am Schluß dieser Anthologie stammt aus dem Band und bündelt viele der hier diskutierten Ideen.
28 Vgl. Adam (Hg.), *Geselligkeit und Gesellschaft im Barockzeitalter* (1977).
29 Vgl. zur Diskussion Anonym (Hg.), *Peter Sloterdijks »Kritik der zynischen Vernunft«* (1987).
30 Vgl. Dietz-Rüdiger Moser, *Lachkultur des Mittelalters? Michail Bachtin und die Folgen seiner Theorie.* In: *Euphorion* 84 (1990), H. 1, S. 89–111; Dirk Schümer, *Lachen mit Bachtin – ein geisteshistorisches Trauerspiel.* In: Bohrer/Scheel (Hg.), *Lachen* (2002), S. 847–859; Röcke/Neumann (Hg.), Komische Gegenwelten (1999)
31 Vgl. Schmid, *Auf der Suche nach einer neuen Lebenskunst* (1991/2000); Martin Seel, *Die Wiederkehr der Ethik des guten Lebens.*

Die psychischen Voraussetzungen und philosophische Dimension der Heiterkeit, die in der Antike untrennbar mit Fragen der Lebenskunst und des Glücks verbunden waren, werden in neueren Arbeiten allerdings selten behandelt. Der vorliegende Band soll dieses Defizit ausgleichen und Beiträge miteinander verbinden, die Fragen der Heiterkeit in der modernen Welt mit Bezug auf ihre Tradition erörtern. Walter Benjamins Programm erhält damit eine historische Grundlage.

*

Im I. Teil stehen die Antike und ihre Rezeption im Vordergrund. Wilhelm Schmid gibt eine Einführung in einschlägige Texte zur Heiterkeit von Demokrit über Seneca bis hin zu Plutarch und grenzt grundlegende Begriffe, wie Freude, Humor, Lachen und Glück, voneinander ab (doch ist die Begriffsfrage in historischer und philologischer Hinsicht weiterhin zu klären). Dorothee Kimmich stellt Epikurs Philosophie auf der Grundlage von Foucaults Konzeption der Selbstsorge dar und deutet damit eine der einflußreichsten Richtungen der antiken Ethik in neuer Weise. Peter Sloterdijk rekonstruiert mit dem antiken Kynismus und seiner Verkörperung in der Person des Diogenes von Sinope die zweite bedeutende Tradition antiker Heiterkeit in historisch übergreifender Perspektive. Und Heinz-Günter Schmitz stellt die Maßnahmen dar, die die antike Medizin zur Therapie der Melancholie entwickelt hat und die über die Jahrhunderte hinweg angewandt wurden.

Die Beiträge des II. Teils gehen vom Mittelalter und der frühen Neuzeit aus. Michail Bachtin stellt drei verschiedene »Ausdrucksformen der volkstümlichen Lachkultur« dar. Franziska Meier rekonstruiert auf der Grundlage von Castigliones einflußreichem *Il Libro del Cortegiano* (1528) die Idee einer höfi-

In: *Merkur* 45 (1991), H. 1, S. 42–49, und ders., *Theorien der Lebenskunst*. In: *Merkur* 47 (1993), H. 11, S. 980–988; Steinfarth (Hg.), *Was ist gutes Leben?* (1998).

schen Heiterkeit. Richard Alewyn gibt einen Überblick über die höfische Festkultur des 17. Jahrhunderts und ihre sozialpsychologischen Voraussetzungen. Und Axel Honneth skizziert auf der Basis von neueren Studien zur Wirtschafts- und Mentalitätsgeschichte, die an Max Webers Protestantismus-These anknüpfen, die Ursprünge und Voraussetzungen des modernen Konsumverhaltens.

Die Beiträge des III. Teils behandeln die therapeutische Funktion der Literatur. Wolfram Mauser stellt die medizinisch-diätetische Grundlage der Rokokodichtung dar, die die Literatur bis zu Goethe geprägt hat. Anja Höfer zeigt, daß die Idee der Heiterkeit eine herausragende Kategorie in Goethes Werk ist und hier eng auf die Melancholie bezogen wird. Karl Heinz Bohrer analysiert die Briefe, die Kleist vor seinem Selbstmord geschrieben hat, und interpretiert sie als Beitrag zu einem »heiteren« Todesdiskurs. Und Helmuth Kiesel zeigt am Beispiel des *Doktor Faustus*, daß Thomas Manns eigener Begriff der »Durchheiterung« eine zentrale Kategorie seiner Ästhetik darstellt, die nicht zuletzt seine Auseinandersetzung mit dem Nationalsozialismus geprägt hat.

Im IV. Teil werden Beiträge gedruckt, die die Anfälligkeit der Heiterkeit in der Moderne behandeln. Sigmund Freud entwickelt am Beispiel des Humors Grundzüge einer psychoanalytischen Theorie der Freude. Andreas Heinz gibt einen Überblick über die Debatten zur Heiterkeit in der Psychoanalyse und Psychiatrie nach Freud. Dieter Thomä beschäftigt sich mit der Kritik am Glücksanspruch in der Philosophie der Gegenwart. Und Martin Seel konfrontiert die Hartnäckigkeit von Glückserwartungen mit der Erfahrung ihrer Uneinlösbarkeit. Im Beitrag von Harald Weinrich wird schließlich deutlich, daß Tragödie und Komödie, Lachen und Weinen sowie Melancholie und Heiterkeit nicht so weit voneinander entfernt sind, wenn man davon ausgeht, daß das Individuum gestärkt aus ihnen hervorgehen soll.

I. Antike Heiterkeit:
Von der Seelenruhe zur Lebenskunst

Wilhelm Schmid

Heiterkeit
Zur Rehabilitierung eines philosophischen Begriffs

Wir scheinen in einer Zeit zu leben, in der die Heiterkeit nicht sonderlich am Platz ist. Zu viele schlimme Nachrichten stürmen auf uns ein, und es gibt vielleicht Grund, der Verzweiflung näher zu sein als der Heiterkeit. Warum ist dennoch die Rede davon? Woher das neuerliche Interesse daran? Festzuhalten ist zunächst nur, dass die Heiterkeit, wie auch die Lebenskunst, die Selbstsorge, die Gelassenheit etc., offenkundig zur Familie der Begriffe gehört, die in der Moderne, und mit ihr in der modernen Philosophie, weitgehend vergessen worden sind.[1] Sie wieder zu entdecken ist Bestandteil der Suche nach Nachhaltigkeit, die verfehlt wäre, wenn es nicht gelänge, die Nachhaltigkeit mitten in uns selbst, in unserer Lebenshaltung und Lebensform anzusiedeln. Zu einem nachhaltigen Lebensstil gehört die Heiterkeit. Wesentliche Momente des Begriffs sind

---

1 Vgl. Wilhelm Schmid, *Philosophie der Lebenskunst – Eine Grundlegung*. Frankfurt/M. 1998 (stw 1385). In stark verkürzter Form und mit neuen Texten: Ders., *Schönes Leben? Einführung in die Lebenskunst*. Frankfurt/M. 2000.

jedoch nur durch einen Rückgriff auf dessen Geschichte zu erschließen. Dann erst, wenn der Begriff vergegenwärtigt worden ist, können die Gründe für sein Verschwinden in der Moderne und die Möglichkeiten seiner Erneuerung erörtert werden.

Offenkundig kann Heiterkeit produziert werden: Sie ist geradezu eine bewusst gewählte und asketisch hergestellte Haltung, verbunden mit einer bestimmten Sicht der Dinge und der Welt. Heiterkeit ist eine Form von Lebensführung. Es handelt sich bei der Heiterkeit um eine vom Selbst bewusst vorgenommene, maßvolle Disposition des Gemüts mithilfe des Denkens, verbunden mit einer Arbeit der Reflexion. Das geht bereits aus dem Urtext der philosophisch inspirierten Heiterkeit hervor, nämlich Demokrits Abhandlung *Über die Heiterkeit* aus dem 5./4. Jahrhundert v. Chr. Die erhalten gebliebenen Fragmente sprechen von einer *euthymia*, einer Wohlgesinntheit, Wohlgestimmtheit des Gemüts, die doch mehr ist als nur ein Gemütszustand, der zufälligerweise so oder so ausfallen kann. Den Menschen, so sagt Demokrit, entstehe Heiterkeit aus dem maßvollen Umgang mit Lüsten und aus einem »Leben im Gleichmaß«[2].

Entscheidend ist dieses Leben im Gleichmaß, das »symmetrische Leben«, die Wohlproportioniertheit zwischen dem Zuviel und Zuwenig in allen Dingen – nicht zu verwechseln mit einer arithmetischen Mitte –, das Zusammenstimmen der verschiedenen Komponenten von Körper, Seele und Geist. Das symmetrische Leben setzt die Wohlgesinntheit ins Werk, mit der die Heiterkeit erfahrbar wird, und meidet die gegensätzliche Übelgesinntheit und Missmutigkeit. Übelgesinntheit wird vermieden, indem man grundsätzlich davon ausgeht, dass nichts reibungslos vonstatten geht, dass nichts problemlos funktioniert. Die Werkzeuge sind grundsätzlich krumm und schief, und es kommt darauf an, sie so zu gebrauchen, wie sie nun mal be-

2 Demokrit, *Fragmente zur Ethik. Griech.-dt.* Übers. u. komm. v. Gerd Ibscher. Stuttgart 1996.

schaffen sind. Dies gilt erst recht für den Umgang mit Menschen: Sie sind, wie sie sind. Wer sich mithilfe asketischer Einübung daran gewöhnt, Eigenarten und Merkwürdigkeiten anderer als gegeben hinzunehmen, der erreicht anstelle von Missmut Wohlgemut.

Ferner kommt es darauf an, über erfreuliche Dinge sich auch wirklich zu freuen. Das hat nichts damit zu tun, nur Erfreuliches zu affirmieren und Unerfreuliches zu negieren. Es handelt sich nicht um ein modernes Positivdenken, denn im Unterschied dazu präpariert sich das Selbst hier für das »Negative« und rechnet nicht mit dem »Positiven« – gerade aus diesem Grund wird es resistent gegen Enttäuschungen und aufnahmefähig für Erfreuliches. In jeder Lebenslage ist ein heiteres Ertragen der Widrigkeiten und sogar ein lustvolles Leben möglich, wenn die Misslichkeiten für leicht und unbedeutend gehalten werden, notfalls kontrafaktisch: Es hängt von der Verteilung der Gewichte im Denken ab, ob auf der Waage des Lebens Symmetrie hergestellt werden kann.

Im Zweifelsfall ist das symmetrische Leben eine Frage der Perspektive: Die Perspektive kann vom jeweiligen Individuum selbst so gewählt werden, dass es sich weniger mit denjenigen vergleicht, denen es besser geht, als vielmehr mit denen, die sich schlechter befinden. Dieser je nach Perspektive originelle oder ärgerliche Vorschlag taucht in der Antike bei den verschiedenen philosophischen Autoren immer wieder auf, um den Zustand der Heiterkeit zu erreichen. Wer nicht so verfährt, bestraft sich selbst: Er wird, welche Höhe auch immer er erklimmt, Mangel im Vergleich zu »Höherstehenden« empfinden; selbst die Könige empfinden noch Mangel an allem, was Göttern eigen ist. Grundsätzlich wird zu viel Beneidenswertes bei anderen vermutet, wo aber, wie ein Blick hinter die Kulissen zeigt, meist zu wenig davon zu finden ist. Damit schlägt man sich selbst, anstatt sich zu sagen: »Beneidenswert ist unser Leben.«

Das symmetrische Leben hat mit einer Arbeit zu tun, die das Selbst an sich selbst leistet und mit deren Hilfe die Heiterkeit als

Haltung hergestellt wird. Heiterkeit ist die Haltung der Gelassenheit, im Sprachgebrauch gelegentlich zusammengezogen zum Ausdruck der »gelassenen Heiterkeit«, der jedoch, folgt man dem Stoiker Seneca, zweimal dasselbe sagt. Seneca ist derjenige, der dem Begriff der Heiterkeit im 1. Jahrhundert n. Chr. eine stoische Fassung gibt. Als Übersetzung der griechischen *euthymia* wählt er den Begriff der *tranquillitas*; ihr widmet er seine Schrift *Über die Seelenruhe (De tranquillitate animi)*, die von der Ungetrübtheit und Ausgeglichenheit der Seele handelt, nicht zu verwechseln mit Untätigkeit und Quietismus.[3]

Grundlage der Heiterkeit ist das symmetrische, wohlorganisierte und ausbalancierte Selbst, die Festgefügtheit der Seele, die »mitten im Sturm« die Ausgeglichenheit zu bewahren und »mit leichter Seele« vieles hinzunehmen vermag. Die Grundlage von Heiterkeit ist die Erlangung von Selbstmächtigkeit. Um eine solche Selbstmächtigkeit zu erreichen, empfiehlt es sich, bei jeder Sache, die infrage steht, sich darüber klar zu werden, ob sie »in meiner Macht« steht oder nicht, und, wenn ja, wie weitgehend. Selbstmächtigkeit ermöglicht Gelassenheit, nämlich ein Lassen angesichts all dessen, was nicht »in meiner Macht« steht; dies geht mit einer Stärkung der Hinnahmefähigkeit einher.

Wahre Selbstmächtigkeit ist, aufgrund kluger Sorge, ein Freisein von ängstlicher Sorge, frei noch von Angst vor der Angst. Sie macht das Selbst stark genug, um auch schwach sein zu können. Die kluge Sorge bemüht sich um eine Festgefügtheit des Selbst, die keinen Einschluss des Selbst in sich, sondern größtmögliche Offenheit gegenüber anderen und anderem bedeutet. Dies aber kann nur erreicht werden – Seneca beschreibt den Weg recht präzise –, wenn man sich zunächst über sich selbst klarer wird, sich Rechenschaft ablegt über die Eigenheiten, die man mitbringt und füglich zu beachten hat, um nicht Unangemessenes von sich selbst zu erwarten. Um das Verhält-

---

3 Seneca, *De tranquillitate animi – Über die Ausgeglichenheit der Seele.* Lat.-dt. Übers. und hg. v. Heinz Gunermann. Stuttgart 1984.

nis zu sich selbst zu stärken, bedarf das Selbst zudem der Freunde, »deren Heiterkeit Schwermut zerstreut und deren Anblick allein schon erfreut«, ein Anblick, der gewiss nicht nur auf äußerlicher Schönheit beruht.

Wichtig ist des Weiteren, nicht an irgendwelchen Besitz sein Herz zu hängen, denn um Besitz muss man sich kümmern, um ihn muss man fürchten, unentwegt ist man mit ihm beschäftigt und auf diese Weise von ihm besessen, während es doch darauf ankommt, sich selbst zu besitzen. Die ganze Lebensweise sollte maßvoll eingerichtet sein, denn dieses, wie man es nennen könnte, »schlanke Leben« bietet weniger Angriffsflächen für Attacken des Schicksals; »viele Stürme fallen nur über diejenigen her, die ihre Segel zu weit ausspannen«. Man ist nicht mehr völlig zu überraschen von dem, was geschieht, sondern ist auf alles vorbereitet und hegt keine Illusionen über ein »Leben in zarter Unberührtheit«. Keine Angst vor dem Tod sollte man haben; dazu dient es, sich zu sagen, dass der Tod eigentlich bereits mit der Zeugung beschlossene Sache war, eine Bedingung des Lebens, geradezu die Lebensformel.

Wenn es um die Erneuerung des Begriffs der Heiterkeit geht, dann ist jedoch vor allem eines festzuhalten: Heiterkeit ist nicht Fröhlichkeit, sondern Ausdruck des erfüllten Lebens. Heiterkeit ist nicht Fröhlichkeit, auch wenn diese zuweilen ihre Ausdrucksform ist. Penetrante Fröhlichkeit verfehlt die Heiterkeit sogar völlig: Sie ist töricht, insofern sie ohne zureichenden Grund ist. Fröhlichkeit ist nur ein Affekt, in welchem die Heiterkeit als Haltung sich gelegentlich äußert, ein kleiner Exzess, ein Übermut, ein Jauchzen und Frohlocken, über die Gelassenheit hinaus eine Ausgelassenheit, die das Pendel der Heiterkeit nach dieser Seite hin ausschlagen lässt. Dann und wann mag es willkommen sein, in solcher Exaltation den Kopf zu verlieren, aber nur vor dem Hintergrund der Erfahrung der Abgründigkeit der Existenz, die es auszubalancieren gilt, um Symmetrie im Leben zu erreichen. Auch auf diese Weise wird das symmetrische Leben hergestellt: indem die Polarität des Lebens bekräftigt wird.

Die Fröhlichkeit ist also nicht etwa verwerflich, sie kann vielmehr als Bestandteil des symmetrischen Lebens betrachtet werden. Dies gilt auch für jenen Aspekt der Heiterkeit, der als ›Angeheitertsein‹ Eingang in die Sprache gefunden hat und dem sogar Philosophen Tribut zollen, wenn sie die Techniken zur Erlangung der Heiterkeit beschreiben: »Man muss dem Geist Erholung einräumen und ihm immer wieder Muße gönnen, die ihm zur Nahrung und Kräftigung dient. Auch soll man sich auf ungedeckten Promenaden ergehen, damit der Geist unter freiem Firmament und an frischer Luft sich belebe und erhebe. Gelegentlich werden ein Ausritt, eine Reise und ein Aufenthalt in einer anderen Gegend neue Kraft geben, geselliges Zusammensein und ein recht ungezwungener Umtrunk. Manchmal soll man's auch fast bis zu einem Rausch kommen lassen, aber nicht so, dass er uns ertränke, sondern nur eintauche.« Seneca wahrt hier nur die stoische Tradition: Schon der stoische Ahnherr Chrysippos soll sich jeden Tag einen Schwips gegönnt haben. Allerdings soll man, mahnt Seneca, es »nicht oft so halten, auf dass nicht der Geist eine üble Gewohnheit sich zulege«.

Heiterkeit kann mit Humor und Lachen einhergehen, muss aber nicht. Etwas kann, wie man so sagt, für Erheiterung sorgen, indem es gewollt oder ungewollt komisch ist. Entscheidend ist das Bewusstsein der Abgründigkeit. Wenn es um die Äußerung der Heiterkeit geht, entspricht ihr das Lächeln, nicht so sehr das Lachen. Das Lächeln ist vielleicht kaum wahrnehmbar, wahrnehmbar ist lediglich das nicht umwölkte Gesicht, das seit jeher als Ausdruck der Heiterkeit gilt. Mit seinem Lächeln stellt das Subjekt seine Souveränität unter Beweis, die es beim Lachen oder Weinen kaum aufrechtzuerhalten vermag. Fern davon, das Gesicht mit einem plötzlichen Ausbruch willkürlich zu zerreißen, reguliert das Subjekt beim Lächeln seinen mimischen Ausdruck sehr nuanciert.

Das lächelnde Antlitz der Heiterkeit zeugt von Selbstgewissheit, es vermag sich auch angesichts eines Abgrunds an Traurigkeit zu zeigen. Traurigkeit ist der Kontrastbegriff zur Fröhlichkeit, nicht jedoch zur Heiterkeit, denn deren Subjekt weiß, dass die Abgründigkeit nicht einzuebnen ist, dass sie vielmehr konstitutiv für das Leben ist. Konsequenterweise steht die Heiterkeit der Melancholie nicht fern, jedenfalls steht sie ihr nicht entgegen, da sie deren abgründige Erfahrung nicht bezweifelt, nur andere Konsequenzen daraus zieht: Anders als das melancholische Selbst vertraut das heitere Subjekt auf die Erfahrung der Geborgenheit in aller Abgründigkeit. Im äußersten Fall ist die Heiterkeit geradezu der Genuss der Abgründigkeit der Existenz; das Subjekt bewahrt dabei die Kräfte, die andere beim Versuch zur Leugnung oder Einebnung des Abgrunds vergeuden.

Sollte die Heiterkeit letztlich nichts anderes als eine Form von Glückseligkeit sein, so ist diese nicht mit dem modernen Begriff des »Glücks« zu verwechseln. Die Heiterkeit realisiert sich vielmehr in einem erfüllten Leben, erfüllt vor allem von der Fülle des Lebens in seiner ganzen Spannweite, seiner Gegensätzlichkeit und Widersprüchlichkeit, die sich in einem an Erfahrung reichen, weiten Selbst findet und die Symmetrie seines Lebens ausmacht. Keinerlei Einschluss in irgendwelche Endlichkeit, sondern Offenheit für die Dimension der Unendlichkeit, eine gedankliche Befreiung von der Erdenschwere, um aufs Neue und auf leichte Weise die Schwere zu tragen, deren Präsenz nicht zu ignorieren ist. Im säkularen Sinne fühlt dieses Selbst sich geborgen im Gewölbe des Kosmos, im religiösen Sinne handelt es sich um ein Sichergeben der Erdenseele in Gottes Hand. Ultimativen Trost bedeutet dies in beiden Fällen, Getröstetsein aber ist das grundlegende Charakteristikum der Heiterkeit.

Damit ist kein »gelingendes Leben« gemeint, denn es kann sich ebenso um ein Scheitern handeln, das zur Abgründigkeit des Lebens gehört. Dass der heitere Mensch kein Gelingen im Leben anstreben sollte, um nicht getroffen zu werden vom »Schmerz über eine nicht gestillte Sehnsucht«: Das lässt sich von Plutarch lernen, der im 1./2. Jahrhundert n. Chr. unter seinen etwa 80 Abhandlungen *(Moralia)* eine der Heiterkeit widmete.[4] Uns um das zu bemühen, was in unserer eigenen Macht steht, ist von Bedeutung für die Heiterkeit. Wenn wir dies versäumen, überfällt uns in der Seele irgendwann die »Reue«, die mit ihren Stichen gleichsam der Seele Blut abzapft. Heiterkeit heißt, ein Leben ohne Reue zu führen, denn die Reue wäre schlimmer als aller Kummer über das Schicksal, das nicht in unserer Macht steht. Es sind die »schönen Tätigkeiten«, die keine Reue nach sich ziehen. Heiterkeit, so lässt sich daraus schließen, erwächst mit der Realisierung des Schönen, womit, wenn man es zu übersetzen versucht, nichts anderes als das uneingeschränkt Bejahenswerte gemeint sein kann, das, denkt man es konsequent, auch seine unvermeidlichen Einschränkungen noch als bejahenswert begreift. So erst wird das ganze Leben zum Fest.

Der Begriff der Heiterkeit erlebte in der abendländischen Geschichte jedoch eine schicksalhafte Wendung, eine Verschiebung zur Fröhlichkeit. Dies geschah im Verlauf seiner Neuinterpretation durch die christlichen Kirchenväter. Worte und Gedankengänge aus Plutarchs Schrift *Über die Heiterkeit* finden sich im 4. Jahrhundert n. Chr. beispielsweise in der Predigt *Über die Danksagung* des Basilius wieder, aber mit veränderter Ausrichtung: Der Glaube an die Überwindung des Todes, für den Christus steht, das Verschmelzen der Seele mit Gott sorgt für die Heiterkeit der Herzen, die der überschwänglichen Freude näher steht als dem philosophischen Begriff. Der Überschwang, der dieser fröhlichen Heiterkeit im frühen Christentum noch eigen ist, verliert sich in späterer Zeit wieder, sodass, jedenfalls im Pietismus, sogar ein »Heiterkeitsverbot« zu beachten ist.

Parallel zu dieser Neuinterpretation zieht sich durch die Geschichte die christliche Gegnerschaft, ja Todfeindschaft gegen die Melancholie, die deutlich macht, dass für die fröhliche Heiterkeit der Christen nicht die Anerkennung der Abgründigkeit,

4 Plutarch, *De tranquillitate animi*. Dt. Übers. v. Marion Giebel. In: Plutarch, *Die Kunst zu leben*. Frankfurt/M. 2000.

sondern ihre Überwindung grundlegend ist, dem Programm der Elimination des »Negativen« aus der Welt entsprechend. Diese Grundhaltung wird schließlich mit der Moderne zum weltlichen Projekt. Von ihrer Geburt im ausgehenden 18. und beginnenden 19. Jahrhundert an kennt die Moderne den Dualismus zwischen der wieder entdeckten antiken Heiterkeit in ihrer ganzen Bedeutungsfülle einerseits und der säkularisierten christlichen Fröhlichkeit andererseits, die nun zum weltlichen Evangelium wird und bald die Gestalt des optimistischen Fortschrittsglaubens annimmt. Aus dieser Quelle wird der Optimismus gespeist, der die Moderne zu prägen beginnt und aus dem heraus sie zu leben vermag. Die Abwesenheit von Heiterkeit resultiert aus dem Vergessen der Abgründigkeit. Die optimistische Moderne bedarf der abgründigen Heiterkeit nicht, da sie auf die aufklärerischen Kräfte des »Positiven« und die treibenden Kräfte des gesetzmäßigen Fortschritts mithilfe von Wissenschaft und Technik vertraut. Sowohl die klassische wie auch die romantische Heiterkeit entfalten sich, nach anfänglichem Zögern, in Opposition zu diesem Optimismus. Frühromantiker wie Novalis versuchen, ganz im Sinne des symmetrischen Lebens, die heiteren wie die dunklen Seiten des Lebens zu einem neuen, romanhaften Leben als Kunstwerk zusammenzuspannen. Vergebens.

Auch die beiden Denker des 19. Jahrhunderts, die im Optimismus ein Verhängnis sehen, kommen gegen dessen Eigendynamik nicht an: Schopenhauer entwirft in seinen *Aphorismen zur Lebensweisheit* eine Heiterkeit, die sich im Sein des Menschen, der sich nicht über sein Haben definiert, verwirklicht.[5] Nietzsche, dessen *Geburt der Tragödie* von 1872 unentwegt auf die antike Form der Heiterkeit verweist (die Schrift sollte ursprünglich *Griechische Heiterkeit* heißen), will die Heiterkeit davor retten, nur noch als apollinische, ihrer

5 Arthur Schopenhauer, *Aphorismen zur Lebensweisheit*. In: Ders., *Parerga und Paralipomena* (1851). 3. Aufl. Wiesbaden 1972 (Sämtliche Werke, hg. v. Arthur Hübscher, Bd. 5 u. 6).

Abgründigkeit entkleidete Scheinwelt begriffen zu werden. Er stellt ihr eine dionysische, Tragik, Schmerz und Leid von Grund auf nicht leugnende Heiterkeit gegenüber, deren Erneuerung er auch in der Folgezeit für unabdingbar hält, denn »nur durch Heiterkeit geht der Weg zur Erlösung«. Heiterkeit ist der zentrale Begriff seiner *Fröhlichen Wissenschaft*, Nietzsches Lebenskunstbuch, das mit landläufiger Fröhlichkeit wenig zu tun hat, vielmehr die Frage zu beantworten sucht, was wohl aus der Heiterkeit nach dem Tode Gottes wird und wie sie zu ihrem eigentlichen, philosophischen Begriff zurückfinden kann.[6]

Zwei überaus modernekritische Denker des 20. Jahrhunderts folgen, ohne es zu ahnen, der christlichen und modernen Uminterpretation der Heiterkeit zur Fröhlichkeit, ein perfekter Ausdruck des Zeitgeistes, dem gerade diese beiden Denker doch so fern zu stehen meinten: Für Heidegger ist Heiterkeit eine »Stimmung«, ein »Affekt« wie auch Hoffnung, Freude, Begeisterung.[7] Adorno will die Heiterkeit nach dem Geschehen des Holocaust ästhetisch nicht mehr dulden und lässt damit außer Acht,[8] welche Bedeutung die abgründige Heiterkeit selbst für die Insassen der Konzentrationslager noch haben konnte, denen, nach einem Bericht von Viktor Frankl (... *trotzdem Ja zum Leben sagen*, 1977), alles genommen werden konnte, nur nicht »die letzte menschliche Freiheit, sich zu den gegebenen Verhältnissen so oder so einzustellen«. Frankl spricht ausdrücklich, unter der Rubrik »Lagerhumor«, von der »Möglichkeit einer Einstellung im Sinne von Lebenskunst, auch mitten im Lagerleben«, in dieser scheinbar absoluten Zwangslage, angesichts des Abgrunds.

6 Friedrich Nietzsche, *Fröhliche Wissenschaft*. In: Ders., *Kritische Studienausgabe*, Bd. 3. München 1980.
7 Martin Heidegger, *Sein und Zeit* (1927). Tübingen 1984, § 68, S. 345.
8 Theodor W. Adorno, *Ist die Kunst heiter?* (1967). In: Ders., *Gesammelte Schriften II. Noten zur Literatur IV*. Frankfurt/M. 1974.

Es ist eine phänomenale Erfahrung, dass sich die Heiterkeit gerade in der Konfrontation mit der Abgründigkeit der Existenz einstellt. Gerade dann, wenn das Leben schwer wird, ist die Heiterkeit als Erleichterung zu entdecken, die sich dadurch auszeichnet, die zugrunde liegende Tragik nicht zu leugnen. Gerade dort, wo es ein Bewusstsein für die Unaufhebbarkeit der Abgründigkeit gibt und nicht der Glaube an den Fortschritt bis hin zu dereinst herrschenden paradiesischen Zuständen vorherrscht, kann die Heiterkeit sich entfalten. Wenn die Heiterkeit in der Moderne wirklich »ins Exil« musste, dann zweifellos aufgrund des modernen Mangels an tragischem Bewusstsein.[9]

Heiterkeit als Ausdruck von Selbstmächtigkeit repräsentiert jedoch eine Form von autonomer Macht, die gerade das Gegenteil zu jener heteronomen Macht darstellt, die es sich angelegen sein lässt, die allgemeine Fröhlichkeit zu simulieren. Die Wiederkehr der Heiterkeit trägt zu einer anderen Moderne bei. Wenn Heiterkeit keine Angelegenheit der Moderne war, so fügt ihre Wiederkehr sich in die Konstellation einer anderen Moderne, die wesentliche Errungenschaften der Moderne bewahrt, vor allem das Bemühen um Veränderung und Verbesserung zur Realisierung von Menschenwürde, ohne jedoch allzu optimistische Illusionen damit zu verbinden; die ferner die Moderne dort modifiziert, wo sie sich als nicht lebbar erwiesen hat, Modifikation vor allem der Kultur der Zeit, um Errungenschaften einer anderen Kultur wieder zu entdecken.

Heiterkeit entfaltet sich in einer umfassenderen Zeitdimension als der bloßen Gegenwart; die moderne Kultur der Zeit, die die Zeit auf eine fortgesetzte Augenblicklichkeit reduziert, musste zwangsläufig die Heiterkeit aus den Augen verlieren. Heiterkeit kennt den Blick von außen auf die Zeit, der die Fülle dessen vor Augen führt, was schon geschehen ist und noch geschehen

9 Vgl. Odo Marquard, *Exile der Heiterkeit*. In: Wolfgang Preisendanz/Rainer Warning (Hg.), *Das Komische*. München 1976 (Poetik und Hermeneutik, Bd. 8).

kann, welche Kontinuitäten sich durch die Zeiten ziehen, welche Diskontinuitäten immer wieder die Zeiten brechen; vor allem aber, wie der gesamte Ernst der menschlichen Existenz an ihrer kosmischen Nichtigkeit zerbricht.

Man kann die erneuerte Heiterkeit als heitere Skepsis des Selbst beschreiben, das sich darum bemüht, Distanz zu den Dingen und zu sich selbst zu bewahren: skeptisch gegen die Möglichkeit von Gewissheit, ohne unter der Ungewissheit übermäßig zu leiden; wissend um die grundlegende Widerspruchsstruktur, die verhindert, dass Dinge nur gut, nur böse, nur schön, nur hässlich sind; zweifelnd an der Abschließbarkeit des Wissens, ohne auf die Arbeit des Wissens zu verzichten, die schon seit Demokrit zu den Quellen der Heiterkeit gehört, da diese Zusammenhänge klarer macht und erklärt. Verschwistert ist die Heiterkeit mit der Ironie, nicht so sehr mit dem Spott; sie ist eine verhaltene Angelegenheit, eine zurückhaltende Haltung, kein Gelächter, sondern ein ernstes, ernsthaftes Projekt, ein philosophisches Konzept. Die zugehörige existenzielle Praxis aber, daran kommen wir bei aller Arbeit am Begriff nicht vorbei, bleibt dem jeweiligen Subjekt selbst überlassen.

Dorothee Kimmich

Epikurs Philosophie und das Konzept der Selbstsorge

Die Überzeugung, daß Menschen für sich selbst Sorge zu tragen haben, ist in der gesamten Antike ein gängiger Topos. Die Selbstsorge (»Epimeleia heautou«) umfaßt neben der Selbsterkenntnis (»gnothi seauton«) einen weiten Bereich von Prinzipien, Verhaltensweisen und Lebensformen. In der griechischen Philosophie ist das »Erkenne dich selbst« ohne das praktische »Sorge für dich« nicht denkbar.[1] Dieser Imperativ gilt das ganze Leben. Die Konzentration auf die Fragen einer gelungenen Selbstsorge und damit eines geglückten Lebens ist die hellenistische Reaktion auf eine problematisch gewordene Konstituierung des ethischen Subjekts. Atomistische Naturphilosophie, hedonistische Anthropologie, liberale Theologie und Selbstsorgepraxis sind die Antworten Epikurs auf die im Hellenismus spürbaren politischen und kulturellen Spannungen. Trotz seiner Ablehnung der klassischen Tradition steht Epikur damit in verschiedener Hinsicht in der Tradition vorsokratischen, sokratischen und aristotelischen Philosophierens.

Epikur verteidigte den Atomismus gegen Aristoteles und den Hedonismus gegen Platon, dies allein aber kann kein Grund für den Erfolg seiner Lehre gewesen sein. Erst die Verbindung, die Hedonismus und Atomismus mit einer neuen Theologie, neuen Formen der Selbstsorgepraxis und einem reduktionistischen, individuell gewendeten Eudaimonismus eingehen, macht die besondere Attraktivität der neuen Lehre aus. Neben Stoizismus und Skeptizismus hat die Philosophie ganz offen-

---

1 Vgl. Michel Foucault, *Freiheit und Selbstsorge.* Frankfurt/M. 1985, S. 15; ders., *Sexualität und Wahrheit*, Bd. 2 und 3. Frankfurt/M. 1989.

sichtlich den Bedürfnissen des hellenistischen Zeitalters in besonderem Maße entsprochen. Eine der auffälligsten Gemeinsamkeiten der drei Schulen ist der Vorrang der praktischen Philosophie vor der theoretischen. Entsprechend nimmt die Moralphilosophie als wichtigste der drei Disziplinen Logik/Kanonik, Physik und Ethik den bedeutendsten Platz ein. Physik und Logik sind ihr systematisch untergeordnet und in vielen Fällen nur dazu vorgesehen, die ethischen Prinzipien abzusichern. Naturphilosophie oder Erkenntnistheorie um ihrer selbst willen gibt es im Hellenismus – anders als in der Vorsokratik oder der Klassik – praktisch nicht mehr. Der Mensch, und zwar als Individuum – nicht als Bürger einer Polis –, rückt ins Zentrum des Interesses aller philosophischen Erörterungen.[2]

Wie die gesamte griechische Ethik ist auch die hellenistische keine Theorie der Moral, die die Frage, wie der Mensch sich *richtig* verhalten soll, zu beantworten sucht; sondern sie ist vielmehr eine Theorie des Glücks. Die Eudaimonia ist und bleibt das selbstverständliche und darum manchmal nicht einmal mehr explizit genannte Ziel aller ethischen Diskussion. Eudaimonie, was sich nur unzureichend mit »Glück«, »Glückseligkeit« oder »gelingendes Leben« umschreiben läßt, wird negativ als Freiheit von inneren und äußeren Störungen der subjektiven Befindlichkeit, d. h. des physischen und psychischen Gleichgewichts, beschrieben: Wie bereits angedeutet, ist darunter nicht an die Weltabkehr des Enttäuschten, den »Ausstieg« aus der Zivilisation in alternative Lebensformen oder exotische Träume gedacht und auch nicht Entsagung im Hinblick auf jenseitiges Glück gemeint. Die Rückwendung auf das Ich geschieht im Rahmen einer notwendig gewordenen Veränderung der Subjektkonstituierung. Soziale und religiöse Bindungen haben sich gewandelt, gelockert, vervielfältigt und verlangen Auswahl, d. h., sie setzen ein Subjekt bereits voraus,

---

2 Vgl. zur Darstellung epikureischer Philosophie Malte Hossenfelder, *Epikur*. München 1991; dort auch weitere Literatur.

statt es wie früher zu bilden. Die »distanzierte Gelassenheit des Unbetroffenen«[3] ist die Haltung des philosophisch Gebildeten angesichts der Unsicherheit und Vielgestaltigkeit der hellenistischen Welt, d. h. angesichts größer und vielfältiger werdender Selektionsmöglichkeiten. Darin sind sich alle drei Schulen einig. Es liegt hier ein durchaus historisch zu lokalisierender Sachverhalt vor, den die moderne Systemtheorie mit dem Begriff der »Angstbewältigung« belegt hat. Luhmann schreibt: »Die gesellschaftliche Ausgrenzung des Unbestimmbaren ändert die Formen der Angstbewältigung und damit auch die moralische Qualität der Gesellschaft. [...] Die moralische Gewißheit guten Handelns versagt als Angstdämpfung, wo hohe, nahezu beliebige Komplexität der Welt und der Gesellschaft institutionalisiert sind. Dann wird Sicherheit zum Problem und zum Thema – Sicherheit im Sinne eines Schutzes vor gesellschaftlich gebilligten Selektionen anderer.«[4]

Die Wendung vom Spekulativen zum Praktischen, wie sie für den Übergang von der Klassik zum Hellenismus charakteristisch ist, zeigt sich auch in der Form der philosophischen Texte selbst. Von Epikur sind drei Briefe, Spruchsammlungen und Fragmente erhalten.[5] Der praktische Aspekt der »Seelenführung« ist darin so deutlich, daß seine Korrespondenz z. B. mit neutestamentlicher Briefliteratur verglichen wurde. Die erhaltenen Lehrsätze und Sprüche sind Zusammenstellungen praktischer Lebensweisheiten, die durch ständiges Memorieren präsent sein sollen und durch gemeinsame Einübung (Askesis) möglichst in Anwesenheit und unter Aufsicht des Mei-

---

3 Ebd, S. 207.

4 Niklas Luhmann, *Moderne Systemtheorie als Form gesellschaftlicher Analyse*. In: Jürgen Habermas / Niklas Luhmann, *Theorie der Gesellschaft oder Sozialtechnologie – Was leistet die Systemforschung?* Frankfurt/M. 1976, S. 7–24, hier S. 20.

5 Zu weiteren Quellen und Quellenkritik vgl. Wilhelm Schmid, Epikur. In: *Reallexikon für Antike und Christentum.* Hg. v. Theodor Hauser. Stuttgart 1950ff., Bd. V (1962), Sp. 681–819.

sters die Lebensführung bestimmen. Es finden sich bei Epikur zahlreiche Stellen, wo auf die Notwendigkeit des Einübens und Memorierens der Grundsätze hingewiesen wird, besonders die vier Hauptlehren des sogenannten Tetrapharmakos seien ständig »griffbereit« zu halten: »Immer u(nd) überall soll der Tetraph(armakos) zur Hand sein: Vor Gott braucht man sich nicht zu fürchten; dem Tod soll man nicht mit argwöhnischer Angst gegenüberstehen; das Gute ist leicht zu beschaffen, das Schlimme jedoch leicht zu ertragen.«[6] Auch die Beichtpraxis scheint, nach den Zeugnissen des Philodem, eine wichtige Rolle gespielt zu haben. »Das für die epikureische Techne der Seelsorge aus Philodem zu gewinnende Material zeigt, daß E(pikur) jene Äußerungen einer umfassenden Seelenbeichte in seinem Kreise geradezu begünstigte; das wird man nicht nur damit erklären, daß sie geeignet erscheinen, ein enges Band zwischen Meister und Jünger zu knüpfen, sondern vor allem mit den Möglichkeiten, die sie für die bessere Aufrichtung [...] des Irrenden eröffneten.«[7]

Möglicherweise sind Begriff und Praxis der Gewissenserforschung eine epikureische Erfindung und erst im Zuge der Annäherung der älteren Stoa an den Epikureismus auch dort zu einem Gemeingut geworden. Dafür spräche unter anderem, daß gerade der dem Epikureismus wohlgesinnte Seneca auf die Erforschung des Gewissens um der Seelenruhe willen besonderen Wert legte.

Askesis, Einüben und Memorieren, Beichtpraxis und die damit verbundene »Therapie« des Irrenden sind als »Diät« und »Training« für die Seele zu verstehen. Die Parallelisierung von Philosophie und Medizin, die Epikur so schätzte, wird gerade in diesen Praktiken besonders augenfällig: Anleitung zu Selbstsorge und Lebensglück als philosophische Therapie. »Die Gemeinsamkeit der den Hellenismus prägenden Idee von Philosophie,

---

6 In dieser Formulierung sind die ersten vier Regeln der »Hauptlehren« zusammengefaßt; vgl. Schmid, ebd., Sp. 744 f.

7 Ebd., Sp. 742.

die sich als therapeutische Auffassung bezeichnen läßt«[8], sieht Hans Blumenberg als Technik zur Beseitigung der Hindernisse des Lebensglücks.

Die erwähnten Charakteristika hellenistischer Selbstsorge treffen sämtlich auf Epikurs Anweisungen zu: immerwährende Sorge statt pädagogischem Konzept. Es heißt: »Wer jung ist, soll nicht zögern zu philosophieren, und wer alt ist, soll nicht müde werden im Philosophieren. Denn für keinen ist es zu früh und für keinen zu spät, sich um die Gesundheit der Seele zu kümmern [...] Wir müssen uns also kümmern um das, was die Glückseligkeit schafft: wenn sie da ist, so besitzen wir alles, wenn sie aber nicht da ist, dann tun wir alles, um sie zu besitzen.«[9]

Die epikureische Seelenführung ist nicht ein maieutischer Prozeß der Selbsterkenntnis wie bei Sokrates, sondern eine von außen auferlegte und gelenkte Prozedur der Selbstgestaltung: Sic fac omnia, tamquam spectet Epicurus.[10] Die beispielhafte Lebensführung des Meisters begründet seine Autorität, verlangt Gehorsam und kann letztendlich bis zu einer Verehrung führen, die derjenigen für die Götter nicht unähnlich ist.

Von besonderer Bedeutung ist nun die Frage, inwieweit die Verbindungen von individueller Sorge für sich und den Belangen der Gemeinschaft, der Polis, des Staates etc. berücksichtigt werden. Es ist immer wieder darauf hingewiesen worden, daß Epikurs Maxime »Vom Leben im verborgenen« nicht als dogmatische Regel angesehen werden dürfe. Dies ist sicherlich richtig. Schließlich handelt es sich beim Garten Epikurs wahrlich nicht um ein Kloster. Trotzdem ist hier ohne Frage eine deutliche Interessenverschiebung seit Sokrates, Platon und

8 Hans Blumenberg, *Der Prozeß der theoretischen Neugierde.* Frankfurt/M. 1966, S. 55.
9 Diogenes Laertius, *De vitis philosophorum.* X. Buch: *Epikur.* Hg. v. Klaus Reich u. Hans G. Zekl. Übers. v. Otto Apelt. Hamburg 1968, S. 122.
10 Epicurus, *Epicurea.* Hg. v. Hermann Usener. Stuttgart 1966 [zuerst 1887], Fragment 211.

Aristoteles zu sehen. Das Individuum *als Bürger* ist für den Epikureer uninteressant. Nicht zuletzt deshalb war es Epikur möglich, in seinen Garten auch Sklaven und Frauen aufzunehmen. Deutlicher als an der Maxime vom Leben im verborgenen läßt sich die Einstellung Epikurs zur politischen Gemeinschaft wohl an seinen Vorstellungen von Recht und Gesetzen erkennen. Epikur war Konventionalist. Die Gültigkeit von Gesetzen basiert für ihn auf der Zustimmung derjenigen, die von ihren Regelungen betroffen sind. Ebensowenig wie es ein von Natur aus gegebenes, für alle Menschen immer geltendes Recht gibt, gibt es einen Idealstaat. Gesellschaftliche Utopien oder politische Reformideen sind kein Thema für Epikur. Staat und Recht haben die Funktion, den einzelnen vor Schädigung zu schützen und dafür zu sorgen, daß er das ihm »Zuträgliche« bekommt. In jedem Fall veranlaßt den einzelnen nur sein wohlverstandenes Eigeninteresse dazu, eine Rechtsverbindlichkeit einzugehen und sich auch daran zu halten. Gesellschaft wird hier als ein »Summationsphänomen von Individuen«[11] bzw. deren Interessen charakterisiert. Ein »sozialer Atomismus«[12] ist zu erkennen, wie er im Utilitarismus des 18. Jahrhunderts wiederbegegnet. Dem Staat, auf seine Funktion als Schutzmacht reduziert, wird so jegliche soziale Dimension genommen; er ist nicht von Gottes Gnaden, sondern nur ein Geschäftsverband und ein Nachtwächterstaat. Engagement im emphatischen Sinne oder Heldentum gar im Namen irgendwelcher Sozialutopien oder Reformideen sind für Epikur unvorstellbar. Nur wenn es nötig sein sollte, eigene Interessen zu wahren, ist politisches Handeln vertretbar. Der Staat garantiert die Unversehrtheit des Individuums, hat aber keinen Einfluß auf die Ausbildung einer irgendwie gearteten sozialen Identität. Diese entsteht ausschließlich im Umgang mit sich selbst und den Freunden im Kepos. Es ist also weniger wichtig zu fra-

11 Ernst Bloch, *Antike Philosophie. Leipziger Vorlesungen zur Geschichte der Philosophie*. Bd. 1, Frankfurt/M. 1985, S. 372.
12 Ebd.

gen, ob politische Tätigkeit *erlaubt* ist, als festzustellen, daß sie nicht *notwendig* ist für das Leben des Philosophen. Genau dies besagt die These von einer Abkoppelung der Sorge um sich von der Sorge um andere. Autarkia, als hellenistisches Schlagwort, bedeutet Unabhängigkeit von allem, was man nicht selbst bestimmen kann, und dazu gehört auch der andere.

Eine Sonderstellung im Rahmen des utilitaristischen Kalküls der Lebenskunst im Sinne einer auf Eudaimonie zielenden Selbstsorgepraxis nimmt die Freundschaft ein. Freundschaften sollen und müssen im Hinblick auf ihre Nützlichkeit geschlossen werden, können aber auch ein Ziel in sich selbst sein. Dies geht so weit, daß sogar die Möglichkeit des Opfertodes für den Freund miteinbezogen wird. Es ist wichtig, auf diese besondere Position der Freundschaft innerhalb der epikureischen Philosophie hinzuweisen; immer wieder hat sie den Historikern Schwierigkeiten bereitet, und nicht selten wurde einer der beiden Aspekte zugunsten des anderen vernachlässigt oder ganz übersehen.[13] Wichtig ist die Thematik, weil hier das im Staate, in der Polis verlorengegangene Moment der Intersubjektivität zurückgewonnen werden soll. Werden alle übrigen Handlungen nur auf eine individuelle Selbstkonstitution als glückliches Subjekt bezogen (auch das Lehrer-Schüler-Verhältnis als ein therapeutisches, ein beispielgebendes ist davon nicht ausgenommen), ist hier der einzige Fall zu sehen, wo von einem möglichen Selbstverlust (Opfertod) und von Mitleid die Rede ist. Nicht zu Unrecht spricht André Jean Festugière davon, daß »Epicure savait fonder une nouvelle famille«, und meint, daß darin vielleicht »le secrèt de son longue prestige«[14] gelegen habe. An einem Punkt wird der rigorose Individualismus aufgebrochen, und die familienähnliche Atmosphäre des Kepos nimmt der sonst doch sehr asketischen Lehre ihre Strenge.

Bestehen nun die Texte Epikurs weitgehend aus Lebensregeln,

13 Hans Joachim Krämer, *Epikur und die hedonistische Tradition*. In: Gymnasium 87 (1980), S. 294–326, hier S. 300.

14 André Jean Festugière, *Epicure et ses dieux*. Paris 1946, S. 70.

die den Umgang mit dem eigenen Körper, der eigenen Seele, das Verhältnis zum Lehrer, zum Freund, zum Staat festlegen, so heißt das nicht, daß diese Ethik kein System hätte und sich in Spruchweisheiten erschöpfte. Die praktischen Anweisungen zur Erlangung des Lebensglücks basieren auf einigen grundsätzlichen Annahmen, von denen die weiteren konkreten Vorschriften abgeleitet werden. Das höchste Gut ist die Lust, die Hedone. Die Empfindungen von Lust und Unlust sind irrational und unhintergehbar. Alle Lebewesen streben von Natur aus nach Lust. Ein philosophischer Hedonismus soll Anleitungen dazu geben, welche Lust die richtige ist und wie sie erreicht werden kann. Epikur unterscheidet zwischen kinetischer und katastematischer Lust; einer Lust »in Bewegung«, d. h. einem Gefühl, das entsteht, wenn Schmerz, Unlust, Unruhe beseitigt werden, und einer Lust »in Ruhe«, die den Zustand der vollständigen Schmerz- und Beschwerdelosigkeit des Körpers oder die Unerschütterlichkeit und Furchtlosigkeit der Seele bezeichnet. Die katastematische ist der kinetischen als dauerhafte, als Zustand, als die reinere Form der Lust vorzuziehen. Mit dieser Aufteilung und der Höherbewertung der Zustandslust gelingt es Epikur, die Platonische Kritik an einer Lust, die als Werdendes nie Ziel sein könne, zu unterlaufen.

Da Epikur davon ausgeht, daß die Sinnlichkeit das eigentliche und einzige Gewisse sei, wird dieser Bereich im Gegensatz zum Geistig-Rationalen aufgewertet. Das spezifisch Menschliche ist für Epikur weder allein das Denken noch allein die Moralität, noch allein der Anteil am Göttlichen: Der Mensch ist als Ganzes Teil der Natur.

Trotzdem bedeutet die Aufwertung der Sinnlichkeit in der unhintergehbaren Empfindung von Lust und Unlust nicht, daß Epikur den Unterschied zwischen Mensch und Tier leugnen würde. Der Mensch allein kann erst mit Hilfe seiner Rationalität sich das Glück *verfügbar* machen; und gerade darauf, auf das Verfügbarmachen, kommt es dieser Philosophie der Angstbewältigung und Selbstsicherung an. Nur der Logos nämlich kann dem Menschen zur Einsicht verhelfen, daß Lust nicht über das Gefühl der Freiheit von Störungen, d. h. Schmerz oder Furcht, hinaus gesteigert werden kann. Weiter verhilft dann ein rationales Kalkül aller Möglichkeiten, Notwendigkeiten und Bedingungen von Glück dazu, die Bedürfnisse immer den Möglichkeiten der Befriedigung so anzupassen, daß keine Wünsche offenbleiben. Ist die sinnlich erfahrbare Lust zwar Grundlage und Voraussetzung der geistigen, so gewinnt diese doch einen Vorzug, weil sie durch Rückschau in die Vergangenheit und Voraussicht in die Zukunft auch noch genießen kann: Glückliche Erinnerung kann augenblickliches Unglück kompensieren, augenblickliches Glück für die Zukunft ein Reservoir sein. Außerdem kann es darum notwendig sein, auf ein kurzes angebliches Glück zu verzichten, wenn mit negativen Folgen zu rechnen ist. Die hier angesprochene Zeitdimension des Planens und Kalkulierens transzendiert allerdings nie innerweltliche Erfahrungen und hat keinen eschatologischen Charakter. Ausgangs- und Endpunkt der Überlegungen bleibt immer die Unmittelbarkeit des Genusses, nicht unter quantitativem, sondern unter qualitativem Aspekt.

Ein exaktes Kalkül soll eine Lebensführung ermöglichen, die weitgehend unabhängig von äußeren Umständen ein glückliches Leben garantiert. Der Glaube an die Möglichkeiten eines solchen – erlernbaren – Kalküls zeigt, daß Epikur darin »ganz optimistischer Rationalist und Aufklärer [ist], der das Glück nicht nur für wünschbar, sondern auch für machbar hält«[15].

Machbar ist dieses Glück allerdings nur für den einzelnen, eine Verwirklichung des Glücks der Masse ist kein Gedanke, der Epikur in den Sinn käme. Auch wenn Epikur Sklaven und Frauen in seinen Garten einlud und immer wieder behauptete, Sklaven könnten in ihren Bedingungen genauso glücklich werden wie ihre Herren, dachte er dabei nicht an eine Bekehrung der Menge, an Volkserziehung. Die Gartenphilosophie war ebenso exklusiv wie alle anderen Schulen des Hellenismus auch. War Sokrates als Philosoph tatsächlich öffentlichkeits-

15 Krämer (Anm. 13), S. 301.

wirksam gewesen, sind Stoiker und Epikureer höchstens noch Berater von Kaisern und Königen. Das Volk hält sich an die Religion. Gegen diese Volksreligion hatte der so oft als Atheist verteufelte Epikur selbst nichts einzuwenden. Er empfahl im Gegenteil sogar, regelmäßig an religiösen Festen teilzunehmen und zu beten. Mehr als eine freudige Kontemplation der in ewiger Glückseligkeit lebenden Götter kann ein solches Gebet allerdings nicht sein. Es ist falsch und unsinnig, die Götter um ein irgendwie geartetes Eingreifen in menschliche Belange zu bitten. Die Götter leben vollständig uninteressiert an menschlichen Dingen in Intermundien – wäre dies nicht so, dann wären sie keine Götter. Es ist entscheidend, daß der Mensch dies erkennt. Er muß, um glücklich leben zu können, von aller Furcht vor übermenschlichen Mächten befreit sein.

Die Entmystifizierung und Entmythisierung der Welt gelingt Epikur zum einen, indem er vorführt, daß Götterfurcht überflüssig ist, da die Götter sich ihrem Wesen nach gar nicht um das Weltgeschehen kümmern können, und zum anderen, indem er darlegt, daß alle Phänomene im Himmel, auf der Erde, in der Natur und im Menschen sich nur mit Hilfe der Physik und ohne Religion erklären lassen. Gerade in diesem Bemühen werden sich die Naturwissenschaftler und Aufklärer der beginnenden Neuzeit mit ihm treffen: La Fontaine, Pierre Bayle, Fontenelle und viele andere schreiben gegen die allgemein grassierende Kometenfurcht und pseudowissenschaftliche Sternengläubigkeit ihrer Zeitgenossen an.

Zu diesem Zweck benützt der Hedonismus Epikurs eine strikt sensualistische Wahrnehmungstheorie und eine mechanistische Welterklärung, wie sie der Atomismus bietet. Die atomistische Lehre ist hier nicht Selbstzweck, sondern dient dazu, den Menschen zu einer Selbstmächtigkeit der Lebensführung freizusetzen. Darum könnte Epikur genausowenig wie er die unberechenbare Tyche akzeptieren konnte, einen vollständigen Determinismus nach stoischer Prägung vertreten. Er versucht darum, beides zu verbinden, und meint, durch die Einführung von zufälligen Abweichungen der Atome von ihren

Fallrouten der menschlichen Freiheit einen Platz im mechanistischen Determinismus eingeräumt zu haben. Dieser Konstruktion und der Ablehnung des Schöpfungsgedankens verdankt sich der immer wieder erhobene Vorwurf, Epikur habe die Welt und den Menschen dem Zufall und völliger Beliebigkeit ausgeliefert.

Den aufklärerischen Impetus einer radikalen Absage an die Teleologie durch dieses Argument kann erst Marx wieder im vollen Umfang seiner systematischen Bedeutung erkennen. Entscheidend ist, daß die Natur auf der Eigengesetzlichkeit der Materie aufgebaut und deshalb nicht abhängig ist von göttlicher Willkür. Die Verläßlichkeit der Naturgesetze, die so in ein richtig verstandenes Lebenskalkül ohne Risiko mit einbezogen werden können, ersetzt dem Weisen die Sicherheit der Religion.

Die Aufwertung von Sinnlichkeit, Materie und Natur läßt komplexe Zusammenhänge erkennen, wie sie in Philosophie und Literatur des 17. und 18. Jahrhunderts wieder zu finden sind; dann wenn mit Hilfe der neu entstehenden Naturwissenschaften, vor allem der Biologie, der Mensch als Teil der Natur eine andere Stellung im Kosmos bekommt, in die »Kette der Lebewesen« eingereiht und die Natur selbst zum Gegenstand empirischer Erforschung wird. Die Versuche, in der Materie selbst das Prinzip des Lebens zu finden, werden dann immer zahlreicher. Dann gelingt es auch, einen dynamischen Materiebegriff zu entwickeln, der mit Epikur allerdings kaum mehr etwas zu tun hat.

Auch wenn Epikur in seiner Kanonik eine empiristische Methodologie und Wahrnehmungstheorie entwirft, um seine Atomtheorie auf sensualistischer Basis zu rechtfertigen, hat er

16 Vgl. Elisabeth Asmis, *Epicurus' Scientific Method*. Ithaca 1984; Anthony A. Long, *Hellenistic Philosophy Stoics, Epicureans, Sceptics*. London 1974, S. 21 ff.; Gisela Striker, *kriterion tes aleteias*. In: *Nachrichten der Akademie der Wissenschaften in Göttingen*. Hist.-philolog. Klasse 31 (1974), S. 51–107.

seine Hypothesen nie experimentell falsifiziert.[16] Daß das All aus Körpern und Leerem besteht, ist für Epikur einmal durch sinnliche Gewißheit verbürgt, dann aus der inneren Unwidersprüchlichkeit der Theorie zu folgern: Körper können sich nur bewegen, wenn es Leere gibt; da sich Körper offensichtlich bewegen, muß es Leere geben. Wie Demokrit geht Epikur von der Existenz unendlich vieler, sich im leeren Raum bewegender Atome aus. Neben der bereits erwähnten Abweichung einzelner Atome in ihrem freien Fall von »oben« nach »unten« führt Epikur eine weitere Modifikation am demokriteischen Atomismus ein. Außer den physikalisch unteilbaren Atomen gibt es noch die theoretisch unteilbaren kleinsten Teilchen, die sogenannten Minima. Warum Epikur sie in sein System einbaut, ist nicht ganz geklärt. Am plausibelsten scheint es, daß er sich so mit Aristoteles' Frage nach einer unendlichen Teilbarkeit der Atome auseinandersetzte und gleichzeitig die unterschiedliche Form und das unterschiedliche Gewicht der Atome begründete.[17] Gleichzeitig lieferte die Annahme von den Minima auch ein Argument für Epikurs berühmte These, daß die Fallgeschwindigkeit eines Körpers im leeren Raum von seinem Gewicht unabhängig sei. Er mußte dies annehmen, um eine konstante Atombewegung vertreten zu können. Atome werden durch Zusammenstoß nur abgelenkt, nicht verlangsamt. Körper werden verlangsamt durch gegensätzliche Atombewegungen, die kleinsten Teilchen innerhalb der Atome bewegen sich aber nicht.

Zusammenfassend läßt sich sagen, daß die Notwendigkeit einer Korrektur altatomistischer Positionen von der aristotelischen Kritik ausging. In einigen Fällen konnte gezeigt werden, daß Epikur dabei auf Platonisches Gedankengut zurückgreift. Die Veränderungen, die er vornimmt, sind typisch hellenistisch, d. h., sie gehen auf eine Höherbewertung des Empirismus und Sensualismus zurück. Deutlich zu bemerken ist

17 Vgl. Gisela Striker, *Epikur*. In: Ottfried Höffe (Hg.), *Klassiker der Philosophie*. 2 Bde. München 1981, Bd. 1, S. 95–115, hier S. 106.

immer die Intention, die rationale Überschaubarkeit und Verläßlichkeit des Naturgeschehens zu wahren. Dies geschieht ganz im Dienst der praktischen Philosophie: als Anweisung zu einem Leben in machbarem Glück.

Die epikureische Philosophie scheint mehr als alle anderen antiken Lehren eine große Anziehungskraft auf Dichter gehabt zu haben. Weder Stoa noch Skepsis haben in vergleichbarem Maß Eingang in dichterische Texte gefunden. Ob dies mit der Aufwertung von sinnlicher Wahrnehmung, der Sinnlichkeit allgemein, mit der Verehrung von Natur oder gar direkt mit der im Kepos beispielhaft gelebten »Idylle« zu tun haben mag: Es kann als sicher gelten, daß epikureische Philosopheme und epikureisches Lebensgefühl in entscheidender Weise durch die poetische Verarbeitung bei Vergil, Horaz, Petronius und vor allem bei Lukrez an die nachfolgenden Jahrhunderte vermittelt wurden. Gerade in der Renaissance beeindruckte auch Senecas rhetorische Brillanz, der – obwohl Stoiker – sehr viel von Epikur übernahm und speziell im Bereich der Pädagogik und Psychagogik einer der wichtigsten Vertreter epikureischer Positionen wurde.

Epikureisches findet sich häufig in Texten, in denen Philosophie und Literatur sich überschneiden, wo Gattungsgrenzen unklar werden: sei es in Lehrgedichten, fiktiven oder echten Briefen, Traktaten, Dialogen und Gesprächen. In der Traditionslinie großer philosophischer Entwürfe dagegen hat der Epikureismus als System kaum je eine wichtige Rolle gespielt; es wurden eher eklektizistisch Anregungen für die Neukonzeption des Materiebegriffs aus dem Atomismus, Überlegungen zur Wahrnehmungstheorie oder Aspekte der Ethik rezipiert. Die ideengeschichtlich orientierte Untersuchung eines solchen Diskurses, solcher »Denkmotive« und ihrer Funktionen bewegt sich also notwendigerweise auf der Grenze zwischen den wissenschaftlichen Disziplinen. Damit setzt sie sich der Gefahr allzu großzügiger Verallgemeinerungen aus; außerdem ist im Zuge der zunehmenden Ausdifferenzierung der Einzeldisziplinen der Vorwurf dilettantischen Vorgehens naheliegend. Womöglich aber kann »Ideengeschichte einen Protest«[18] darstellen gegen die Folgen, die aus einer allzu rigorosen und auch willkürlichen Aufteilung des Materials nach Disziplinen und Nationalliteraturen entstanden sind. Ideengeschichte hieße dann aber auch nicht nur, daß bestimmte Motive aufgespürt und isoliert werden, sondern daß gerade auf die je spezifischen Funktionen eines solchen Diskurses in den verschiedenen Kontexten reflektiert und zu diesem Zweck Ausdruck, Form und Darstellung der Motive berücksichtigt werden. Ästhetische *Form* ist für den Epikureismus nicht nur schmückendes Beiwerk, sondern wesentlicher Ausdruck einer Verbindung von Wahrheit, Genuß und Glück des Menschen.

18 Arthur O. Lovejoy, *Die große Kette der Lebewesen. Geschichte eines Gedankens*. Frankfurt/M. 1985, S. 29.

Peter Sloterdijk

Auf der Suche nach der verlorenen Frechheit

Der antike Kynismus ist, am griechischen Ursprung zumindest, prinzipiell frech. In seiner Frechheit liegt eine entdeckungswürdige Methode. Zu Unrecht wird dieser erste wirkliche »dialektische Materialismus«, der auch ein Existentialismus war, neben den großen Systemen der griechischen Philosophie – Plato, Aristoteles und der Stoa – als bloßes Satyrspiel, als halb lustige, halb schmutzige Episode betrachtet und übergangen. Im *kynismos* wurde eine Art des Argumentierens entdeckt, mit der das seriöse Denken bis heute nichts anfangen kann. Ist es nicht roh und grotesk, in der Nase zu bohren, während Sokrates sein Daimonion beschwört und von göttlicher Seele spricht? Kann man es anders nennen als ordinär, wenn Diogenes gegen die platonische Ideenlehre einen Furz fahren läßt – oder wäre Furzheit selbst eine der Ideen, die Gott aus seiner kosmogonischen Meditation entließ? Und was hat es zu sagen, wenn dieser philosophierende Stadtstreicher auf Platos feinsinnige Lehre vom Eros mit einer öffentlichen Masturbation antwortet?

Zum Verständnis dieser scheinbar abseitig provozierenden Gebärden ist ein Grundsatz bedenkenswert, der die Weisheitslehren ins Leben rief und der dem Altertum als eine Selbstverständlichkeit galt, ehe moderne Entwicklungen ihn zersetzten. Beim Philosophen, dem Menschen der Wahrheitsliebe und des bewußten Lebens, müssen Leben und Lehre zusammenstimmen. Das Zentrum jeglicher Lehre ist, was ihre Anhänger von ihr verkörpern. Dies läßt sich idealistisch mißverstehen, als sei es Sinn der Philosophie, Menschen auf die Spur unerreichbarer Ideale zu setzen. Doch wenn der Philosoph in eigener Person berufen ist, zu leben, was er sagt, so ist seine Aufgabe in einem kritischen Sinn doch viel mehr: zu sagen, was er lebt. Seit jeher muß sich jede Idealität materialisieren und jede Materialität idealisieren, um für uns als Wesen der Mitte wirklich zu sein. Eine Trennung von Person und Sache, Theorie und Praxis kommt in dieser elementaren Sicht überhaupt nicht in Betracht – es sei denn als Zeichen einer Wahrheitstrübung. Eine Lehre verkörpern heißt: sich zu ihrem Medium machen. Dies ist das Gegenteil dessen, was im moralistischen Plädoyer für streng idealgeleitetes Handeln gefordert wird. Im Hinhorchen auf das, was verkörperbar ist, bleiben wir geschützt vor moralischer Demagogie und vor dem Terror der radikalen, nicht lebbaren Abstraktionen. (Nicht: Was ist die Tugend ohne den Terror? lautet die Frage, sondern: Was ist der Terror anderes als konsequenter Idealismus?)

Der Auftritt des Diogenes bezeichnet den dramatischsten Augenblick im Wahrheitsprozeß früheuropäischer Philosophie: Während die »hohe Theorie« von Plato an unwiderruflich die Fäden zur materiellen Verkörperung hin abschneidet, um dafür die Fäden der Argumentation um so dichter zu logischen Geweben zu verknüpfen, taucht eine subversive Variante von niederer Theorie auf, die die praktische Verkörperung pantomimisch grotesk auf die Spitze treibt. Der Wahrheitsprozeß spaltet sich in eine diskursiv-großtheoretische Phalanx und eine satirisch-literarische Plänklertruppe. Mit Diogenes beginnt in der europäischen Philosophie der Widerstand gegen das abgekartete Spiel des »Diskurses«. Verzweifelt lustig wehrt er sich gegen die »Versprachlichung« des kosmischen Universalismus, der den Philosophen in sein Amt berief. Ob monologische, ob dialogische »Theorie«, in beidem wittert Diogenes den Schwindel idealistischer Abstraktionen und die schizoide Fadheit eines verkopften Denkens. So kreiert er, der letzte archaische Sophist und der erste in der Tradition der satirischen Résistance, eine grobianische Aufklärung. Er eröffnet den nichtplatonischen Dialog. Hier zeigt Apollon, der Gott der Erleuchtungen, sein anderes Gesicht, das Nietzsche entging: als denkender Satyr, als Schinder, als Komödiant. Die tödlichen Pfeile der Wahrheit schlagen ein, wo sich die Lügen hinter

Autoritäten in Sicherheit wiegen. Die »niedere Theorie« schließt hier erstmals ihr Bündnis mit der Armut und der Satire.

Von hier aus ist der Sinn von Frechheit leicht gezeigt. Seit die Philosophie nur noch heuchlerisch imstande ist, zu leben, was sie sagt, gehört Frechheit dazu, zu sagen, was man lebt. In einer Kultur, in der verhärtete Idealismen die Lüge zur Lebensform machen, hängt der Wahrheitsprozeß davon ab, ob sich Leute finden, die aggressiv und frei (»schamlos«) genug sind, die Wahrheit zu sagen. Die Herrschenden verlieren ihr wirkliches Selbstbewußtsein an die Narren, die Clowns, die Kyniker; darum läßt die Anekdote Alexander den Großen sagen, er wolle Diogenes sein, wenn er nicht Alexander wäre. Wäre er nicht der Narr seiner politischen Ambition, so müßte er den Narren spielen, um Leuten wie sich selbst die Wahrheit zu sagen. (Und wenn die Mächtigen ihrerseits anfangen, kynisch zu denken – wenn sie die Wahrheit über sich wissen und trotzdem »weitermachen« –, dann erfüllen sie vollkommen die moderne Definition von Zynismus.)

Im übrigen hat erst seit wenigen Jahrhunderten das Wort frech einen negativen Klang. Anfänglich meint es, wie im Althochdeutschen, eine produktive Aggressivität, Rangehen an den Feind: »tapfer, kühn, lebhaft, keck, ungezähmt, begierig«. In der Geschichte dieses Wortes spiegelt sich die Devitalisierung einer Kultur. Wer heute noch frech ist, bei dem war die Abkühlung der materialistischen Hitze nicht so wirksam, wie diejenigen möchten, denen unverfrorene Menschen nicht in den Kram passen. Der jüdische David ist der Prototyp des Frechlings, der den Goliath kitzelt: »Komm her, damit ich dich besser treffe.« Er zeigt, daß der Kopf nicht nur Ohren zum Hören und Gehorchen hat, sondern auch eine Stirn, um sie dem Stärkeren zu bieten: Fronde, Affront, Effronterie.

Der griechische Kynismus entdeckt den animalischen Menschenkörper und seine Gesten als Argumente; er entwickelt einen pantomimischen Materialismus. Diogenes widerlegt die Sprache der Philosophen mit der des Clowns: »Als Platon die

Definition aufstellte, der Mensch ist ein federloses zweifüßiges Tier, und damit Beifall fand, rupfte er einem Hahn die Federn aus und brachte ihn in dessen Schule mit den Worten: ›Das ist Platons Mensch‹; infolgedessen ward der Zusatz gemacht: ›Mit abgeplatteten Nägeln.‹« (*Diogenes Laertius,* VI/4o). Das – und nicht der Aristotelismus – ist die realphilosophische Antithese zu Sokrates und Plato. Herrendenker sind Plato und Aristoteles beide, mag auch in den platonischen Ironien und dialektischen Allüren noch ein Funke von Sokrates' plebejischer Straßenphilosophie nachwirken. Diogenes und die Seinen setzen dagegen eine essentiell plebejische Reflexion. Die Theorie dieser Frechheit kann erst den Zugang zu einer politischen Geschichte kombattanter Reflexionen eröffnen. Das macht Philosophiegeschichte als dialektische Sozialgeschichte möglich: Es ist die Geschichte der Verkörperung und der Spaltung von Bewußtsein.

Seit aber der Kynismus das Sagen der Wahrheit von Faktoren des Mutes, der Frechheit und des Risikos abhängig gemacht hat, gerät der Wahrheitsprozeß in eine bis dahin unbekannte moralische Spannung; ich nenne sie die Dialektik der Enthemmung. Wer sich die Freiheit nimmt, herrschenden Lügen entgegenzutreten, provoziert ein Klima satirischer Lockerungen, in dem sich auch die Mächtigen mitsamt ihren Herrschaftsideologen affektiv enthemmen – eben unter dem Anprall des kritischen Affronts von kynischer Seite. Während aber der Kyniker seine »Frechheiten« durch ein Leben in asketischer Integrität abstützt, antwortet ihm von seiten der Angegriffenen der Idealismus mit einer als Empörung getarnten Enthemmung, die im schlimmsten Fall bis zur Ausrottung geht. Zum Wesen der Macht gehört, daß sie nur über ihre eigenen Witze lachen mag. [...]

Hat Frechheit, die an Glücksrechte erinnert, noch eine Chance? Ist der kynische Impuls wirklich tot, und hat nur Zynismus eine große tödliche Zukunft? Kann sich Aufklärung – der Gedanke, daß es vernünftig wäre, glücklich zu sein – in unserer düsteren Moderne wieder verkörpern? Sind wir ein für allemal geschlagen, und wird das zynische Zwielicht von harter Wirklichkeit und moralischem Traum nie mehr sich aufhellen? Die Fragen rühren an das Lebensgefühl der atomgerüsteten Zivilisationen. Diese durchlaufen eine Krise der innersten Vitalität, wie sie geschichtlich wohl ohne Beispiel ist. Vielleicht ist die Spitze dieser Beunruhigungen in Deutschland am schärfsten zu fühlen, dem Land, das zwei Weltkriege verloren hat und in dem die Witterung am empfindlichsten sagt, wie es sich anfühlt, zwischen Katastrophen zu leben.

Die Moderne verliert in ihrem Vitalgefühl die Unterscheidung zwischen Krise und Stabilität. Es kommen keine positiven Zustandserlebnisse mehr auf, kein Gefühl dafür, daß das Dasein in einen unabsehbar weiten und festen Horizont hineinwachsen kann, ohne sich zu erschöpfen. Ein Gefühl des Provisorischen, Spekulativen, höchstens Mittelfristigen liegt allen öffentlichen und privaten Strategien zugrunde. Sogar die konstitutionellen Optimisten beginnen, Luther zu zitieren, der gesagt hat, er würde noch heute ein Apfelbäumchen pflanzen, auch wenn er wüßte, daß morgen das Weltende bevorsteht.

Zeiten der chronischen Krise muten dem menschlichen Lebenswillen zu, permanente Ungewißheit als den nicht abänderbaren Hintergrund seiner Glücksbemühungen hinzunehmen. Dann schlägt die Stunde des Kynismus; er ist die Lebensphilosophie der Krise. Nur unter seinem Zeichen bleibt Glück im Ungewissen möglich. Er lehrt Einschränkung der Ansprüche, Wendigkeit, Geistesgegenwart, Hinhorchen auf das Angebot des Augenblicks. Er weiß, daß die Erwartung von langfristigen Karrieren und die Verteidigung sozialer Besitzstände in ein Dasein »als Sorge« verstricken muß. Es geschah nicht zufällig, daß Heidegger in den Tagen der labilen Weimarer Republik die »Sorgestruktur« der Existenz enthüllte) (*Sein und Zeit*, 1927). Die Sorge saugt das Glücksmotiv auf. Wer an diesem festhalten will, muß darum nach kynischem Muster lernen, die Vormacht der Sorge zu brechen. Doch das vergesellschaftete Bewußtsein sieht sich einer unablässigen Agitation durch Sorgethemen ausgesetzt. Sie schaffen die subjektive Beleuchtung der Krise, in der auch die Gutgestellten sich bereits die Mentalität von Schiffbrüchigen zugelegt haben. Noch nie waren so gut versorgte Menschen so sehr in Abbruchstimmung.

Diese verbreitete Vitalitätsstörung und diese Eintrübung des Lebensgefühls geben der Demoralisierung der Aufklärung den allgemeinsten Hintergrund. Die »Sorge« bewölkt das Dasein so anhaltend, daß sich der Gedanke an Glück gesellschaftlich nicht mehr plausibel machen läßt. Die atmosphärische Voraussetzung für Aufklärung – Aufheiterung – ist nicht gegeben. Wer wie Ernst Bloch von einem »Prinzip Hoffnung« sprach, mußte imstande sein, dieses klimatische Apriori der Aufklärung, den Blick auf einen heiteren Himmel, wenigstens in sich selbst zu finden; und daß Bloch jemand war, der es fand, das unterscheidet ihn vom Hauptstrom der Intelligenz. Auch wenn sich alles verdüsterte, kannte er das private Geheimnis der Aufheiterung, Vertrauen ins Leben, Strömenlassen des Ausdrucks, Glauben an Entfaltung. Es war seine Kraft, den »Wärmestrom« – den er in sich trug – überall in der menschlichen Geschichte wiederzuentdecken. Das färbte seinen Blick auf die Dinge optimistischer, als sie es verdienen. Der Wärmestrom ist es, was ihn so sehr vom Zeitgeist trennt. Die Intelligenz ist der Kälteströmung allgemeiner Demoralisierung fast ohne Gegenwehr ausgeliefert, ja, es kann fast erscheinen, als sei sie, was Defätismus und Desorientierung angeht, dem Durchschnitt noch überlegen. Nun kann man keinen Menschen dazu überreden, an den »Geist der Utopie« oder ein »Prinzip Hoffnung« zu glauben, wenn er keine Erfahrungen und Motive in sich entdeckt, die diese Ausdrücke mit Sinn füllen. Aber man kann sich fragen, für welche existentielle Verfassung Utopie und Hoffnung stehen. Ist es eine »prinzipielle Unzufriedenheit«, wie manche Stimmen sagen? Ist die Blochsche Hoffnung – wie behauptet wird – ein Gebilde des Ressentiments? Ich glaube, man hat, wenn man es so nimmt, nicht genau genug auf die »Nachricht« des Wärmestroms gehört. Seine Mitteilung ist nicht das Prinzip Nein. Prinzipielle Hoffnung steht für »Biophilie« (Fromm); sie ist eine Chiffre der schöpferischen Lebensfreundlichkeit. Mit ihr folgt das Lebendige einer fraglosen Erlaubnis, zu sein und zu werden. Das begründet seinen Widerspruch zur vorherrschenden Mentalität der Sorge und der Selbsthemmung.

Selbsthemmung ist das Symptom, das die restliche »kritische« Intelligenz in der müden Kolonne der Aufklärung vielleicht am meisten charakterisiert. Sie weiß sich in einer Zweifrontensituation – auf der einen Seite bemüht, dem zum System geronnenen Zynismus des »Spätkapitalismus« zu widerstehen, auf der anderen Seite geängstigt über die Radikalität der Emigranten und Aussteiger, die andere Wege versuchen und die Kooperation einstellen. In einer solchen Zwischenstellung ist die Versuchung groß, seine »Identität« durch forcierten Moralismus zu verteidigen.[1] Aber mit Moralismus liefert man sich erst recht an die überernste und depressive Stimmung aus. Die Szenerie der kritischen Intelligenz ist darum bevölkert von aggressiven und depressiven Moralisten, Problematikern, Problemoholikern und sanften Rigoristen, deren vorherrschende existentielle Regung das Nein ist. Von dieser Seite ist für die Korrektur des vital falschen Kurses wenig zu erhoffen.

Von Walter Benjamin stammt der Aphorismus: »Glücklich sein heißt, ohne Schrecken seiner selbst innewerden können.«[2] Woher kommt die Bereitschaft zum Schrecken in uns? Er ist, meine ich, der Schatten des Moralismus und des Nein, die miteinander die Glücksfähigkeit lähmen. Wo Moralismus ist, herrscht notwendig der Schrecken – als Geist der Selbstablehnung, und der Schrecken schließt Glück aus. Die Moral weiß ja immer schon mit tausendundeiner fixen Idee, wie wir und die Welt zu sein hätten und nicht sind. Vom Moralismus, auch

---

1 Auch Iring Fetscher (*Reflexionen über den Zynismus als Krankheit unserer Zeit,* in: *Denken im Schatten des Nihilismus,* hg. v. Alexander Schwan. Darmstadt 1975) hat darauf hingewiesen, daß beim Versuch der Intellektuellen, Zynismus zu meiden, moralische Überspannungen naheliegen.

2 Walter Benjamin, *Einbahnstraße.* Frankfurt/M. 1969, S. 59.

einem linken, gehen auf Dauer unrealistische und krampfige Wirkungen aus. Vielleicht macht sich in der Aufklärung eine uralte Tradition christlicher Unfröhlichkeit wieder bemerkbar, deren Blick von allem angezogen wird, was sich als Beweis für die Negativität des Daseins verstehen läßt. Davon gibt es soviel, daß dem Moralisten zeitlebens der Stoff nicht ausgehen wird. So sind zwischen Moralismus und Amoralismus die Fronten merkwürdig verkehrt. Der erste fördert, obwohl er so gut gesinnt ist, das Klima der Negativität, der zweite, obwohl er sich leichtsinnig oder böse gibt, hebt die Moral ganz ungemein. Und diese amoralische gute Laune ist es, was uns als Aufklärer auf das vorchristliche, das kynische Terrain ziehen muß. Wir sind soweit gekommen, daß uns Glück politisch unanständig erscheint. So überschrieb Fritz J. Raddatz seine begeisterte Besprechung zu Günter Kunerts untröstlichen *Abtötungsverfahren* (1980) mit den Worten: »Glück – das letzte Verbrechen?« Sagen wir besser: Glück – die letzte Unverschämtheit! Hier liegt der Kardinalpunkt aller prinzipiellen Frechheiten. So frech, so unverschämt muß sein können, wer als Aufklärer noch sich behaupten will. Es sind nicht mehr so sehr unsere Köpfe, an denen die Aufklärung ihre Arbeit zu verrichten hat, es sind die verdüsterten Egoismen, die vereisten Identitäten.

Bezeichnend für den demoralisierten Zustand kritischer Intelligenz mag sein, daß sie für das gesamte Spektrum der Biophilie und der Selbstbejahung kaum ein anderes Wort kennt als das vom »Narzißmus«. Ist dieser nun schon für sich genommen eine fragwürdige Konstruktion, so wird er in den Händen der Konservativen zur Keule einer psychologisierenden Gegenaufklärung, mit der gesellschaftliche Tendenzen der Selbstbesinnung niedergeschlagen werden sollen. So sehr das narzißtische Phänomen als Krankheit und Unbewußtheit interessant und willkommen ist, so sehr ist es als Gesundheit suspekt. Als allgemeine Krankheit funktioniert es wie ein psychologischer Dynamo der Gesellschaft, die Menschen voller Selbstzweifel braucht, bestätigungssüchtig, ehrgeizig, konsumgierig, eigennützig und moralistisch-beflissen darauf aus, im Vergleich mit anderen die Besseren zu sein. Als Gesundheit würde »narzißtische« Selbstbejahung den Zumutungen solch mürrischer Gesellschaften ins Gesicht lachen.

Das Grau ist der Grundton eines Zeitalters, das insgeheim längst wieder vom farbigen Knall träumt. Was solche Träume inspiriert und nötig macht, ist eine Summe von vitalen Unfähigkeiten. Die brave sozialpsychologische Aufklärung meinte, es liege an der »Unfähigkeit zu trauern«. Doch diese ist es nicht allein. Es ist fast mehr noch die Unfähigkeit zur richtigen Wut zur richtigen Zeit, die Unfähigkeit zum Ausdruck, die Unfähigkeit, das Sorgeklima aufzusprengen, die Unfähigkeit zur Feier, die Unfähigkeit zur Hingabe. Unter all diesen Verkümmerungen ist eine Fähigkeit übriggeblieben, die zielsicher ins Auge faßt, was ein Leben sich am Ende selber gönnt, das keinen Ausweg aus solchen Verhältnissen mehr sieht: die Fähigkeit, unter seriösen Vorwänden auf Zustände hinzuarbeiten, in denen es unvermeidlich sein wird, alles mit dem größtmöglichen Spektakel in die Luft zu sprengen, ohne daß irgend jemand sich als den Schuldigen empfände. Die Katastrophe macht warm, und in ihr kommt das dürre Ich zu seinem letzten Fest, das langvermißte Leidenschaften und Regungen im Verglühen bündelt.

Der Führer der englischen Punkgruppe *The Stranglers* feierte in einem frivolen Interview die Neutronenbombe, weil sie es sei, die den Nuklearkrieg in Gang bringen kann. *Miss Neutron, I love you.* Hier hatte er den Punkt gefunden, wo der Kynismus der Protestierer mit dem sauberen Herrenzynismus der Strategen zusammenfällt. Was wollte er sagen? Seht, wie bös ich sein kann? Sein Lächeln wirkte kokett, angewidert und ironisch selbstsüchtig, dem Reporter konnte er dabei nicht ins Gesicht sehen. Wie im Traum, an der Kamera vorbei, sprach er für die, die ihn verstehen werden, den kleinen bös-schönen Punkteufel, der mit undenkbaren Worten an der Welt rüttelt. Das ist die Sprache eines Bewußtseins, das es früher vielleicht nicht so bös gemeint hat. Jetzt aber, da die Show es verlangt, ist es nicht bloß unglücklich, sondern will auch unglücklich sein. So läßt sich das Elend übertrumpfen. Die letzte Freiheit wird dazu benutzt, das Schreckliche zu wollen. Darin ist eine große Geste, ein Pathos der Häßlichkeit – verzweifelte Frechheit, die einen Funken Eigenleben zündet. Letztlich können sie sich ja unschuldig wissen, und den Krieg, die ganz große Scheiße, machen schon die anderen. Sie, die schönen Selbstverstümmler, wissen es klar genug, um es gegen die Schweigeverabredung der Seriösen hinauszubrüllen. Alles ist Scheiße, *Miss Neutron, I love you.* Noch ist etwas Eigenes in der gewollten Selbstzerstörung, ein symbolischer Schock. Das ist es, was sich von ihnen genießen läßt. Im intellektuellen Kitsch, in der zynischen Show, im hysterischen Aufbruch und in der tollen Parade lockert sich der Todespanzer um das brav-wilde Ich: *Rocky Horror Picture Show*, das heißkalt rauschende Todesfeeling des Hungers nach sich selbst.

Heinz–Günter Schmitz

Die Heilwirkung von Scherz und Lachen nach den Lehren der Medizin

Im Zuge des Humanismus griff auch die Medizin des 16. Jahrhunderts noch einmal auf die antike Medizin zurück, deren Tradition im Mittelalter nie abgerissen und insbesondere durch die arabischen Ärzte weitergeführt worden war. So wurde auch die Melancholie weiterhin im Rahmen der Lehre von den vier Körpersäften als eine – leichtere oder schwerere – Erkrankung angesehen, die sich in einem übermäßigen Ansteigen des kalttrockenen Safts der schwarzen Galle (melancholia) manifestierte. Die als Therapie angegebenen Mittel und Verhaltensmaßregeln entstammen einer langen Tradition. Alle diese Heilverfahren sind nicht nur im Fall einer ebenfalls melancholischen Erkrankung angebracht, sie können ebensogut auch zur Linderung eines melancholischen Temperaments dienen. Sie sind für die Praxis des Theologen ebenso wichtig wie für die Praxis des Arztes, da sämtliche geistlichen Fehlhaltungen auch im physisch-psychischen Bereich begründet sein konnten. Da in solchen Fällen eine Heilung an Leib *und* Seele erforderlich war, mußten geistliche Belehrung und ärztliche Behandlung koordiniert werden. Wo der Teufel durch die schwarze Galle wirkte, konnte der Geistliche ihm auch dadurch wirksam begegnen, daß er die Hilfe der Medizin (als einer Gottesgabe) in Anspruch nahm.

In der ärztlichen Praxis der Antike wurden zwei pflanzliche Universalheilmittel gegen Melancholie verwendet, die auch im 16. Jahrhundert noch häufig Verwendung fanden: die Nieswurz (Helleborus) und die Mandragora.[1] Darüber hinaus wird

---

1 Vgl. Jean Starobinski, *Geschichte der Melancholiebehandlung von den Anfängen bis 1900.* Basel 1960, S. 16 ff.

im 16. Jahrhundert die Liste der von den Alten verordneten Medikamente gegen Melancholie allerdings stark erweitert. In den Arzneibüchern werden überlange Rezepte für pharmakologische Präparate angeführt, wobei eine Unzahl besonderer Zutaten erforderlich ist und komplizierte Vorschriften bei der Zubereitung beachtet werden müssen. Neben solchen Arzneimitteln kannte man auch andere Maßnahmen, durch die die Feuchtigkeit und Wärme des Körpers erhöht werden sollten, wie Bäder, Massagen, warme Umschläge, Behandlung mit Salben und Ölen. Die ganze Masse der Heilmittel wurde in drei Gruppen eingeteilt, je nachdem, ob der schwarze Gallensaft durch Aderlaß, Brech- oder Abführmittel usw. ausgeschieden wird (evacuativa), ob er durch Tabletten, Opiate, Bouillons usw. verbessert wird (alterativa) oder ob durch Puder, Salben, Umschläge usw. das ganze physiologische System und damit zugleich auch die Lebensgeister (spiritus) gestärkt werden (comfortativa).[2]

Der antimelancholische Effekt mancher Drogen wird bisweilen schon im Namen angezeigt wie beim »Saeldepulver«. Paracelsus wollte die Melancholie mit »lachender«, d. h. lachenerregender Arznei bekämpfen, wir würden heute sagen: mit Psychopharmaka.[3] Bei jeder Art der Behandlung mußte aber der melancholische Patient die Bemühungen des Arztes unterstützen und selbst durch eine vernünftige Lebensweise zu seiner Genesung beitragen. Es war daher wichtig, daß er sich die nötige Einsicht in die Ursachen, Anzeichen und Heilungsmöglichkeiten seiner Krankheit verschaffte. Gerade dazu wollten ihm ja die zahlreichen Gesundheitsbücher und Diätetiken verhelfen. Die Vernunft, die vernünftige Überlegung, galt als der beste Ratgeber in Fragen der Gesundheit. Wo der Mensch ihr

2 Vgl. ebd., S. 45.
3 Vgl. Paracelsus, *Sämtliche Werke*. Hg. v. K. Sudhoff und W. Matthiessen. Abt. 1. Bd. 1–14. München, Berlin 1929ff., Bd. 2, S. 452. Hier heißt es: »Als der melancholicus ist traurig, so mach in durch lachende arznei gesund.«

folgte, traf er in allem das rechte Maß, hatte die Affekte stets in der Gewalt und war so gegen Krankheit gefeit oder konnte seine Krankheit bald überwinden. Die Therapie der Melancholie lief eigentlich immer darauf hinaus, die Vernunft wieder zur obersten Instanz zu machen. Das bedeutete praktisch, daß man die sechs sogenannten nichtnatürlichen Dinge (res non naturales), nämlich Luft und Klima, Speise und Trank, Schlaf und Wachen, Bewegung und Ruhe, Nahrungsaufnahme und Entleerung sowie die Affekte, die Seelenbewegungen, so handhaben sollte, daß daraus kein Schaden für die Gesundheit erwuchs, sondern im Gegenteil die Lebenskräfte gestärkt wurden.

Jede therapeutische Bemühung konnte überhaupt nur dann Erfolg haben, wenn sie nach dem klassischen Grundsatz der Medizin »contraria contrariis curantur« (also: Gegensätzliches wird mit Gegensätzlichem geheilt) verfuhr. Gegen Melancholie half demzufolge letztlich nur das, was sanguinische, also warm-trockene Qualitäten hatte. Der Melancholiker brauchte danach vor allem ein günstiges Klima und eine gesunde »sanguinische« Luft. Er sollte seinen Aufenthaltsort möglichst unter diesem Gesichtspunkt wählen. Er sollte sich einer strengen Diät befleißigen, nur leichte, feuchtigkeitshaltige, »fröhliche« Nahrung zu sich nehmen, alle schwarzen, bitteren, kalten und trockenen Speisen dagegen meiden. Weiter mußte für regelmäßige Entschlackung des Körpers gesorgt werden (evtl. durch Aderlaß oder Klistier). Auch eine regelmäßige Bewegung wie Leibesübungen oder Spaziergänge wurde als erforderlich angesehen. Die Spaziergänge hatten außerdem den Vorteil, daß damit zugleich die sanguinischen Heilkräfte der Natur genutzt werden konnten. So sollte sich der Melancholiker – und dies gilt besonders für den stubenhockenden und nachtwachenden Gelehrten – an heiteren Tagen aus den Stadtmauern hinaus aufs Land begeben. Der heiter glänzende Himmel, die lauen Lüfte, das klar und hell dahin fließende Wasser: Dies alles würde das Geblüt erfrischen und die Lebensgeister erneuern.[4]

4 So rät Marcilio Ficino dem Melancholiker: »eine stete anschauwung

Zu den nichtnatürlichen Dingen, auf die der Schwermütige und Schwerblütige besonders zu achten hätte, gehörten vor allem die dem Bereich des sensitiven Seelenvermögens angehörenden Affekte. Ungezügelte, plötzlich aufflammende Leidenschaften, so die allgemeine Auffassung, ließen die Säfte »überkochen« und verzehrten die Lebensgeister. Daher mußte das Gefühlsleben stets unter Kontrolle gehalten und vernünftig gesteuert werden. Der Melancholiker sollte um jeden Preis den in ihm wütenden melancholischen Affekten der Furcht, der Sorge und der Traurigkeit Einhalt gebieten. Er sollte versuchen, in seinem Innern die heilsamen sanguinischen Affekte zu erwecken, die, wie immer wieder betont wird, die beste Arznei gegen Melancholie waren. Bei der Behandlung der Melancholie mußte zuerst für drei Dinge Sorge getragen werden: für die Heiterkeit des Geistes (mens hilaris), die Ruhe des Gemüts (tranquillitas animi) und eine maßvolle Lebensweise (diaeta moderata). Der Melancholiker solle sich den schönen Seiten des Lebens, heiteren »sanguinischen« Dingen und Eindrücken zuwenden: hellen Farben, Blumendüften, schönen Landschaften, lustigen Gesellschaften und geistreich-scherzhaften Unterhaltung. Auf jede nur erdenkliche Weise mußten die Lebensgeister und damit das Ich gestärkt und gefestigt werden, damit es nicht mehr die Beute schlimmer Affekte werden konnte.

Seit jeher kannte man aber auch bestimmte psychologische Mittel, die dazu dienen sollten, den Melancholiker aus seiner gefährlichen Isolation zu befreien. Der Kranke selbst oder, wenn er nicht dazu in der Lage war, seine Freunde sollten versuchen, durch Zerstreuung oder psychologische Kniffe die heilsamen sanguinischen Affekte zu erregen, um damit die schädlichen Affekte ebenso wie deren physiologische Grund-

---

des lütern, claren Wasser, [...] den bruch der garten und der Wiltnuß, das spazieren bey den wassern und uff lustigen matten oder wissen« (zit. nach Carl Giehlow, *Dürers Stich »Melancholia I« und der maximilianische Humanistenkreis.* In: *Mitteilungen der Gesellschaft für vervielfältigende Kunst* 26, 1903, S. 29–41, hier S. 39).

lage zu zerstören. Vor allem sollte der Melancholiker Abwechslung und Veränderung in sein Leben bringen und versuchen,
sich aus seiner Einsamkeit und seinen Grübeleien durch anregende Beschäftigungen herauszureißen, um wieder Anschluß
an die Welt zu gewinnen.[5] Ärzte wie Theologen raten dem
Schwermütigen immer wieder, sich durch allerlei Zeitvertreib
wie Reiten, Jagen, Fechten, Ballspielen, durch den Besuch von
Gesellschaften, vor allem aber durch Ortsveränderung und
weite Reisen auf andere Gedanken zu bringen.

Besonders wurde immer wieder die heilkräftige, lebenspen-
dende Wirkung des Spiels hervorgehoben. Man wußte, daß
nichts geeigneter war, den Melancholiker aus der tödlichen
Erstarrung seiner Trauer herauszulösen, als das Spiel in all seinen Erscheinungsformen. Das Spiel galt seit Aristoteles als eine
Einrichtung der Kultur, die der Erholung des Geistes diente. Es
war für den Menschen eine Quelle der Erneuerung und der
Wiedergeburt. Es hatte also durchaus seinen Sinn, wenn man
gerade den Melancholiker wieder dazu bringen wollte, seine
Rolle im Leben weiterzuspielen. So empfahl man gegen Melancholie die ganze Vielfalt der Spiele, die körperlichen Spiele
nicht weniger wie die höheren geistigen. Die gesundheitsför-
dernde körperliche Bewegung nahm im humanistischen Erzie-
hungsprogramm einen wichtigen Platz ein. Daneben gab es die
Spiele sublimerer Art, in denen die Seelenkräfte geübt wurden,

5 Nach Ficino hilft dem Melancholiker »auch ser eine sanffte ruterei,
ein senfft rollen und senffte schiffarten und allermeist die verende-
rung« (zit. nach Giehlow, s. o., S. 39 f.). Vgl. hierzu auch Luther, der
einmal einem Melancholiker den Rat gibt, dem Teufel, der ihn mit Verzweiflung und Traurigkeit verderben wolle, mit Verachtung zu begegnen und etwa folgendermaßen mit ihm zu sprechen: »Wolan, teuffel,
las mich ungeheyet, Ich kan itzt nicht deiner gedancken warten, Ich
mus reiten, faren, Essen, trincken, das oder das thun, Item ich mus itzt
frolich sein, kom morgen wider etc. Vnd was yhr sonst kundet furne-
men, spielen vnd der gleichen, damit yhr, solch gedancken nur frey
vnd wol verachtet vnd von euch weiset« (Luther, *Werke. Kritische Ge-*
samtausgabe. Weimar 1883 ff., hier Briefe, Bd. 6, S. 87).

wie das musikalische und das mimisch-theatralische Spiel sowie die Spiele des Denkens und der Phantasie. Letztere waren zur Bekämpfung der Melancholie nach Auffassung der Medizin vor allem dann geeignet, wenn sie sich in den Formen des Komischen äußerten. Die antimelancholische Wirksamkeit des Komischen ist bereits von den antiken Ärzten immer wieder hervorgehoben worden, deren Ratschläge in den medizinischen Schriften des 16. Jahrhunderts oft angeführt werden.[6]

Auch die großen Ärzte des Mittelalters, deren Werke im 16. Jahrhundert keineswegs für überholt galten und häufig aufgelegt wurden, räumten dem Scherz und dem Spiel einen wichtigen Platz bei der Melancholiebehandlung ein. Nach Hugo von Siena sollte der Mensch bei seelischen Belastungen am besten zu Musik und leichter Lektüre Zuflucht nehmen.[7] Avicenna empfiehlt Gesang, Spiel und alles, was Freude macht.[8] Und auch von den medizinischen Autoren des 16. Jahrhunderts wird immer wieder der Wert von Scherzen, Witzen und lustigen Geschichten als Heilmittel gegen Melancholie betont.[9] Die

6 So empfiehlt z. B. der bei den Zeitgenossen sehr bekannte Arzt Crato von Kraftheim dem Melancholiker vor allem Heiterkeit und Fröhlichkeit und verweist dabei auf den römischen Arzt Celsus, der ebenfalls geraten habe, den Kranken durch Musik, Scherze und Geschichten zu erheitern (Johannes Crato von Kraftheim, *Consiliorum et Epistolarum Medicinalium libri V.* Frankfurt/M. 1591-1594, S. 145).

7 Vgl. Erwin Panofsky/Fritz Saxl, *Dürers »Melencholia I«. Eine quellen- und typengeschichtliche Untersuchung.* Leipzig, Berlin 1923, S. 21.

8 Vgl. Avicenna, *Liber totius medicinae.* Lyon 1522, S. 150 v.

9 Auch Ficino, der allgemein anerkannte, oft zitierte Ratgeber in diätetischen Fragen, rät dem Melancholiker zu allem, »das erfrawen, und frölich machen mag« (zit. nach Giehlow, *Dürers Stich,* Anm. 4, S. 40). – Aus der ärztlichen Praxis des berühmten Nürnberger Kosmographen Hartman Schedel ist ein Brief erhalten, in dem er einer Patientin die bekannten Diätregeln mitteilt und sie dabei besonders vor schädlichen Affekten warnt. Vgl. Friedrich Arnecke, *Eine Diätregel aus der Praxis des Nürnberger Arztes Hartman Schedel (1440-1514).* In: *Archiv für Kulturgeschichte* 13 (1917), S. 138-141.

zentrale Bedeutung der Medizin zeigt sich in diesem Fall auch darin, daß nicht nur die Tätigkeit des Schauspielers, sondern auch die des Hofnarren unter einem medizinisch-diätetischen Aspekt gesehen wurde. In einer Diätetik findet sich die Überlegung, daß es keineswegs Luxus sei, wenn man an den Fürstenhöfen Hofnarren unterhalte, sondern daß diese den Zweck erfüllten, die stets von Sorgen geplagten und zur Melancholie neigenden Gemüter der Fürsten und Mächtigen vor allzu tiefer Verdüsterung zu bewahren.[10]

Die Behandlung der Melancholie mußte also darauf angelegt sein, den Kranken heiter zu stimmen, ihn womöglich zum Lachen zu bringen. Denn gerade das Lachen galt nach der medizinischen Theorie als überaus heilsam. Über das Lachen werden in dieser Zeit erstmals größere Monographien und Traktate geschrieben.[11] Auch hier gehen die Verfasser wieder von den Autoritäten aus. Doch enthalten die Traktate über das Lachen, die im 16. Jahrhundert verbreitet sind, nicht nur die verschiedenen Lesefrüchte aus der philosophischen, medizinischen und rhetorischen Literatur der Antike und des Mittelalters, sondern auch eine Fülle neuer Einzelbeobachtungen. Zum erstenmal wird hier das Lachen überhaupt ausführlicher erörtert. Man versuchte, Wesen, Ursache, Ablauf und Wirkung des Phänomens mit Hilfe der Säftetheorie zu erklären.

Die Autoren waren vor allem um den Nachweis bemüht, daß das Lachen keineswegs eine entbehrliche oder gar verwerfliche Sache sei (dies war der kirchliche Standpunkt), sondern daß es der Gesundheit diene, bisweilen sogar Krankheiten heilen könne und vor allem gegen die Melancholie helfe. Nach der damaligen Auffassung gehört die Fähigkeit des Lachens ebenso wie die Affekte dem sensitiven Seelenvermögen an, hat

10 Vgl. Johannes Katzschius, *De Gubernanda Sanitate, secundum sex res non naturales.* Frankfurt/M. 1570, S. 29 v.
11 Viele dieser Schriften finden sich in der Bibliographie von Heinrich Laehr, *Die Literatur der Psychiatrie, Neurologie und Psychologie von 1459–1799.* 3 Bde. Berlin 1900.

ihren Sitz also im menschlichen Herzen.[12] Das Herz, so die Auffassung, dehne sich beim Lachen noch weiter als im Affekt der Freude aus. Es bilde sich neues, frisches Blut, aus dem sogleich neue Lebensgeister entstünden, die sich durch das geöffnete Herz über den ganzen Körper ausbreiteten. Hierzu gehörten auch die charakteristischen Bewegungen, die das Lachen ausmachen: die Erschütterung des Zwerchfells und der Brust, die Bewegungen des Mundes und der Lippen, die Rötung des Gesichts und das Glänzen der Augen.[13] So würden dem ganzen Körper in sehr kurzer Zeit große Mengen vitaler Energien hinzugeführt, was sich günstig auf die Gesundheit auswirke.

Die Humoralmedizin hatte auch für die Tatsache, daß manche Menschen öfter und leichter lachen als andere, eine Erklärung: Die, die gern und oft lachten, waren Sanguiniker. Sie hatten, so die Auffassung, von Natur aus klares Blut mit einem geringen Bestandteil von schwarzer Galle, von der es immer leicht gereinigt werden konnte. Die Sanguiniker waren stets »leichten« Gemüts und fröhlicher Laune, zeigten sich jederzeit für alles und jedes »begeistert«.[14] Ihr Herz sei weit, locker, warm und feucht, nehme elastisch jeden Eindruck auf und gebe ihn an den Körper weiter. Ihr beweglicher, heiterer Geist bedürfe nur des geringsten Anstoßes, etwa eines fröhlichen Beisammenseins oder eines Gastmahls, um sich sogleich in Scherze, Witze, Lachen und Ausgelassenheit umzusetzen.

Dem extrovertierten Typ des Sanguinikers wurde der introvertierte des Melancholikers gegenübergestellt, der der Freude und dem Lachen abgeneigt sei. Er sei sowohl seiner physischen Substanz wie seinem Wesen nach schwer und unbeweglich. Sein Herz sei kalt, hart und zusammengepreßt. Die schweren melancholischen Naturen sprächen auf leichte Dinge und Eindrücke nur langsam an. Sie würden sich nicht leicht zur Freude

---

12 Vgl. M. Laurent Joubert, *Traité du Ris*. Paris 1579, S. 61 ff.
13 Vgl. ebd., S. 74 ff.
14 Vgl. ebd., S. 253.

und zum Lachen bewegen lassen.[15] Während also der Sanguiniker Gesundheit und Lebensfreude repräsentiere, trage der
Melancholiker schwer an der Last des Daseins und neige dazu,
sich vor der Welt zu »verschließen«. Deshalb sei es für den
Schwermütigen besonders wichtig, daß er das Lachen als un-
trügliches Kennzeichen einer gesunden seelischen und körperlichen Verfassung wieder lerne.[16] Alle diätetischen Anweisungen dieser Zeit gipfeln daher auch in der Lebens- und
Gesundheitsregel, stets fröhlich zu sein, oft zu lachen und sich
nicht mit unnützen Gedanken und Projekten herumzuquälen.
Nur wenn man diese Regel beherzige, so wird immer wieder
betont, könne man ein langes Leben in guter Gesundheit erreichen.[17]

15 Vgl. ebd., S. 251.
16 Vgl. ebd., S. 330.
17 Vgl. ebd., S. 331, mit ausdrücklichem Bezug auf Ficino.

II. Lachen: Feste und Gottvertrauen

Michail Bachtin

Die volkstümliche Lachkultur

Das volkstümliche Lachen und seine verschiedenen Formen sind der am wenigsten erforschte Bereich der Volkskultur. Die verkümmernde Vorstellung von Volkstümlichkeit und Folklore, die in der Frühromantik entstand und im wesentlichen von Herder und den Romantikern kanonisiert wurde, hat die spezifische volkstümliche Marktplatzkultur und das Lachen in seinen zahlreichen Variationen nahezu ignoriert. Deshalb wurde das lachende Volk auf dem Marktplatz niemals zum Gegenstand einer gründlichen kulturhistorischen, ethnologischen oder literaturwissenschaftlichen Untersuchung. In der umfangreichen wissenschaftlichen Literatur, die sich mit dem Ritus, dem Mythos, der lyrischen und epischen Volkskunst beschäftigt, wird ihm nur ein äußerst bescheidener Platz eingeräumt. Das größte Manko dieser Literatur jedoch ist ihr unangemessenes Vorverständnis; sie wendet auf das volkstümliche Lachen Vorstellungen und Begriffe vom Lachen an, die sich erst unter den Bedingungen der bürgerlichen Kultur und Ästhetik gebildet haben. Deshalb kann man ohne Übertreibung sagen, daß das Wesen der volkstümlichen Lachkultur bis heute nicht entdeckt ist.

Dabei waren Reichweite und Bedeutung dieser Kultur im Mittelalter und in der Renaissance immens. Ein ganzes Universum von Lachformen und Lachäußerungen stand der offiziellen und im Ton seriösen Kultur des klerikalen und feudalen Mittelalters gegenüber. Bei aller Vielfalt haben diese Formen und Produktionen (Marktplatzfeste karnevalesker Art, komische Riten und Kulte, Possenreißer und Narren, Riesen, Zwerge und Mißgeburten, wandernde Komödianten und vieles andere) einen Stil gemeinsam und bilden zusammen die volkstümliche Lach- und Karnevalskultur.

Die unterschiedlichen Ausdrucksformen der volkstümlichen Lachkultur lassen sich auf drei Grundformen reduzieren:

1. *rituell-szenische Formen* (Feste vom Karnevalstyp, unterschiedliche komische Marktplatzszenen u. a.);

2. *komische* (darunter auch parodistische) Texte, mündliche und schriftliche, lateinische und volkssprachliche;

3. *verschiedene Formen und Gattungen der familiären Rede des Marktplatzes* (Schimpfworte, Schwüre, Flüche, volkstümliche Scheltgedichte, Blasons, u. a.).

Diese drei Grundformen, die trotz ihrer Unterschiede gemeinsam den Lach-Aspekt der Welt abbilden, sind eng miteinander verbunden und verflechten sich auf vielerlei Arten. Wir beginnen mit einer vorläufigen Beschreibung jeder der drei Formen.

Feste vom Karnevalstyp und die damit verbundenen komischen Aufführungen und Riten nahmen im Leben des mittelalterlichen Menschen einen bedeutenden Platz ein. Außer den Karnevals im eigentlichen Sinn mit ihren vieltägigen und komplizierten Aufführungen und Prozessionen auf Straßen und Plätzen wurden eigene »Narrentage« (festa stultorum) und der »Eselstag« veranstaltet, und es existierte ein besonderes, traditionell zugelassenes freies »Osterlachen« (risus paschalis). Darüber hinaus hatte fast jeder kirchliche Feiertag seine ebenfalls durch die Tradition sanktionierte volkstümlich-komische Marktplatz-Komponente. Zu den sogenannten »Kirchweihen« etwa gab es gewöhnlich Jahrmärkte mit einem reichhaltigen Repertoire an Belustigungen (unter Mitwirkung von Riesen, Zwergen, Mißgeburten, »gelehrten« Tieren etc.). Karnevalsatmosphäre herrschte, wenn Mysterienspiele und Sotties aufgeführt wurden, oder bei den durch den bäuerlichen Lebensrhythmus bestimmten Festen wie der Weinlese (vendange), die auch in den Städten gefeiert wurden. Lachen begleitete gewöhnlich die profanen und häuslichen Zeremonien und Riten: Possenreißer und Narren waren ständige Teilnehmer, die auf parodistische Art die verschiedenen Momente des seriösen Zeremoniells (z. B. Siegerehrungen auf Turnieren, Zeremonien zur Übergabe der Lehnsrechte, Erhebungen in den Ritterstand u. a.) nachahmten. Häusliche Festessen kamen ebenfalls nicht ohne komische Elemente aus – man wählte z. B. für die Dauer des Festes »Lach«-Könige und -Königinnen (roi pour rire).

Alle erwähnten, durch die Tradition sanktionierten rituell-szenischen Formen waren in sämtlichen Ländern des mittelalterlichen Europa verbreitet; einen besonderen Formenreichtum und eine große Komplexität entfalteten sie in den romanischen Ländern.

Die auf dem Lach-Prinzip beruhenden rituell-szenischen Formen unterschieden sich außerordentlich schroff und prinzipiell von den seriösen – kirchlichen und feudalen – Kultformen und Zeremoniellen. Sie präsentierten einen völlig anderen, betont inoffiziellen, außerkirchlichen und außerstaatlichen Aspekt der Welt, des Menschen und der menschlichen Beziehungen: Jenseits alles Offiziellen errichteten sie eine zweite Welt und ein zweites Leben, an denen alle Menschen des Mittelalters in größerem oder geringerem Maß Anteil hatten, in denen sie für eine bestimmte Frist lebten. Ohne Berücksichtigung dieser Doppelweltlichkeit kann man weder das kulturelle Bewußtsein des Mittelalters noch die Kultur der Renaissance angemessen verstehen. Unkenntnis oder Unterbewertung des volkstümlichen lachenden Mittelalters verzerrt auch die Vorstellung von der späteren historischen Entwicklung der europäischen Kultur.

Eine Doppelheit in der Wahrnehmung der Welt und des menschlichen Lebens bestand bereits in den frühesten Stadien der Kulturentwicklung. In der Folklore der primitiven Völker gab es neben den nach Anlage und Ton seriösen Kulten auch Lachkulte, die die Gottheit auslachten und schmähten (»rituelles Lachen«), neben seriösen Mythen gab es Lach- und Schimpfmythen, neben den Helden deren parodistische Doppelgänger. In letzter Zeit beginnen diese Lachriten und -mythen die Volkskundler zu interessieren.

Doch in dieser Frühzeit, unter den Bedingungen einer noch klassenlosen und vorstaatlichen Gesellschaft, waren seriöse und Lach-Aspekte von Gottheit, Welt und Mensch offensichtlich gleichermaßen sanktioniert, sozusagen gleich »offiziell«. Dies hat sich bei einzelnen Riten manchmal auch in späteren Perioden erhalten. Noch in der römischen Republik z. B. beinhaltete die Siegesfeier fast gleichberechtigt Lob und Spott für den Sieger, und beim Beerdigungsritual rühmte und beweinte man den Verstorbenen und lachte ihn aus. Unter den Bedingungen einer konsolidierten Klassen- und Staatsstruktur ist die Gleichberechtigung der beiden Aspekte nicht mehr möglich, und alle Lachformen gehören – früher oder später – zu einem nichtoffiziellen Bereich. Sie entwickeln einen tieferen und komplexeren Sinn und werden zu Grundausdrucksformen der Welterfahrung und der Kultur des Volkes. Dies gilt für die karnevalsartigen Feste der antiken Welt, besonders für die römischen Saturnalien, und auch für die mittelalterlichen Karnevals. Sie sind natürlich schon sehr weit entfernt vom rituellen Lachen der Urgesellschaft.

Welches sind nun die spezifischen Merkmale der rituell-szenischen Lachformen, und, vor allem, was ist ihr Wesen, d. h. ihre Existenzform? Sie sind natürlich keine religiösen Riten in der Art etwa der christlichen Liturgie, mit der sie gleichwohl weit zurückliegende genetische Gemeinsamkeiten haben. Das den Karnevalsriten zugrundeliegende Lachprinzip löst sie völlig von jedem religiös-kirchlichen Dogmatismus, von Mystik und Andacht; sie haben keinerlei magischen oder Gebets-Charakter mehr (denn sie wollen nichts erzwingen und bitten um nichts). Mehr noch, einige karnevaleske Formen sind geradezu Parodien auf den kirchlichen Kult. Alle karnevalesken Formen sind konsequent außerkirchlich und areligiös. Sie gehören zu einem völlig anderen Lebensbereich.

Von ihrem anschaulichen, konkret-sinnlichen Charakter her und durch ein starkes spielerisches Element stehen sie künstlerisch-bildhaften Formen, besonders dem Theater, nahe. Und tatsächlich, die szenischen Bühnengattungen des Mittelalters hatten eine enge Verbindung zur volkstümlichen karnevalesken Marktplatzkultur und waren in gewissem Grade ein Teil von ihr. Der karnevaleske Kern dieser Kultur lag jedoch keineswegs in rein künstlerischen szenischen Formen, überhaupt gehört er nicht in den Bereich der Kunst, er ist eher auf der Grenze zwischen Kunst und Leben anzusiedeln. Im Grunde ist er das Leben selbst – in einer eigenen, spielerischen Ausformung.

Der Karneval kennt keine Unterscheidung zwischen Darstellern und Zuschauern. Er kennt keine Rampe, nicht einmal in der rudimentärsten Form. Die Rampe würde den Karneval zerstören (wie umgekehrt die Abschaffung der Rampe das Theater zerstören würde). Den Karneval schaut man sich nicht an, man lebt ihn, alle leben ihn, denn er ist von der Idee her dem ganzen Volk gemeinsam. Solange der Karneval andauert, hat niemand einen anderen Lebensinhalt. Man kann vor ihm nicht weglaufen, denn er kennt keine räumlichen Grenzen. Während des Karnevals kann man nur nach seinen Gesetzen leben, d. h. nach den Gesetzen der Karnevalsfreiheit. Der Karneval hat universalen Charakter, er ist ein Zustand der ganzen Welt, ihre Wiedergeburt und Erneuerung, an der alle teilhaben. Idee und Wesen des Karnevals waren für alle Beteiligten unmittelbar spürbar. Deutlicher und bewußter als irgendwo sonst offenbarten sie sich in den römischen Saturnalien, die als reale und vollständige (jedoch zeitlich begrenzte) Wiederkehr des Goldenen Zeitalters des Saturn auf die Erde galten. Die Saturnalientraditionen wurden nie unterbrochen und waren noch im mittelalterlichen Karneval lebendig, der vollständiger und reiner als andere mittelalterliche Feste die Idee der Erneuerung der ganzen Welt verkörperte. Die anderen mittelalterlichen Feste karnevalesker Art waren begrenzter und realisierten die Idee des Karnevals weniger umfassend und rein; jedoch war sie auch in ihnen präsent und wurde unmittelbar wahrgenommen als zeitlich begrenztes Heraustreten über die Grenzen des gewöhnlichen (offiziellen) Lebens.

Insofern also war der Karneval keine theaterähnliche szenische Kunstform, sondern reale Lebensform auf Zeit, die man nicht inszenierte, sondern (für die Dauer des Karnevals) beinahe wirklich lebte. Man könnte es auch so ausdrücken: Im Karneval spielt das Leben selbst, es inszeniert – ohne Bühne, ohne Rampe, ohne Schauspieler und Zuschauer, d. h. ohne jede Kunst- und Theaterspezifik – eine andere, freie, zwanglose Form seiner Verwirklichung, seine Wiedergeburt und Erneuerung nach besseren Prinzipien. Die reale Form des Lebens ist hier zugleich auch seine erneuerte ideale Form.

Charakteristisch für die Lachkultur des Mittelalters sind solche Figuren wie der Possenreißer und der Narr. Sie waren ständige, ins normale (d. h. nichtkarnevaleske) Leben integrierte Träger des Karnevalsprinzips. Wie z. B. Triboulet unter Franz I. (er tritt auch in Rabelais' Roman auf) waren solche Possenreißer und Narren keineswegs Schauspieler, die auf der Bühne ihre Rollen spielten (wie später die Darsteller von Harlekin, Hanswurst usw.). Sie blieben Narren und Possenreißer, wo immer sie sich zeigten. Als Possenreißer und Narren repräsentierten sie eine besondere, zugleich reale und ideale Lebensform. Sie standen auf der Grenze zwischen Leben und Kunst (in einem Übergangsbereich eigener Art): Sie waren weder einfach Sonderlinge oder was man im alltäglichen Sprachgebrauch dumm nennt, noch waren sie komische Darsteller.

So spielt im Karneval das Leben selbst; das Spiel jedoch wird auf Zeit zum eigentlichen Leben. Das ist das Wesen des Karnevals, seine besondere Existenzform. Der Karneval ist das zweite, auf dem Lachprinzip beruhende Leben des Volkes, er ist sein festliches Leben. Das Festliche ist eine Grundkomponente aller rituell-szenischen mittelalterlichen Lachformen.

Diese Lachformen waren äußerlich an kirchliche Feiertage gebunden. Der eigentliche Karneval, der weder mit einem Ereignis aus der *Heiligen Schrift* noch einem wichtigen Datum aus irgendeinem Heiligenleben zusammenfiel, wurde auf die letzten Tage vor den Großen Fasten gelegt (darum hieß er auch in Frankreich Mardi gras oder carême prenant und in Deutschland Fastnacht). Wesentlicher als diese terminliche ist die genetische Verbindung dieser rituell-szenischen Lachformen mit alten heidnischen, bäuerlichen Festen, zu deren Ritual auch ein Lachelement gehörte.

Das Festefeiern ist eine sehr wichtige primäre Form menschlicher Kultur. Es ist nicht ableitbar aus praktischen Notwendigkeiten und Zielen gesellschaftlicher Arbeit oder, eine noch vulgärere Erklärungsmöglichkeit, aus dem biologischen (physiologischen) Erfordernis regelmäßiger Erholung. Das Fest hatte immer einen genuin philosophischen Gehalt. Keine Organisations- und Perfektions-»Übung« für den gesellschaftlichen Arbeitsprozeß, keine spielerische »Arbeits«-Simulation, keine Mußestunde oder Atempause während der Arbeit kann an sich festlich sein. Dazu muß ein Element aus einer anderen, der geistig-ideologischen Lebenssphäre hinzukommen. Feste benötigen keine Sanktionierung durch die Welt der Mittel und der praktischen Notwendigkeiten, sondern durch die höheren Ziele der menschlichen Existenz, d. h. durch die Welt der Ideale. Ohne diese Sanktion gibt es keine Festlichkeit und kann es sie nicht geben. Das Fest steht in einem konstitutiven Zusammenhang mit der Zeit, es basiert immer auf einem bestimmten, konkreten Konzept der kosmischen, biologischen und historischen Zeit. Auf jeder historischen Entwicklungsstufe war es an Krisen und Wendepunkte im Leben der Natur, der Gesellschaft und des Menschen gebunden. Immer war das Moment von Tod und Wiedergeburt, von Ablösung und Erneuerung bestimmend für ein festliches Weltgefühl. Ebendieses Moment begründete (in den konkreten Formen der einzelnen Feiertage) die spezifische Festlichkeit des Festes.

Unter den Bedingungen der feudalen Klassengesellschaft des Mittelalters konnte sich diese Festlichkeit, d. h. die Bindung an die höheren Ziele der menschlichen Existenz, an Wiedergeburt und Erneuerung, in unverfälschter Fülle und Reinheit nur im Karneval und auf der volkstümlichen Marktplatzseite der anderen Feiertage verwirklichen. Festlichkeit wurde zur Form des zweiten Lebens des Volkes, das für einige Zeit ins utopische Reich der Universalität, der Freiheit, der Gleichheit und des Überflusses eintrat.

Die offiziellen Feiertage des Mittelalters, sowohl die kirchlichen als auch die profanen feudalstaatlichen, führten nicht heraus aus der herrschenden Weltordnung und schufen kein anderes Leben. Im Gegenteil, sie bestätigten und sanktionierten den Status quo und verstärkten ihn. Der Bezug zur Zeit war ein formaler, Umbrüche und Krisen wurden in die Vergangenheit verlegt. Der offizielle Feiertag verwies im Grunde nur in die Vergangenheit, und diese Vergangenheit legitimierte die gegenwärtige Gesellschaftsordnung. Zuweilen sogar im Widerspruch zur eigenen Idee, stärkte der offizielle Feiertag Stabilität, Unveränderlichkeit und Ewigkeit der bestehenden Ordnung, er stärkte die vorhandenen Hierarchien und die geltenden religiösen, politischen und moralischen Werte, Normen und Tabus. Der Feiertag war der Triumph der bestehenden, siegreichen, herrschenden Wahrheit, die sich als ewige, unveränderliche und unanfechtbare ausgab. So konnte auch der Ton des offiziellen Feiertags nur monolithisch ernst sein, das Lachprinzip war ihm wesensfremd. Der offizielle Feiertag änderte und verfälschte die eigentliche Natur des Festes. Die echte Festlichkeit jedoch war unausrottbar, und so mußte man sie dulden und teilweise, jenseits der offiziellen Seite des Festtags, sogar sanktionieren und ihr den bevölkerten Marktplatz abtreten.

Im Gegensatz zum offiziellen Feiertag zelebrierte der Karneval die zeitweise Befreiung von der herrschenden Wahrheit und der bestehenden Gesellschaftsordnung, die zeitweise Aufhebung der hierarchischen Verhältnisse, aller Privilegien, Normen und Tabus. Er war ein echtes Fest zu Ehren der Zeit, ein Fest des Werdens, des Umbruchs und der Erneuerung. Jede Verewigung, Vollendung, jedes Abgeschlossene wurde von ihm zurückgewiesen. Er orientierte sich an der unvollendbaren Zukunft.

Besondere Bedeutung hatte die Aufhebung hierarchischer Beziehungen während des Karnevals. An offiziellen Feiertagen traten die hierarchischen Unterschiede besonders deutlich hervor; man erschien mit allen Insignien seines Standes, Ranges und Verdienstes, und jeder nahm den ihm seiner Stellung nach zukommenden Platz ein. Der Feiertag sanktionierte die Ungleichheit. Im Gegensatz dazu galten im Karneval alle als gleichrangig. Hier, auf den Karnevalsstraßen, herrschte eine spezifische Form des zwanglosen familiären Kontakts unter Leuten, die im gewöhnlichen Leben, d. h. außerhalb des Karnevals, durch unüberwindbare Barrieren von Stand, Besitz, Dienststellung, Familienstand und Alter getrennt waren. Vor dem Hintergrund der im Alltag herrschenden strengen Hierarchie der feudalen mittelalterlichen Gesellschaftsordnung und der extremen Zuordnung der Bevölkerung zu Ständen und Korporationen war dieser zwanglose familiäre Kontakt zwischen allen besonders deutlich wahrnehmbar, und er spielte eine konstitutive Rolle für das karnevaleske Weltgefühl. Der Mensch wurde sozusagen wiedergeboren für neue, rein menschliche Beziehungen. Die Entfremdung wurde aufgehoben. Der Mensch kehrte zu sich selbst zurück und fühlte sich als Mensch unter seinesgleichen. Diese echte Menschlichkeit war nicht nur Gegenstand der Phantasie, sondern wirklich, sie wurde im lebendigen materiell-sinnlichen Kontakt erlebt. Das Ideal-Utopische und das Reale fielen zeitweilig in dem einzigartigen Weltgefühl des Karnevals zusammen.

Diese zeitweilige ideal-reale Aufhebung der hierarchischen Beziehungen zwischen den Menschen schuf auf dem Karnevalsplatz eine besondere Art der Kommunikation, die im gewöhnlichen Leben nicht möglich gewesen wäre. Hier bildeten sich offene und zwanglose Formen der Marktplatzrede und -gestik heraus, die keine Distanz zwischen den Kommunizierenden zuließen und die gewöhnlichen (außerkarnevalesken) Normen der Etikette und Schicklichkeit außer Kraft setzten. Es entstand ein bestimmter karnevalesker Marktplatzstil der Rede, für den wir bei Rabelais zahllose Beispiele finden.

Im Entwicklungsprozeß des mittelalterlichen Karnevals, der über Jahrtausende durch die Entwicklung ursprünglicherer Lachriten (einschließlich der antiken Saturnalien) vorbereitet worden war, entstand eine besondere Sprache der Karnevalsformen und -symbole. Diese Sprache war sehr differenziert und konnte die ganzheitliche und komplexe karnevaleske Erfahrung des Volkes artikulieren. Ein Weltgefühl, das sich allem Abgeschlossenen und Vollendeten, allen Ansprüchen auf Unerschütterlichkeit und Ewigkeit widersetzte, benötigte dynamische und (»proteushaft«) wandelbare, spielerische und bewegliche Ausdrucksformen. Das Pathos der Ablösung und Erneuerung, das Bewußtsein der heiteren Relativität der herrschenden Wahrheiten und Mächte prägten die Karnevalsrede. Für sie gilt eine eigene Logik der »Umkehrung« (à l'envers), des »Gegenteils«, des »Auf-den-Kopf-Stellens«, eine Logik der ständigen Vertauschung von Oben und Unten (wie beim »Rad«), von Gesicht und Hintern; ihre charakteristischen Ausdrucksformen sind die verschiedensten Varianten von Parodie und Travestie, Degradierung und Profanierung, närrischer Krönung und Entthronung. Das andere Leben, die andere Welt der Volkskultur formiert sich in gewissem Maße als Parodie auf das gewöhnliche, nichtkarnevaleske Leben, als »verkehrte Welt«. Die karnevaleske Parodie ist allerdings weit entfernt von der bloß reagierenden und formalen Parodie der Neuzeit. Sie läßt in der Verneinung ihren Gegenstand wieder erstehen. Überhaupt ist die pure Verneinung der Volkskultur völlig fremd.

In dieser Einführung haben wir die vielseitige und originelle Sprache der Karnevalsformen und -symbole nur gestreift. Hauptziel unserer Arbeit ist es, diese halbvergessene und für uns schon in vielem dunkle Sprache verstehen zu lernen, denn sie ist auch die Sprache Rabelais'. Ohne ihre Kenntnis ist die Sprache seiner Motive nicht wirklich zu verstehen. Auch andere Autoren haben die Karnevalssprache auf verschiedene Art und mit unterschiedlicher Intensität eingesetzt: Erasmus von Rotterdam, Shakespeare, Cervantes, Lope de Vega, Tirso de

Molina, Guevara und Quevedo; ebenso die deutsche »Narren-literatur«, Hans Sachs, Fischart, Grimmelshausen u. a. Ein umfassendes Verständnis der Literatur der Renaissance und des Barock setzt die Kenntnis dieser Sprache voraus. Und nicht nur die Literatur, auch die Utopien und die Weltanschauung der Renaissance waren zutiefst von der karnevalesken Erfahrung geprägt und bedienten sich oft ihrer Formen und Symbole.

Zunächst einige einleitende Bemerkungen zur komplexen Natur des Karnevalslachens. Es ist vor allem ein Festtagslachen und folglich nicht individuelle Reaktion auf die eine oder andere »komische« Erscheinung. Das Karnevalslachen ist zum ersten das Lachen des ganzen Volks (wie schon gesagt, gehört die Gemeinsamkeit zum Wesen des Karnevals), es lachen alle, es ist ein kollektives Lachen. Zum zweiten ist es universal, d. h. auf alles und alle (auch auf die Teilnehmer am Karneval selbst) gerichtet, die ganze Welt erscheint komisch, wird in ihren lächerlichen Aspekten wahrgenommen und begriffen, in all ihrer heiteren Relativität. Drittens schließlich ist dieses Lachen ambivalent: Es ist heiter, jubelnd und zugleich spöttisch, es negiert und bestätigt, beerdigt und erweckt wieder zum Leben.

Heben wir einen wichtigen Punkt noch einmal hervor: Das Lachen richtet sich auch auf die Lachenden selbst, das Volk tritt nicht heraus aus dem stets werdenden Weltganzen. Es ist genauso unvollkommen, wird ebenfalls im Sterben neu geboren und erneuert. Darin liegt einer der wesentlichsten Unterschiede zwischen dem volkstümlichen festlichen Lachen und dem rein satirischen Lachen der Neuzeit. Der Satiriker, der bloß das negierende Lachen kennt, stellt sich außerhalb der belachten Erscheinung, stellt sich ihr gegenüber und zerstört dadurch die Einheit des komischen Aspekts der Welt; das Lächerliche (Negative) wird zum Besonderen. Das ambivalente Lachen der Volkskultur jedoch bezieht sich auf das entstehende Weltganze, an dem auch der Lachende teilhat.

Wir wollen besonders den weltanschaulichen und utopischen Charakter des festlichen Lachens und seine Ausrichtung auf das hierarchisch Höhere herausstellen. Hier ist, in stark umgedeuteter Weise, noch das rituelle Auslachen der Gottheit aus den ältesten Lachritualen lebendig. Das Kultische, Spezifische ist verschwunden, es bleibt das allgemein Menschliche, Universale und Utopische.

Wichtig ist das richtige Herangehen an das Problem. In der Literatur dazu findet bis heute eine sträfliche Modernisierung des volkstümlichen Lachens statt: Unter dem Einfluß der neuzeitlichen Lachliteratur interpretiert man es entweder als nur negierendes, satirisches (Rabelais wird damit zum reinen Satiriker erklärt) oder als nur zerstreuendes, gedankenlos-heiteres Lachen ohne jede weltanschauliche Tiefe und Kraft. Seine Ambivalenz wird gewöhnlich völlig übersehen.

Wenden wir uns der zweiten Form der volkstümlichen Lachkultur des Mittelalters zu, den (lateinischen oder volkssprachlichen) komischen Texten. Es handelt sich bei diesen Texten nicht mehr um Folklore (höchstens ein Teil der volkssprachlichen Werke könnte dieser Kategorie zugeordnet werden). Doch war diese ganze Literatur von der karnevalesken Erfahrung durchdrungen, nutzte weithin die Sprache der Karnevalsformen und -motive, entwickelte sich unter dem Schutz der Karnevalsfreiheiten und war – in den meisten Fällen – mit Festen vom Karnevalstyp organisatorisch verbunden, ja bildete manchmal sogar ihren literarischen Teil. Ihr Lachen war das ambivalente festliche Lachen, sie war die eigentliche Unterhaltungsliteratur des Mittelalters.

Feste vom Karnevalstyp spielten, wie gesagt, auch zeitlich gesehen eine große Rolle im Leben des mittelalterlichen Menschen: Die großen Städte führten alles in allem bis zu drei Monate im Jahr ein Karnevalsleben. Die Anschauungen und das Denken der Bevölkerung konnten sich den Auswirkungen der karnevalesken Erfahrung nicht widersetzen: Sie bewirkten, daß jeder sich von seinem offiziellen Status (dem eines Mönchs, Klerikers, Gelehrten) löste und die Welt unter dem karnevalesken Lachaspekt wahrnahm. Nicht nur Scholaren und die niedere Geistlichkeit, sondern auch der hohe Klerus und die Theologen fanden hierin die Möglichkeit, sich von der andächtigen Seriosität zu erholen, und befaßten sich mit Mönchsscherzen (loca monachorum), wie eines der populärsten Werke des Mittelalters hieß. In ihren Zellen schrieben sie lateinische parodistische oder halbparodistische Traktate und andere komische Texte.

Über ein ganzes Jahrtausend oder sogar weiter reicht die Entwicklung zurück, die zur Lachliteratur des Mittelalters führt; ihre Anfänge lassen sich bis in die christliche Antike zurückverfolgen. Natürlich machte diese Literatur in einem so langen Zeitraum tiefgreifende Veränderungen durch (am wenigsten wandelte sie sich in ihrer lateinischsprachigen Linie). Unterschiedlichste Gattungsformen und stilistische Varianten bildeten sich heraus. Trotz aller historischen und Gattungsveränderungen bleibt diese Literatur – in verschieden starkem Maße – Ausdruck der karnevalesken Erfahrung des Volkes und bedient sich der Sprache der Karnevalsformen und -symbole.

Sehr verbreitet waren halbparodistische und parodistische Texte in lateinischer Sprache. Die Zahl der erhaltenen Handschriften ist beeindruckend. Die ganze offizielle Ideologie der Kirche und die Liturgie werden hier unter dem Vorzeichen des Lachens dargestellt, es durchdringt die höchsten Sphären des religiösen Denkens und des Kults.

Eines der ältesten und populärsten Werke dieser Art ist das *Abendmahl des hl. Kyprian (Cena Cypriani)*, eine originelle, karnevalesk-bankettartige Travestie der gesamten *Heiligen Schrift*. Sie war gerechtfertigt durch die Tradition des zwanglosen »Osterlachens« (risus paschalis) – übrigens lassen sich an ihr auch ferne Anklänge an die römischen Saturnalien vernehmen. Ein weiteres sehr altes Werk der Lachliteratur ist *Der Sprachgelehrte Vergilius Maro (Vergilius Maro Grammaticus)*, ein halbparodistischer gelehrter Traktat über die lateinische Grammatik und zugleich eine Parodie auf die Schulweisheit und die wissenschaftlichen Methoden des frühen Mittelalters. Beide Texte sind auf der Schwelle von der Antike zum Mittelalter entstanden und leiten die lateinische Lachliteratur des Mittelalters ein, auf deren Traditionen sie bestimmenden Einfluß nehmen werden. Ihre Popularität hielt sich bis zum Beginn der Renaissance.

In der weiteren Entwicklung der lateinischen Lachliteratur wurden zu fast allen Momenten des kirchlichen Kults parodistische Paralleltexte verfaßt. Es handelt sich dabei um die sogenannte *parodia sacra,* eine der originellsten und bis heute nur unzureichend verstandenen Erscheinungen der mittelalterlichen Literatur. Wir kennen zahlreiche parodistische Liturgien (die *Trinkermesse,* die *Spielermesse* u. a.), Parodien auf Lesungen aus der *Heiligen Schrift,* auf Gebete, selbst die allerheiligsten (*Vaterunser, Ave-Maria* u. a.), auf Litaneien, kirchliche Hymnen und Psalme, man schrieb Travestien von Bibelzitaten, parodistische Testamente (das *Schweinetestament,* das *Eselstestament*), Parodien auf Epitaphe, parodistische Konzilsbeschlüsse u. a. Die Literatur ist fast unüberschaubar; sie war aus der Tradition legitimiert und wurde bis zu einem gewissen Grad von der Kirche geduldet. Zum Teil stand sie unter der Ägide des »Osterlachens«, zum anderen Teil (die parodistischen Liturgien und Gebete) hing sie unmittelbar mit dem »Narrentag« zusammen und wurde möglicherweise sogar an diesem Tag zu Gehör gebracht.

Neben den erwähnten Formen der lateinischen Lachliteratur existierten noch weitere, etwa die parodistischen Dispute und Dialoge, parodierte Chroniken u. a. Diese Literatur setzte bei ihren Autoren eine manchmal recht hohe Bildung voraus; sie war der Nachklang des karnevalesken Marktplatzlachens in den vier Wänden der Klöster, Universitäten und Schulen.

Ihren Abschluß fand die lateinische Lachliteratur auf ihrer höchsten Entwicklungsstufe, in der Renaissance, mit Erasmus von Rotterdams *Lob der Torheit* (einer der bedeutendsten Manifestationen des Karnevalslachens in der ganzen Weltliteratur) und mit den *Dunkelmännerbriefen* Ulrich von Huttens.

Nicht weniger umfänglich und sogar noch variantenreicher war die mittelalterliche Lachliteratur in den Volkssprachen. Auch hier finden wir eine Art *parodia sacra*: parodistische Gebete, Weihnachtslieder und Predigten (in Frankreich die sogenannten *sermons joyeux*, d.h. »heitere Predigten«), Parodien auf Heiligenviten u.a. Vorherrschend aber sind weltliche Parodien und Travestien, die den Feudalstaat und feudales Heldentum unter dem Lachaspekt darstellen. So gibt es parodistische Tier-, Possenreißer-, Schelmen- und Narrenepen, bei den Spielleuten Elemente von Parodien auf das Heldenepos, es erscheinen komische Doppelgänger epischer Helden (wie der komische Roland) und schließlich parodistische Ritterromane (*La mule sans frein*, *Aucassin et Nicolette*). Mit der Zeit entwickeln sich verschiedene Gattungen einer »Lachrhetorik«: alle möglichen »Diskussionen« karnevalesker Art, Dispute, Dialoge, komische »Lobreden« (oder »Lobeshymnen«) u.a. Das Karnevalslachen klingt auch aus dem Fabliau und der Lachlyrik der Vaganten.

All diese Gattungen und Werke der Lachliteratur sind eng mit dem Karnevalsmarktplatz verbunden und verwenden natürlich karnevaleske Formen und Symbole weitaus häufiger als die lateinische Lachliteratur. Die unmittelbarste Beziehung zum Karnevalsmarktplatz weist aber das komische Drama des Mittelalters auf. Schon das erste (uns bekannte) Stück von Adam de la Halle, *Le jeu de la feuillée* (Spiel in der Gartenlaube), ist ein bewundernswürdiges Beispiel karnevalesken Lebens- und Weltverständnisses; in rudimentärer Form enthält es bereits viele Elemente der Welt Rabelais'. Das Mirakel und die Moralität waren mehr oder weniger karnevalisierte Gattungen. Das Lachen drang auch in die Mysterienspiele ein, die Diablerien (Bestandteile der Mysterien) tragen ganz offensichtlich karnevalesken Charakter. Völlig karnevalisiert waren die Sotties des späten Mittelalters.

Kommen wir nun zur dritten Form der volkstümlichen Lachkultur, zu einigen spezifischen Gattungen und Charakteristika der familiären Marktplatzrede des Mittelalters und der Renaissance. Wir haben oben schon ausgeführt, daß auf dem Karnevalsmarktplatz bei zeitweiser Aufhebung aller hierarchischen Unterschiede und Schranken zwischen den Menschen und dem Wegfall bestimmter Normen und Tabus des gewöhnlichen, Nichtkarnevals-Lebens ein besonderer, ideal-realer Kommunikationstyp entsteht, der im Alltagsleben nicht denkbar wäre, ein zwangloser familiärer Kontakt auf der Straße, der keine Distanz zwischen den Leuten kennt.

Ein neuer Kommunikationstyp führt immer auch zu neuen Formen der Rede, neuen mündlichen Gattungen, der Umdeutung oder dem Verschwinden einiger alter Formen. Vergleichbares ist jedem von uns aus dem heutigen mündlichen Umgang bekannt. Wenn z. B. zwei Personen in engen freundschaftlichen Kontakt treten, so verringert sich die Distanz zwischen ihnen, und damit ändert sich auch ihr Umgangston. Das familiäre »Du« wird verwendet, man wechselt die Anrede, manchmal wird der Vorname durch einen Spitznamen ersetzt, man gebraucht freundlich gemeinte Schimpfwörter, darf sich gegenseitig auslachen (bei einem nicht freundschaftlichen Verhältnis kann das Objekt des Lachens nur ein Dritter sein), man darf einander auf die Schulter oder sogar auf den Bauch klopfen (eine typisch karnevaleske Geste), die üblichen Vorschriften für das Gespräch und die sprachlichen Verbote werden abgeschwächt, man macht obszöne Bemerkungen etc. pp. Dabei ist diese Art von Kontakt im heutigen Alltag weit entfernt vom zwanglosen familiären Kontakt auf dem bevölkerten Karnevalsmarktplatz. Ihm fehlt das Wichtigste: das dem ganzen Volk Gemeinsame, das Festliche, der utopische und weltanschauliche Gehalt. Die karnevalesken Formen, die sich in den neuzeitlichen Alltag eingebürgert haben, haben ihren ursprünglichen Sinn verloren. Nebenbei sei hier erwähnt, daß die alten slawischen Bruderschaftsriten, umgedeutet und mit einem tieferen Sinn, im Karneval erhalten geblieben sind. Von dort haben einige Elemente dieser Riten Eingang in den neuzeitlichen Alltag gefunden, dabei jedoch ihren karnevalesken Sinn vollständig eingebüßt.

Der neue Typ karnevelesk-familiärer Kommunikation auf dem Marktplatz äußert sich in einer ganzen Reihe sprachlicher Phänomene. Betrachten wir einige von ihnen näher. Charakteristisch für den familiären Ton ist die häufige Verwendung von

Schimpfworten und ganzen, oft langen und komplizierten Schimpftiraden. Sie sind gewöhnlich grammatisch und semantisch vom Kontext isoliert und wirken wie abgeschlossene Einheiten, einer Redensart vergleichbar. Daher können das Schimpfwort und die Schimpftirade als ein besonderes Redegenre innerhalb der familiären Marktplatzrede angesehen werden. Ihrer Genese nach unterscheiden sie sich deutlich voneinander, und auch ihre Funktionen in der Urgesellschaft waren verschieden, meist hatten sie magischen oder beschwörenden Charakter. Uns interessieren besonders die Flüche auf die Gottheit, die unverzichtbare Bestandteile der alten Lachkulte waren. Diese Flüche waren degradierend und vernichtend, doch zugleich wiedererweckend und erneuernd. Ebendiese ambivalente Schmähung bestimmte den Gattungscharakter der Schimpfworte in der karnevalesken Marktplatzkommunikation. Unter den Bedingungen des Karnevals erfuhren sie einen entscheidenden Bedeutungswandel, sie verloren den magischen und überhaupt jeden praktischen Charakter, wurden zum Selbstzweck und gewannen so Universalität und philosophische Tiefe. In diesem verwandelten Zustand trugen sie zur Schaffung einer ungezwungenen Karnevalsatmosphäre und des Lachaspekts der Welt bei.

Mit den Schimpfworten in vieler Hinsicht vergleichbar sind die Flüche und Verwünschungen (jurons). Auch sie fanden in großem Ausmaß Eingang in die familiäre Rede auf dem Marktplatz. Der Fluch ist aus den gleichen Gründen wie das Schimpfwort als eigene Redegattung zu betrachten (wegen seiner Isoliertheit, Abgeschlossenheit und wegen seines Selbstzweckcharakters). Zwar waren Flüche und Verwünschungen ursprünglich nicht mit dem Lachen verbunden; sie wurden aus dem Bereich der offiziellen Rede verdrängt, weil sie gegen dessen Normen verstießen, und auf die zwanglose Sphäre der familiären Marktplatzrede übertragen. In dieser Karnevalsatmosphäre wurden sie vom Lachprinzip erfaßt und damit ambivalent.

Ähnlich war das Schicksal anderer Redeformen, z. B. aller

Arten von Obszönitäten. Die familiäre Marktplatzrede wurde zum Reservoir, in dem sich die unterschiedlichsten sprachlichen Formen sammelten, die verboten und aus dem offiziellen Sprachgebrauch ausgeschlossen waren. Bei aller Verschiedenartigkeit ihrer Herkunft nahmen sie gleichermaßen karnevaleske Erfahrung auf, änderten ihre ursprünglichen Funktionen in der Rede, nahmen einen gemeinsamen Lachton an und wurden sozusagen zu Funken des großen Karnevalsfeuers, das die Welt erneuert.

Franziska Meier

Das Lachen des Hofmanns

Das Lachen des Hofmanns, Anfang des 16. Jahrhunderts, ist kein schallendes Gelächter, wie es manchen von uns heute unwiderstehlich etwa bei *Laurel-&-Hardy*-Filmen überfällt und wie es nach dem russischen Literaturwissenschaftler Michail Bachtin der karnevalistischen Volkskultur vor allem in Mittelalter und Renaissance eigen war. Mit dem aufgesetzten, künstlichen Lachen oder Kichern der Höflinge im Absolutismus hat es darum aber noch nichts gemein, obgleich Baldassare Castigliones »cortegiano« ein Vorfahr, ja ihr Vorbild war. Wir haben uns das Lachen des Hofmanns als ein gemäßigtes, dabei freudig-offenes, manchmal wohl auch hämisches Lachen vorzustellen, das bei den Unterhaltungen am Hofe immer wieder aufkam und fröhliche Festlichkeit verbreitete.

Dem Hofmann und indirekt auch seinem Lachen hat Baldassare Castiglione in *Il libro del Cortegiano* ein Denkmal gesetzt.[1] Die vier Unterhaltungen, aus denen sich das Buch zusammensetzt, verzeichneten bald hohe Auflagen und wurden in mehrere Sprachen übersetzt. Zum Zeitpunkt des Erscheinens, 1528 – kurz vor Castigliones Tod –, war der Hof von Urbino, an dem die Gespräche stattfanden, allerdings längst entmachtet; die historischen Figuren waren in alle Winde zerstreut oder gestorben, Castiglione selbst lebte als Nuntius am Hof Kaiser Karls V. in Spanien. Daher durchzieht eine leichte Trauer um das Vergangene, eine gewisse Nostalgie das Buch des Hofmanns. Als bloß verklärender Rückblick war es gleichwohl nicht gemeint. Castiglione wollte vielmehr einen idealen Hof beschreiben,

---

1 Auf deutsch ist *Der Hofmann* nur in einem Auswahlband (Berlin 1999) lieferbar. Die letzte vollständige Ausgabe ist 1986 unter dem Titel *Das Buch vom Hofmann* erschienen.

wenn nicht sogar als Muster der Gesellschaft vorgeben. Die sich bildenden absolutistischen Höfe scherten sich freilich nicht weiter darum, Castigliones Definition des Hofmanns hingegen sollte noch lange nachwirken: auf das Persönlichkeitsideal des »honnête homme« in Frankreich ebenso wie auf das des »caballero« in Spanien oder das des »gentleman« in England.

An einer Philosophie des Lachens hat sich Castiglione im *Libro del Cortegiano* nicht versucht, genausowenig wie sein großes Vorbild Cicero in *De oratore*. Das lag außerhalb ihrer beider Interessen, zumal sie beide eine solche Erkundung für müßig hielten; selbst Demokrit habe das Lachen ja nicht ergründen können. Castiglione nahm das Lachen eher praktisch als eine für den Menschen spezifische Verhaltensweise, die »piacere«, also Lust oder Genuß, ausdrücke und zur Erholung, zu »riposo« und »ricreazione«, diene. Es sei wesentlicher Bestandteil der für den Hof so zentralen Heiterkeit und Festlichkeit. Zu den »Must« des Hofmanns als Seele des idealen Hofes gehöre es daher, heiteres Lachen im Gespräch erzeugen zu können – eine Begabung freilich, so wird mehrfach betont, die sich nicht anerziehen, allenfalls verfeinern lasse.

Wenn es gleichwohl erst am Ende der Definition des perfekten Hofmanns und obendrein fast beiläufig heißt: »Er soll wissen, wie man mit einer gewissen Süße die Seele der Zuhörer beleben und mit gefälligen Scherzen und Witzen sie unauffällig zu Festlichkeit und Lachen bringen kann« – dann ist das nicht geringschätzig gemeint. Angehängt wird vielmehr das, was sich offenbar von selbst versteht und folglich nicht so ausführlich und kontrovers wie die Tugenden der Tapferkeit, Galanterie oder des diplomatischen Geschicks im Kreis der Hofmänner besprochen und abgewogen zu werden braucht. Daß die Tugend des Unterhaltens dann doch auf Drängen des Prefetto ein Nachspiel findet, ist kein Widerspruch: Es entbrennt ja keine Diskussion, vielmehr wird an etlichen Beispielen eine Technik des Witzes entwickelt, die seither übrigens zum festen Bestandteil solcher Traktate gehört. Immerhin macht sie zuletzt sogar ein Viertel der Bestimmung des perfekten Hofmanns aus.

Originell ist daran eigentlich nichts. Von Cicero rührt die formale Unterscheidung zwischen der langen, lebendigen Erzählung und den kurzen Wortwitzen her. Und auch der dritte, nachträglich eingebrachte Typus hat Tradition, denn von »burle« oder »beffe«, also Streichen, die man andern spielt und in denen der menschliche Witz in der doppelten Bedeutung des Wortes verherrlicht wird, strotzt die italienische Erzählkunst der Renaissance seit dem *Novellino* und vor allem natürlich seit Boccaccios *Decamerone*. Von Cicero schließlich stammt auch ein großer Teil der zum besten gegebenen Witze, weitere entnahm Castiglione Witzesammlungen des 15. Jahrhunderts, namentlich Poggio Bracciolinis *Facetiarium liber* von 1476 – wobei es im *Cortegiano* nie dazu kommt, daß ein Hofmann abwinkt, weil er die Pointe schon kennt. Das Wiederholen schmälert nicht die Freude an den weithin perennierenden Witzen.

Neu ist dagegen, in welcher Weise Castigliones Hofmänner dem Witz und insbesondere dem Lachen Grenzen zogen. Zwar machte schon Cicero den forensischen Rednern Auflagen im Umgang mit Witzen, damit sie dem Ort des Gerichtes und dem Prozeßverlauf gerecht würden, Castiglione jedoch ging darüber hinaus. Denn der Witz war für ihn nicht mehr nur Redeschmuck, auf den die Hörer mit Lachen reagierten, sondern zusammen mit dem Lachen nun Teil des geselligen Lebens am Hofe und mußte daher dem neuen Anspruch auf Kultiviertheit und Zivilisiertheit genügen. Und das sollte sich mehr und mehr als Problem erweisen. Denn wie ließ sich die dem Witz zugrundeliegende »deformità« oder »disconvenienza« mit dem am Hofe herrschenden Ideal des Maßes und der Harmonie in Einklang bringen, das solche Unförmigkeiten und Unziemlichkeiten ja gerade als unzivilisiert ausschloß? Oder anders: Wie konnte die anarchische, oftmals lustvoll vulgäre Lachkultur des Volkes veredelt, in die raffinierte Welt des Hofes überführt und dort sozusagen auf Dauer gestellt werden?

Um sich von der Lachkultur des Volkes abzusetzen und um dem eigenen Ideal gerecht zu werden, schränkten sich Castigliones Hofmänner aus freien Stücken ein. Denn das, was ehemals aus den Menschen herausbrach, sollte nun diszipliniert werden, ohne seine Natürlichkeit einzubüßen. So durfte fortan das Lachen des Hofmanns nicht vulgär wirken. Verpönt waren die »risi dissoluti«, also schamlos freches Gelächter. Vorteilhaft war dagegen, vornehmlich bei der Hofdame, ein »bel riso«, wohl eher ein Lächeln als ein Lachen, das entspannend gemeint war, aber dem Lachenden ein gewisses Maß an Selbstbeherrschung abverlangte. Während Cicero zumindest kurz das Unbeherrschte, ja Häßliche am körperlichen Vorgang des Lachens erwähnt, schweigt sich Castiglione darüber aus. Offenbar hatte der sich dem Willen entziehende physische Vorgang für den Hofmann etwas Anstößiges, die Harmonie Gefährdendes. Er blieb daher besser ungesagt.

Außerdem durfte der Hofmann – auch hier stand Cicero Pate – nicht zu häufig lachen; er mußte darauf bedacht sein, nicht als Possenreißer verkannt und damit aus dem erlesenen Kreis womöglich ausgestoßen zu werden. Witze dürfen bei ihm nur Würze, nicht Inhalt seiner Existenz am Hofe sein, außerdem sollte er über eine größere Bandbreite des Witzigen und Komischen verfügen, während der »buffone« nur ein einziges, überdies grobschlächtiges Register hatte. Im Laufe der drei Fassungen des *Cortegiano* scheint das Bedürfnis nach Differenzierung im Hofmann indes stark gewachsen zu sein. Während die Abgrenzung vom »buffone« anfangs selbstverständlich war und der Narr den Gesprächen sogar beiwohnen konnte, wurde er zuletzt rigoros ausgeschlossen. Der Hofmann bekam immer stärkere Berührungsängste.

Über die Gründe läßt sich nur spekulieren. Sahen sich die Hofmänner auf einmal in Gefahr, zum Hofpersonal gerechnet zu werden? Hatte sich vielleicht ihr Abstand zum Fürsten derart erhöht, daß sie um ihr Ansehen am Hofe bangen mußten? Oder aber war inzwischen der Zivilisierungsprozeß so weit gediehen, daß ihnen jede Nähe zur Volkskultur zuwider war, die im

»buffone« institutionell am Hofe verankert war? Anders gesagt: Rückten sie von der anarchisch subversiven Kraft der Lachkultur weiter ab, weil sie mit ihrer Vorstellung einer Ordnung von Gleichen oder beinahe Gleichen um den Fürsten herum nicht in Einklang zu bringen war? Empfanden sie die Lachkultur des Volkes nicht nur als vulgär, sondern obendrein als Gefährdung, weil sie lustvoll Hierarchien auf den Kopf stellte und sich von keiner Norm, keinem Taktgefühl etwas vorschreiben ließ?

Es hat ganz den Anschein, als handle es sich um mehr als um äußere Einschränkungen des Lachens, als bahne sich darin zugleich ein Wandel an. Das Lachen des Hofmanns entzündete sich offenbar nicht mehr an der temporären Aufhebung von Zwängen, Normen und Hierarchien denn all das sollte in der Harmonie des Hofes aufgehoben sein, und je weniger es das war, um so stärker mußte die Illusion bewahrt werden. Das Lachen des Hofmanns war somit nicht – wie in der Volkskultur – gegen die herrschende Ordnung gerichtet, im Gegenteil, es sollte sie schmücken, beleben und unterstützen. Es wurde zum Ausdruck eines harmlosen Vergnügens, zum Mittel gegen die omnipräsente Neigung zu Trübsal und Melancholie – eine Neigung, die keineswegs als Symptom der Entmachtung aufgefaßt werden muß. Denn die Hofmänner waren durchaus noch kriegerisch und hingen nicht völlig vom Herrscher ab. Die Melancholie ist eher auf die Schwere und Vergänglichkeit irdischen Daseins zurückzuführen, auf den unterschiedslos dahinraffenden Tod. Insofern hatte das Lachen des Hofmanns therapeutische Funktion, vor allem auch gegen den sich abzeichnenden Untergang der Welt der Renaissance, wie er sich dann 1527 im »Sacco di Roma«, als das Heer Karls V. die heilige Stadt plünderte, vor aller Augen vollzog.

Eine in ihrer Aktualität wohl überraschende Perspektive auf Castigliones Zivilisierung des Lachens tut sich schließlich mit der von Francesco De Sanctis aufgewiesenen Tendenz des Cinquecento auf, alles lächerlich zu machen. Vor diesem Hintergrund grenzte sich der Hofmann, in dessen Willen zu formaler Perfektion De Sanctis das zweite Spezifikum des 16. Jahrhun-

derts erkennt, nicht nur vom »buffone« als Institution der Lachkultur ab, sondern namentlich von der in der Gesellschaft gras-
sierenden »buffoneria«. Sie bezeugte die geistige Leere der
Zeitgenossen des 16. Jahrhunderts exemplarisch und trieb den
Werte- und Sittenverfall noch voran. Die »Gängelung« des Lachens wäre somit gegen die anarchischen Impulse gerichtet
und darüber hinaus gegen die zersetzende Wirkung ständigen
Witzelns und Parodierens, der keine Ordnung, nicht einmal
der ideale Hof auf Dauer standhalten könnte. Demnach betonte
der Hofmann mit der Bändigung des Lachens den Abstand zwischen der heiteren Festlichkeit am Hofe und der damaligen
»Spaßgesellschaft«, zwischen einer Zivilisationsleistung und
einem Symptom der Degeneration – wobei für De Sanctis, den
Literarhistoriker des 19. Jahrhunderts, allerdings auch die formale Perfektion des Hofmanns Ausdruck der damals herrschenden inneren Leere ist.

Aber auch die das Lachen auslösende »deformità« und »disconvenienza« mußten zivilisiert und der maßvoll harmonischen
Welt am Hofe angepaßt werden. Im *Cortegiano* ist das allerdings noch weithin eine Angelegenheit der inneren Zensur, sie
artikuliert sich in keinen präzisen Normen oder Verboten.
Über Religion und Klerus etwa scheinen die Hofmänner nach
Belieben spotten zu dürfen. Nur bei obszönen Witzen halten
sie wegen der anwesenden edlen Frauen größere Vorsicht für
geboten. Die Hofdamen, die Duchessa inbegriffen, verhalten
sich bei Castiglione jedoch noch nicht so verschämt und zim-
perlich, wie uns Goethe im *Torquato Tasso* ihre Nachfolgerin-
nen am Hof zu Ferrara vorstellt. Sie fordern im Gegenteil die
Gesprächsrunde sogar zu mehr Respektlosigkeit heraus. Bis-
sig-frauenfeindliche Ansichten dürfen ziemlich frei vorgetra-
gen werden, müssen freilich auch mit heftigen Gegenstimmen
rechnen. Nicht einmal die Anekdote von dem Mann, der auf die
hohe Preisforderung einer Frau spitz erwiderte, er gedenke für
das Bereuen der gemeinsam verbrachten Nacht nicht soviel zu
zahlen, läßt sie erröten oder erschauern. In dem eingeschobe-
nen »rideasi tuttavia« (man lachte gleichwohl) schwingt indes

ein leichtes Unbehagen mit, das aber gegen die komische Lust nichts auszurichten vermag.

Die Witze und Anekdoten im *Cortegiano* wirken auf uns recht harmlos. Abgesehen davon, daß viele ohne Anmerkung unverständlich wären, wird der Leser heute wohl kaum in ein unbändiges Lachen darüber verfallen, höchstens in ein Schmunzeln. Daß die Witze im 16. Jahrhundert als durchaus gepfeffert empfunden wurden, läßt sich aber indirekt an den Reaktionen der Zeitgenossen ablesen, insbesondere daran, daß der *Cortegiano* wegen seiner Witze 1576 auf dem Index landete und von Antonio Ciccarelli daraufhin gesäubert wurde. Aufschlußreich ist zudem, daß Giovanni Della Casa, fast dreißig Jahre nach Castiglione, in *Il Galateo ovvero de' costumi* jeglichen Scherz über Gott, Heilige oder Klerus ausdrücklich verbot und von allen obszönen Anspielungen abriet. Aus demselben Grund kritisierte der vormalige Nuntius in Venedig übrigens auch Boccaccios »brigata« im *Decamerone:* Sie redeten zu anzüglich, liebten zu sehr das Nachäffen und seien allzusehr zu Schabernack aufgelegt.

Es ist schwer zu sagen, warum die Witz- und Lachkultur in der zweiten Hälfte des 16. Jahrhunderts einen solchen Niedergang erlitt. Lag es wirklich nur an äußeren Einflüssen wie dem der Gegenreformation? Oder tat die schwere geistige und religiöse Krise, der sozioökonomische Wandel ein übriges, die Freude an der Umkehr von Hierarchien, am Sprengen von Normen zu trüben? Oder löste vielmehr die damalige »Spaßgesellschaft« zuletzt eine derartige Gegenreaktion aus, daß Ende des 16. Jahrhunderts sogar die Bemühungen von Castigliones Hofmännern, das Lachen zu zivilisieren, verdächtig erschienen?

Am einschneidendsten ist die Selbstzensur bei Castigliones Hofmännern, wenn es darum geht, über wen gelacht wird. Während sie sich hemmungslos über jede »deformità« oder »disconvenienza« außerhalb ihres Kreises lustig machen, etwa wenn ein Page affektiert tanzt, halten sie sich stärker im Zaum, sobald es um ihresgleichen geht – wozu ihrem Ideal entsprechend auch der Herrscher zählt. In ihrem Kreise durfte niemand verletzt, die Harmonie nicht gestört werden. Der spontane Reiz, über »Unförmiges« zu lachen – so wird etwa der Hofmann Morello gehänselt, weil er sich trotz seines fortgeschrittenen Alters wie ein verliebter Jüngling aufführt –, wird obendrein dadurch gedämpft, daß das Komische nicht Selbstzweck ist. In spitzen, aber Heiterkeit erzeugenden Bemerkungen korrigieren sich die Hofmänner vielmehr gegenseitig, um ihrem Persönlichkeitsideal näherzukommen.

Interessanterweise kam jedoch die Sorge, der Hofmann könne lächerlich erscheinen und der erlesene Kreis dadurch selbst ins Zwielicht geraten, erst im Laufe der Niederschrift des *Cortegiano* auf. In der ersten Fassung besaß noch fast jeder eine komische Seite: Pallavacino wirkte in seinem Frauenhaß toll, Bembo geradezu blöde in seiner Vergeistigung der Liebe, Bibbiena hatte stets eine freche Bemerkung auf den Lippen. In der dritten und letzten Version beschränkte Castiglione das Komische hingegen auf wenige Figuren, auf Bernardo Accolti zum Beispiel, der noch mit einer für ihn peinlichen, ja demütigenden Anekdote zur allgemeinen Heiterkeit beitragen kann. Er war zum Gespött der Leute geworden, als sich der Priester, dem er einen Streich zu spielen glaubte, als bestellter Stalljunge entpuppte. In Bernardo lebt das Persönlichkeitsbild der Renaissance noch fort, in dem das Komische und der Drang zu Scherzen alles andere als despektierlich waren.

Abermals lassen sich über die Gründe nur Vermutungen anstellen. Hing es mit Castigliones späteren Erfahrungen der spanischen Etikette zusammen? Oder war der Prozeß der Zivilisation inzwischen so weit gediehen, daß das Komische nicht mehr mit dem Ideal einer allseitigen, voll ausgebildeten und harmonischen Persönlichkeit zu vereinen war? Konnte darum das Komische nur mehr als das Lächerliche und damit Inferiore empfunden werden? Stand es folglich den politisch-diplomatischen Ambitionen des Hofmanns im Weg? Oder aber rührte der Wandel weniger vom Prozeß der Zivilisierung her als vom Auseinanderbrechen des Persönlichkeitsideals der Renaissance: des »uomo universale« unter dem Druck der Spezialisierung? Das würde jedenfalls auch plausibel machen, warum sich Castigliones Hofmann zuletzt so stark vom »buffone«, dem Berufsnarren, absetzt.

Das größte Kopfzerbrechen bereitet Castigliones Hofmännern die Frage, inwieweit der Herrscher zum Gegenstand ihres Lachens werden darf. Vordergründig ist auch hier nur davon die Rede, daß niemand verletzt und die Harmonie nicht gestört werde. Aber dahinter zeichnet sich die ganz konkrete Angst ab, in Ungnade zu fallen. Ausgesprochen wird sie freilich nirgends, ebensowenig wie im *Cortegiano* Witze über Herrscher explizit verboten werden oder auch nur vor ihnen gewarnt wird. Daß es die Furcht aber sehr wohl gab, ergibt sich allein aus dem Verhalten der Hofmänner: Sie hüten wohlweislich ihre Zunge und überlassen es der Duchessa, die anstelle des Herzogs den Gesprächen beiwohnt, von Streichen zu erzählen, die Herrschern von ihren Hofmännern gespielt wurden. Castigliones Hofmänner indes lassen sich von dem Loblied der Duchessa auf den Humor der Fürsten nicht von ihrer Vorsicht abbringen.

Nach Castigliones Entwurf eines idealen Hofes steht der Fürst unter den Hofmännern wie ein Primus inter pares. Denn die umfassende oder allseitige Begabung sowie die kultivierte Persönlichkeit stellte die Hofmänner – so jedenfalls sah es das Ideal vor – als gleichwertig und beinahe gleichrangig dem Herrscher zur Seite. Sie umgaben ihn, trugen zu seiner Unterhaltung, Belehrung und zum Ruhm seiner Macht bei. Ihr Anspruch auf Gleichheit ist dem von Künstlern wie Michelangelo oder Benvenuto Cellini Anfang des 16. Jahrhunderts ähnlich, die sich aufgrund ihrer Genialität den Machthabern gleich fühlten und entsprechend selbstherrlich auftraten. Der Hofmann pochte zwar meist nicht auf künstlerische Genialität, aber seiner Bildung zum »uomo universale« maß er ein ebenso großes Gewicht bei. An den Vorbehalten zum Lachen zeigt sich freilich, daß die Gleichheit schon im *Cortegiano* prekär, wenn nicht sogar eine Illusion war. Die Hierarchie ist eine Art blinder Fleck: Sie besteht, aber sie wird klug umspielt oder auch ganz verschwiegen.

Welche Bedeutung Macht und Hierarchie für die Lach- und Witzkultur des Hofmanns haben und immer mehr haben sollten, deutet sich bei Castiglione in einer kurzen Episode an. Berichtet wird von einem Hofmann, der trotz seiner vielen Mängel reüssierte, weil er in der Gunst des Herrschers stand; noch über seine schlechtesten Witze wurde herzhaft gelacht. Ein anderer dagegen, Zierde seines Standes, sah sich vom gesamten Hof verlacht, nachdem er den Fürsten für sich nicht hatte einnehmen können. Ihm blieb nur, den Hof zu wechseln, was im Italien Anfang des 16. Jahrhunderts noch gut möglich war. Castigliones Hofmänner indes tun solche Begebenheiten als unerfreuliche Ausnahmen ab. Sie wollen nicht einsehen, daß sich das Lachen nach der hofmännischen Zivilisierung zum höfischen Instrument der Macht zu verkehren begann.

Was Castiglione noch verbrämen kann, ist wenige Jahrzehnte später eine nicht mehr zu verleugnende Realität. Della Casa zum Beispiel zieht die Konsequenzen und warnt im *Galateo* vor Witzen über Herrscher. Im 17. Jahrhundert behält Matteo Peregrini sogar das Witzemachen überhaupt dem Fürsten vor: Gelacht werden darf von nun an einzig von oben nach unten. Damit aber ist nicht nur der zivilisierten Lachkultur am Renaissancehof der Todesstoß versetzt, sondern auch der Hofmann selbst zum Opfer des Lachens degradiert. Seinem eigenen Lachen ist obendrein jede Spontaneität verlorengegangen, es stellt sich mechanisch ein, je nachdem wann und wie es der Herrscher wünscht. Dem Lachen ergeht es damit nicht anders als den anderen Tugenden und Fähigkeiten des Hofmanns im Absolutismus: Sie werden zur Maske, zum Betrug.

Angesichts dieser Entwicklung wirkt das Lachen im *Libro del Cortegiano* noch frei, natürlich und lustvoll. Am meisten wird seltsamerweise im dritten Buch gelacht, während des Streites über die Definition der Hofdame und den Wert der Frau; aber eben nicht weil die scharfe Kontroverse besonders witzig wäre, sondern weil die Hofmänner ihre Rede, sobald sie irgend etwas Unerfreuliches oder Disharmonisches enthalten könnte, vorsorglich mit einem Lachen entwaffnen. Die Misogynen unter ihnen packen ihre vor allem von den Damen gar nicht gern gehörten Ansichten in Lachen ein, nehmen ihnen auf diese Weise die Spitze, stimmen die Zuhörer freundlicher und gehen zugleich zu sich selbst auf Distanz. Ebenso verstecken ihre Widersacherinnen hinter einem versöhnenden Lachen die eigene Wut: Lachend, heißt es, schlagen sie wie Bacchantinnen auf den Frauenfeind Pallavacino ein. Das Lachen also als Prävention vor drohenden Konflikten, als Schutzmantel für die auch am Hof gärenden Leidenschaften.

Darüber hinaus begleitet das Lachen alle Befehle, oder besser: Anordnungen Emilias, die zur Stellvertreterin der Duchessa und zur »Vorsitzenden« der Gespräche bestellt ist. Ob sie einem Hofmann das Wort erteilt und ihn damit den anderen vorzieht, ob sie einen Redner unterbricht oder sogar zurechtweist – jeweils verhüllt sie die ihr übertragene Macht mit einem einnehmenden, fast entschuldigenden Lachen. In arge Bedrängnis gerät sie allerdings einmal, als die Hofmänner ihre Anweisung zuerst nicht befolgen; denn starke Autorität will Emilia und kann sie wohl auch nicht ausüben. Glücklicherweise ist die Störung jedoch rasch behoben. Dem Herrscher empfehlen die Hofmänner bezeichnenderweise die Ironie, falls er sie selber oder andere am Hof einmal zurechtweisen müßte. Aber nicht, um den Tadel noch beißender zu machen, sondern um ihn freundlich einzuhüllen und um die eigene Macht herunterzuspielen. Wie schon beim Witz als Korrektiv unter Hofmännern beruft sich der Fürst in seinem ironischen Tadel auf das Ideal der Perfektion und bestätigt darin Rang und Anspruch des Hofmanns zugleich.

Das Lachen des Hofmanns ist offenkundig ein ziemlich prekäres und überdies temporäres Kunstprodukt, historisch gesehen eine Übergangserscheinung: zwischen der Lachkultur des Volkes in Mittelalter und Renaissance und deren Austrocknung unter dem Einfluß der Gegenreformation und des Absolutismus Ende des 16. Jahrhunderts, zwischen dem unbezwingbaren Lachreiz und der Disziplinierung des Lachens zur Maske, zwischen der Infragestellung von Hierarchien und der

Instrumentalisierung des Lachens zuerst zur Verbrämung, dann zur Manifestation von Macht, zwischen dem Sprengen von Normen und ihrer Sanktionierung im Lachen. Denn unter Ludwig XIV. und unter der Feder seines Komödienschreibers Molière sollte das »ridicule« zu einer gefürchteten Waffe werden, um den Versailler Hof als Modell zu etablieren und die Gegner des Absolutismus ins gesellschaftliche Abseits zu verbannen. Erst Stendhal hat Anfang des 19. Jahrhunderts in der lächerlich wirkenden Unangepaßtheit des Einzelnen, im Herausfallen aus standardisierten Verhaltensmustern wieder eine – liebenswerte – Qualität gesehen. Castigliones »cortegiano« hingegen liegt weit vor solchen einengenden Modellierungen der Persönlichkeit; sie wären ihm in seinem Selbstverständnis als einzigartiger »uomo universale« wohl auch zutiefst fremd gewesen.

Richard Alewyn

Die höfischen Feste

Vom »Herbst des Mittelalters« bis zum sterbenden Rokoko rauscht ein bacchantischer Festzug durch die Gassen und Gärten, die Schlösser und Kirchen Europas. Hier ziehen Reiter oder Tänzer durch die Straßen, kostbar geschmückt oder seltsam vermummt, kolossale Bilder schwanken im Getümmel, dort bedeckt sich ein Fluß, ein Teich mit Flottillen von bunten Schiffen oder fremdartigen Fabelwesen. Götter steigen hernieder und schlingen einen wunderbaren Reigen, Fontänen sprudeln aus dem Boden und Kaskaden von den Wänden, zwischen Gartenhecken tanzen Schäfer und Nymphen. Die Nacht verwandelt sich in künstlichen Tag, Lichter überall, Häuser, Wege, Kanäle sind besäumt, die Lichtwoge bäumt sich gen Himmel, Feuergarben schießen in die Nacht, und die Sterne erbleichen. Überall ziehen Vermummte einher, sie dringen in die Häuser und mischen sich unter die Tänzer, auf erhöhter Bühne gründen sie ihr eigenes Reich. Ihr Agieren, Singen, Tanzen hallt aus der Menge als Lachen zurück. Der Vorhang schließt sich, und ein tödlicher Abglanz liegt auf Gesichtern, die der Flügel des Schicksals gestreift hat. Die Luft ist geschwängert mit Musik: Musik zum Gottesdienst, Musik zur Tafel, Musik zum Tanz und zum Spiel der Masken. Masken, Lichter, Musik – darein scheint alles Leben verwandelt.

Die Höfe Europas werden von einem Taumel erfaßt. Im Burgund des späten Mittelalters entbrennt der Herd. Das Italien der Renaissance entzündet daran seine Fackel. Sie setzt das Spanien Philipps IV. in Brand. Unter Englands Königen lodert die Flamme zu mehreren Malen auf. Sie ergreift den Kaiserhof zu Wien und schlägt nach Frankreich zurück, wo ein junger glänzender Fürst den Thron besteigt und ein Beispiel gibt, wie es die Welt seit den Tagen der römischen Kaiser nicht mehr gesehen hat. Alles Frühere erscheint nur noch wie ein Vorspiel: die Feste der Medici in Florenz, der Päpste in Rom, der Este in Belriguardo, der Gonzaga in Mantua – das alles verblaßt. Selbst die sagenhaften Nächte von Aranjuez und Buen Retiro, selbst der wahrhaft kaiserliche Pomp Leopolds I. können sich vielleicht an Aufwand, aber nicht an Eleganz mit dem weltstädtischen Geschmack des neuen Sonnenkönigtums messen. Hingerissen folgt der ganze Hof, die Blüte der Nation schart sich um Ludwig XIV. Und von hier geht nun ein Flammenmeer aus, das ganz Europa blendet. Bis hinüber nach Warschau und Stockholm und Petersburg verwandeln sich alle Höfe in die Trabanten eines Sonnensystems, das nicht um die staatliche Macht, das um den festlichen Glanz von Versailles kreist.

Da ist ein kleines Land, ihm wird die ganze Steuerkraft aus den Adern gepumpt, um ein Schloß von Ausmaßen zu errichten, die der Wahnwitz diktiert zu haben scheint, einen Park anzulegen mit Marmorbildern und Wasserkünsten, eine Oper zu unterhalten mit kostspieligen italienischen Kastraten und Primadonnen, mit Orchester und Ballett, Dekorationen und Maschinen, um eine Mätresse auszustatten und diese Feste zu geben, über die der »Mercure Galant« berichten und ganz Europa erstaunen machen wird. Ein paar Jahre oder Jahrzehnte, und das Land ist von der unnatürlichen Anstrengung erschöpft, vielleicht für Generationen. Es sinkt zurück, von Schulden erdrückt. Die Oper ist geschlossen, die fremden Sänger sind entlassen, die Schlösser verfallen, die Gärten verwildern. Die fürstliche Tafel ist wieder karg, der Adel speist zu Hause. Der Schwarm der Gäste hat sich an den Nachbarhof verzogen, wo für die nächsten Jahre die große Welt sich ein Stelldichein gibt. Bis eines Tages das Land sich erholt hat oder neue Geldquellen fündig geworden sind und ein junger Fürst den Thron besteigt, dem Ehrgeiz oder Leichtsinn keine Ruhe lassen, bis wiederum die Ersparnisse eines strengeren Regiments in Jubel und Trubel vergeudet sind. Das ist die Geschichte aller mittleren, kleineren und kleinsten Höfe des Rokoko.

In den Glassärgen unserer Museen zerfällt die Seide, erblindet das Gold, die die Menschen des Barock für ein paar Stunden ihrer Notdurft enthoben und Göttern gleich gemacht haben. Unsere Bibliotheken und Kupferstichkabinette bewahren kostbare Werke, die sich in allerhöchstem Auftrag bemühen, jede einzelne der flüchtigen Phasen und Figuren höfischer Feste in Beschreibung und Abbildung festzuhalten. Die Verfasser verhehlen sich nicht, wie vergebens ihre Mühe ist. Weder das starre Bild noch das blinde Wort sind vermögend, den Zauber zu vermitteln, den eine Nacht gebar und verschlang.

Wir können typische Formen des Festes herausschälen, sie bestimmten sozialen Schichten zuweisen. Wir können die stehengebliebenen Rahmen vermessen. Aber solange wir nur Teile und Trümmer haben, haben wir nichts. Und wer vermöchte das Ganze wieder zu beschwören, wer auch nur den gerechten Sinn für das bewegte Ganze wiederzubringen?

Versuchen wir immerhin, uns eines der berühmtesten Feste des Jahrhunderts ins Gedächtnis zu rufen: Im Juli 1674 wurde zur Feier der Eroberung der Freigrafschaft Burgund das »Divertissement de Versailles« veranstaltet. Am Abend des ersten Tages genießt man, nach einem Imbiß im Bosquet du Marais, in der festlich illuminierten, mit Orangenbäumchen und Blumen geschmückten Cour de Marbre unter dem Nachthimmel die »Alceste«, zu der Quinault den Text und Lully die Musik geschrieben haben, mit Tänzen von Benserade. Danach ist ein Souper de Medianoche im Schloß und anschließend Ball bis zum Morgengrauen.

Am andern Tag ist im Garten des Trianon ein »Salon de Verdure« errichtet, eine Architektur aus nichts als Laub, achteckig, mit offenem Dach und einem Ausblick auf die Allee. Man spielt die »Eglogue de Versailles«, ein Intermedium von Lully und Quinault. Danach ein Souper auf einer schwimmenden Insel im Großen Kanal, die durch dreiundzwanzig Wasserstrahlen wie durch ein Gitter abgeschirmt war. Man speist beim Licht der Fackeln, das der Widerschein des Tafelsilbers vertausendfachte, beim Rauschen des steigenden und stürzenden Wassers. Am dritten Abend folgte dem Imbiß in der Menagerie eine Spazierfahrt auf dem Kanal mit Lichtern und Musik. Dann wurde in einem grotesken Grottenrahmen Molières »Malade imaginaire« aufgeführt.

Am vierten Abend wurde der Imbiß im Wassertheater eingenommen. Auf den drei Stufen, die das Rund umgaben, waren 160 Obstbäume, 120 Körbe mit Bäckereien und Konfitüren, 400 Schüsseln mit Eis, 1000 Karaffen mit Likören aufgestellt. Dazu rauschten die Wasserkünste. An einer anderen Stelle der Parks war ein Theater errichtet. Es wurde gespielt, gesungen, getanzt: »Die Feste des Amor und des Bacchus«. Daran schloß sich eine Rundfahrt durch den nächtlichen Park mit Fackeln und Feuerwerk am Großen Kanal an und endlich wiederum zum Abschluß eine »Medianoche« im Marmorhof. Die Tafel war ein Wunder von Speisen, Blumen und Steinen.

Am fünften Tag folgte der Aufführung von Racines »Iphigénie« in der Orangerie eine zauberhafte Illumination des Großen Kanals. Ihr Schöpfer war der Hofmaler Le Brun. Mitten aus dem Wasser erhob sich, getragen von goldenen Greifen, ein Obelisk aus Licht. Von seiner Spitze strahlte eine Sonne. An seinem Fuße schlug ein Drache majestätisch die Flügel. Man sah demütige Gefangene und den triumphierenden König. Plötzlich knallten 1500 Böller. Die Ufer des Kanals, die Stufen des Wasserfalls strahlten auf, der Drache spie Ströme von Feuer, blauen und roten Rauch aus Mund, Augen und Nüstern, über die Wasserfläche zuckten Blitze, endlich stiegen 5000 Raketen zugleich in die Nacht, bildeten für einen Augenblick einen Dom von Licht über dem Kanal und sanken in einem Sternenregen zur Erde.

In der letzten Nacht – einer der dunkelsten und stillsten des Sommers – erstrahlt um ein Uhr der ganze Park in Licht: Die Terrasse, die Geländer, die Becken, der Kanal sind mit leuchtenden Perlenketten umsäumt, die Fontänen schimmern geheimnisvoll, der Kanal sieht aus wie ein ungeheurer kristallener Spiegel. An seinem Ende leuchtet die Fassade eines Zauberpalastes. Der ganze Hof besteigt Gondeln. Neptun kommt, von vier Seepferden gezogen, seinen Gästen über das Wasser entgegen. Der Palast trägt Figuren. Als die Musik sich nähert, beginnen diese lieblich zu singen und zu tanzen unter dem schwülen Himmel und den schweren Düften der Julinacht. So endet das letzte der großen Feste von Versailles.

Jedes barocke Fest ist eine ausgedehnte und ausgewogene Komposition aus vielen Elementen. Durch Abwechslung und Abwandlung ist der Übersättigung und Ermüdung vorgebeugt. Jede Stunde hat ihr eigenes Gesicht, jeder Tag steht unter einer anderen Devise. Und doch ist auch wiederum alles einer leitenden Idee verbunden. Wie viele Wasser trugen, wie 1608 der Arno, den Zug der Argonauten nach dem Goldenen Vlies! Wie viele Gärten haben sich in den Parnaß verwandelt! Wie oft sind, wie 1668 in Versailles, die Kämpfe christlicher Ritter mit Heiden oder Zauberern wiederholt worden! Wie oft ist ein fürstliches Beilager zur Götterhochzeit erhoben worden, wenn auch nicht stets mit der gleichen Übertreibung wie 1679 in Spanien, wo die Hochzeit des impotenten Karl II. gleich als Sturz des ganzen Amazonenreiches ausgelegt wurde! Tage, Wochen, Monate sind durchkomponiert, und alles, Lebendes und Totes, bis zum letzten Lakaien im Schloß und bis zum letzten Orangenbäumchen im Garten, ist nichts mehr als ein Teil eines großen Plans.

Im Aufbau des Programms zeigen sich die Eleganz und der Scharfsinn, die das Entzücken der Zeitgenossen ausmachten. Das ist keine Aufgabe für bloße Handwerker oder Beamte. An den großen Festen von Versailles haben Lully und Le Brun, Racine und Molière, Quinault und Benserade gearbeitet, die ersten Künstler des Landes. Anderswo haben Männer wie Rubens und Bernini, Velázquez und Calderón, Inigo Jones und Boucher, ja noch der Weimarer Goethe ein Gutteil ihrer Kraft solchen Aufgaben gewidmet, die höchst vergänglich und nach unseren Begriffen unter der Würde des Genies sind. Das barocke Fest hat der Kunst ihre gewaltigsten Anstrengungen entlockt, und somit ist ein mächtiger Arm der künstlerischen Hervorbringung des Zeitalters auf diesem Feld unwiderruflich versickert.

Ganze Stäbe von Künstlern und Gelehrten waren unablässig beschäftigt. Ein Heer von Gehilfen stand bereit, ihre verwegensten Einfälle in die geschwindeste Wirklichkeit zu verwandeln. An Anlässen gab es keinen Mangel: die Geburts-, Namens- und Todestage der fürstlichen Familie, eine Hochzeit, eine Genesung, ein auswärtiger Besuch, Friedensschluß, Staatsverträge, Einweihungen, Grundsteinlegungen, von dem kirchlichen Festkalender ganz zu schweigen. Dabei hatte es bei einem einmaligen Akt selten sein Bewenden. Der Geburtstag des Herzogs Karl Eugen wurde 1763 in Stuttgart zwei Wochen lang gefeiert. Da gab es nacheinander: Festvorstellungen in der Oper, Ball, Festtafel in Ludwigsburg mit Ballett und Feuerwerk, Voltaires »Zaire« mit Ballett, Jagd und Konzert, die Oper zum drittenmal, wiederum Ball, abermals Konzert, noch ein Ballett und zum Abschluß ein »Karussell«. Das ist ein Beispiel aus bescheideneren Verhältnissen. Die Vermählung des Kaisers Leopold I. mit der Infantin Margarete Theresia von Spanien wurde 1666 in Wien ein ganzes Jahr lang gefeiert. Fest in Permanenz endlich war der Karneval, der die ganze zweite Hälfte des Winters ausfüllte.

Die Festtage im Barock drängten sich so dicht, daß die Zeit zur Vorbereitung natürlich knapp bemessen war. Selten entläßt ein Künstler seine Arbeit ohne den Seufzer, man möge die Unvollkommenheiten mit dem bekannten höfischen Tempo entschuldigen. Molière hat im *Impromptu de Versailles* launig die Verlegenheit geschildert, die dieses Fapresto hervorruft. Aber man ließ sich auch da keine Zeit, wo man sie hätte finden können. Man war viel zu sehr in die Improvisation verliebt und was daran an Zauberei erinnerte. Um seiner Königin ein einziges Fest zu geben, läßt der Graf von Artois sozusagen über Nacht das Schlößchen Bagatelle entstehen. Neunhundert Arbeiter sind Tag und Nacht beschäftigt. Huissiers belagern die Straßen und beschlagnahmen alle durchkommenden Stein- und Kalkfuhren. In wenigen Wochen ist der Bau vollendet. Von einem ähnlichen Ursprung hat ein Schlößchen in Salzburg den Namen »Monatsschlössel« behalten.

Man kennt die Ungeduld Ludwigs XIV., Versailles entstehen, die Ungeduld Urbans VIII., die Peterskirche vollendet zu sehen. Im Mittelalter hatten Jahrzehnte an einem Mosaik gearbeitet, Jahrhunderte an einem Dom. Die Lebensspanne des Individuums zählte wenig. Das Barock ist eine ungeduldige Kultur. Es kann nicht warten. Es kann den Abstand zwischen Entwurf und Ausführung nicht ertragen. Lieber baut man unsolid. Bloße Kulissen, die sich an einem Tag aufrichten lassen, zieht man einem soliden Bau vor, dessen Fertigstellung sich ins unabsehbare hinzieht. Zu keiner Zeit gab es so viele Einstürze wegen minderwertigen Materials oder schludriger Arbeit. Das Riesenwerk von Versailles ist kaum vollendet, da beginnen auch schon die Reparaturen, die neue Unsummen verschlingen.

Die Hast war nicht unbegründet. Wer stand dafür, daß morgen die königliche Laune noch die nämliche war? Daß der Minister oder die Mätresse, für die man baute, noch in Gunst war? Wie ging es doch mit dem Schlößchen Clagny? Für die Montespan wurde es gebaut. Aber als es nach sechs Jahren fertig war, war ihr Stern schon im Sinken. Drei Jahre später diente es ihrer Abfindung. Zehn Jahre bewohnte sie es noch, dann schenkte sie es ihrem Sohn und ging ins Kloster. Ein paar weitere Jahre, und es wurde eingerissen, ohne daß eine Spur zurückblieb. Andererseits hat man an Marly vierzig Jahre lang nicht aufgehört zu ändern. Und wie oft kam es vor, daß man das Halbfertige völlig ummodelte oder wieder einriß oder ganz liegenließ und dem natürlichen Verfall auslieferte.

Es gibt eine Lust an der Verschwendung im Barock, die ebendieses Mißverhältnis zwischen Aufwand und Wirkung auskostete. Monate, ein Jahr vielleicht, sind unter ausgedehnten Zurüstungen vergangen. Der Fürst hat Wünsche geäußert, Künstler haben Entwürfe vorgelegt, Beamte haben Berechnungen angestellt, Kommissionen haben beraten. Ein Stab von Handwerkern ist in Bewegung gesetzt worden: Zimmerleute,

Maler, Schneider, Gärtner, Köche. Die königlichen Werkstätten sind fieberhaft beschäftigt gewesen. Wagenladungen von Holz und Werg und Leinwand sind bestellt worden. Häuser sind errichtet, Berge versetzt, Wälder gepflanzt und Teiche ausgehoben worden. Tausende von Arbeitern sind Hunderttausende von Stunden beschäftigt gewesen – und das alles, um vielleicht in einer einzigen Nacht vergeudet zu werden. Als man dem alternden und lebensmüden Karl II., dem letzten Habsburger auf dem spanischen Thron, die neue Fontäne der Diana im Garten von La Granja gezeigt hatte, bemerkte er trübe: »Drei Millionen hat es mich gekostet, und drei Minuten hat es mich unterhalten.«

Es gab im höfischen Kalender der roten Tage mehr als der schwarzen. Man gönnte sich kaum die unerläßlichen Pausen der Ruhe von den vergangenen und des Rüstens zu neuen Festen. Im bürgerlichen Leben sind Festtag und Werktag ebenso wie Festraum und Werkraum streng getrennt. Auf ihrem Gegensatz und ihrem Wechsel beruht der Rhythmus des Lebens. In der höfischen Welt ist jeder Raum Festraum und alle Zeit Festzeit. Das höfische Leben ist totales Fest. In ihm gibt es nichts als das Fest, außer ihm keinen Alltag und keine Arbeit, nichts als die leere Zeit und die lange Weile. Und es sieht aus, als ob es der Horror vacui sei, der das höfische Fest erzeugt habe, der gleiche Horror vacui, der dem barocken Auge eine leere Wand zu einem so unerträglichen Anblick macht, daß die Künstler angehalten werden, sie mit einem Netz von Pomp oder Zierlichkeit zu überspinnen. So scheint die Jagd nach dem Vergnügen nichts als die Flucht aus der Langeweile, dem Gespenst, das auf den Schlössern des Landadels umgeht und die Provinz entvölkert. Wer beschreibt die Qualen der Verbannten auf dem Lande und in der Kleinstadt, die Sehnsucht, mit der sie nach der Hauptstadt blicken, das Fieber, mit dem sie Briefe oder Besucher erwarten, mit dem sie den wöchentlichen *Mercure Galant* verschlingen, der sie über das Leben in der großen Welt auf dem laufenden hält, und die vielbändigen Romane, die ihnen wenigstens die Illusion verschaffen, teilzunehmen an der großen Festgemeinschaft des Jahrhunderts!

Die Flucht aus dem leeren Raum – die Flucht aus der leeren Zeit: beides Sinnbilder der Angst vor dem Nichts. Hören wir die Stimme des Widersachers: »Man lasse einen König ganz allein, lasse ihm, ohne seine Sinne zu beschäftigen oder seinen Geist abzulenken, alle Muße, an nichts zu denken als an sich, und man wird erleben, daß ein König, der sich selbst erblickt, ein Mensch ist voller Elend, und daß er es fühlt wie irgendein anderer. Darum vermeidet man dies so sorgfältig, und darum fehlen in der Nähe der königlichen Personen niemals die Menschen in großer Zahl, die darauf sehen, daß den Geschäften die Zerstreuungen folgen. Menschen, die ihre Mußezeit bewachen und für Vergnügungen und Spiele sorgen, damit nur ja keine Leere entstehe. So sind die Könige umgeben von Leuten, die wunderbar aufpassen, daß der König niemals allein sei und in die Lage komme, über sich nachzudenken, denn sie wissen, daß er dann – wie königlich er immer sei – unglücklich sein wird.« So sagt Pascal, der Verfasser eines Traktats über den leeren Raum, der einzige, der sich in diesem Nichts anzusiedeln wagte.

So wie für das Barock die Sprache erst der Metapher bedarf, um aus ihrer Gewöhnlichkeit erlöst zu werden, wie der Körper des Kostüms bedarf, nicht um seine Blöße zu verhüllen, sondern überhaupt seine kreatürliche Armseligkeit zu erhöhen, so ist ihm auch das Dasein ohne Fest arm und gemein. Am Grunde des barocken Festeifers liegt das Eingeständnis, daß das Leben es nötig habe. Damit enthüllt sich die Schwäche, aber auch die Größe des Zeitalters.

Freilich, der Bürger auf der Gasse, der mit scheelen Augen zu den erleuchteten Fenstern hinaufschaut, gewahrt nichts als die Genüsse, die ihm mehr das Gewissen versagt als seine Mittel. Wenn er eifert gegen Üppigkeit und Ausschweifung, hat er ein historisches und vielleicht auch ein moralisches Recht in der Verfallszeit des höfischen Festes, dem Rokoko, an der sein sittliches und soziales Selbstbewußtsein sich gestärkt hat. Aber wenn wir das Bild eines bacchantischen Festzugs lieben, müssen wir einem Mißverständnis vorbeugen.

Gewiß: Das barocke Fest ist eine sublime Form des Müßiggangs, ein zur Kunst erhobener Genuß, durchaus zu nichts nütze und damit eine Herausforderung für bürgerliche Gesinnung. Aber wenn auch kein bürgerliches, so lebt im höfischen Fest darum doch kein geringeres Ethos. Man macht es sich zu leicht, wenn man in der barocken Festfreude nichts als Genußsucht wittert. Zum mindesten wäre das ein Versuch mit untauglichen Mitteln gewesen. Die höfischen Feste waren keineswegs ein ungetrübtes Vergnügen. Sie stellten allein an die physische Leistungsfähigkeit ganz erhebliche Anforderungen. War schon das höfische Leben überhaupt wenig mehr als eine permanente Unbequemlichkeit, so bedeutet das Fest darin den Gipfel. Die Mlle. de Scudéry bestätigt in ihren *Conversations*, die großen Feste dienten nicht so sehr dem Vergnügen der Teilnehmer als der Demonstration der Größe – der Grandeur – ihrer Veranstalter. Und es war vielmehr das Volk, das nichts als zuzuschauen brauchte, das sich am besten dabei unterhielt.

Wenn hier von einem Genuß geredet werden kann, so war es zum mindesten kein gemeiner, sondern von der Art, wie er jede Steigerung unserer Persönlichkeit begleitet. Wenn sich bei Gelegenheit einer Hochzeit ein ganzer Hof in den Garten der Armida verwandelt, wenn die Begegnung zweier Fürsten behandelt wird als eine Entrevue auf dem Olymp, dann ist das mehr als nur ein Maskenscherz. Es ist nichts weniger als der Ausdruck eines gesellschaftlichen und politischen Anspruches. Im Fest erst erreicht die höfische Gesellschaft ihre gültigste Form. Im Fest stellt sie dar, was sie sein möchte, was sie vielleicht zu sein glaubt, was sie in jedem Fall zu sein scheinen möchte. Es ist eine hochpathetische Demonstration, bei der die Gesellschaft alle die rhetorischen Metaphern, mit denen sie sich gern feierte, nun wirklich als Maske benutzt und diese Maskerade in den Stand der Mythologie erhebt. Und so verrichten noch einmal die alten Heidengötter und Heldengestalten ihr erstaunliches Amt. Beginnt man nicht ein wenig, die Rolle zu glauben, in der man sich so gut gefällt? Wäre die Versuchung so klein oder die Kunst so schwach oder die Eitelkeit so gering? Und ist dann nicht überhaupt das Fest der Zauber, in dem die höfischen Götter sich selber beschwören, der Kult, den sie sich selber darbringen? Alles kommt darauf an, wie groß der geistige Abstand ist, der zwischen dem Alltag und dem Fest zu überwinden bleibt. Ob man die mythologische Maske als ein Recht empfindet oder einen Raub, als die Wahrheit oder einen Wahn. Es ist nicht möglich, diesen Abstand nachzumessen, aber eine wirkliche Geschichte der höfischen Feste vermöchte vielleicht zu zeigen, wie das Bewußtsein des Unterschiedes unerbittlich wächst, je mehr sich die höfische Kultur des Barock der Neige nähert. Die Göttlichkeit des höfischen Menschen verwandelt sich unaufhaltsam aus einem heroischen Anspruch in eine reizvolle Illusion.

Die Maske ändert sich. Statt der Götter und Helden wählt man Hirten und Bauern. Man sucht nicht mehr die Erhöhung, sondern den Austausch des Selbst, die Flucht in das Fremde, Ferne, Unverbindliche. Das ist das Fest des Rokoko, das neue Zauber entbindet: die Mächte des Rauschens und des Traums, die Reize des Spiels und der Verwandlung, das aber, von der stolzen Höhe des hochbarocken Ethos gesehen, einen Abfall bedeutet.

Ein letztes Mal stellt der bacchantische Zug sich her. Je weiter die Stunde vorrückt, desto heißer und hastiger wirbelt der Reigen, desto greller flackern die Lichter, desto lauter lärmen die Gäste, als lauerte im Dunkel schon die eisige Hand des Todes. Aber wenn im strahlendsten Fest jäh die Türen auffliegen, ist es nur der Bürger, der hereintritt und die Fackel löscht, weil vor den Fenstern ein fahler Morgen erwacht ist.

Axel Honneth

Wurzeln des modernen Hedonismus

Zu den geläufigen Thesen, mit denen heute eine Reihe von soziologischen Zeitdiagnosen begründen, warum sie in den kulturellen Tendenzen der Gegenwart den Schattenriß einer neuen Epoche erkennen, gehört die Behauptung, daß sich im Augenblick eine Wandlung der traditionellen Arbeitsmoral in das Wertgefüge eines konsumorientierten Hedonismus vollzieht. Der Hintergrund des Bildes, das damit von der aktuellen Situation erzeugt wird, ist aus den Motiven gefertigt, in die Max Weber mit seinen Protestantismusstudien der Soziologie einen Einblick verschafft hat: Danach wurde der motivationale Boden für den Aufbau des Kapitalismus durch eine calvinistische Unterströmung des Protestantismus bereitet, die die Hoffnung auf eine persönliche Gnadenwahl Gottes an die ethische Voraussetzung der Erfüllung aller Berufspflichten gebunden hatte. Der Vordergrund jenes zeitdiagnostischen Bildes hingegen setzt sich aus Motiven zusammen, die allesamt erst in unserem Jahrhundert, wenn nicht in der jüngsten Gegenwart entstanden sein sollen: Dazu gehören die normativen Orientierungen an Zielen der persönlichen Selbstverwirklichung, die ästhetische Einstellung gegenüber dem eigenen Leben, ferner das Leitbild der sexuellen Befriedigung, insgesamt also die Werte einer hedonistischen Moral der individuellen Lusterfüllung. Wenn sich heute eine Überzeugung findet, die die konservative Kulturkritik mit den Zeitdiagnosen der Linken verbindet, dann ist es diese Vorstellung eines epochalen Umbruchs in den persönlichkeitsbildenden Wertsystemen: Für sie macht sich unter den Konservativen mit bestechendem Scharfsinn der Soziologe Daniel Bell stark, der die neue Alltagsmoral mit den ökonomischen Funktionsbedingungen des Kapitalismus in Konflikt geraten sieht, von ihr ist auch der Rahmen kritischer Gegenwartsanalysen häufig so tief geprägt, daß sie wie selbstverständlich vorausgesetzt zu werden scheint.[1]

Es widerstreitet nun freilich diesem Bild der Gegenwart eine jede Art von kultursoziologischer Betrachtungsweise, in der die Entwicklung der kapitalistischen Moderne nicht als eine geschichtliche Sequenz, sondern als ein dynamisches Spannungsgefüge von unterschiedlichen Wertsystemen aufgefaßt werden soll. So hätten sich die Vertreter jener Zeitdiagnose bereits durch historische Untersuchungen in Frage gestellt sehen müssen, wie sie in seinen letzten Lebensjahren Michel Foucault vorgelegt hat: Darin wird das Leitbild der sexuellen Lusterfüllung auf Techniken der individuellen Selbstoffenbarung zurückgeführt, die ihre Entstehung bereits dem 17. und 18. Jahrhundert verdanken;[2] erst recht aber tragen zur Entkräftung des allzu einfachen Vorstellungsschemas heute geistesgeschichtlich angelegte Studien bei, in welchen die Wurzeln der hedonistischen Alltagsmoral bis auf solche kulturellen Schichten freigelegt werden, die der Frühgeschichte des industriellen Kapitalismus angehören. Eine wegbereitende Rolle kommt unter diesen Untersuchungen den Aufsätzen zu, die Charles Taylor als Vorarbeiten zu einer hermeneutischen Theorie der Neuzeit vorgelegt hat. Er ist der für sein Unternehmen bedeutsamen Frage nachgegangen, aus welchen ethischen Traditionselementen sich die kulturellen Interpretationen speisen, mit denen die Mitglieder zeitgenössischer Gesellschaften den Vollzug ihres individuellen Lebens deuten: Dabei hat er nicht nur den religionsgeschichtlichen Weg zurückverfolgt, den Max Weber in seiner Erklärung der modernen Arbeitsethik eingeschlagen hatte, sondern ist auch den verschütteten Spuren nachgegangen, auf die die hedonistischen Elemente der Alltagskultur unseres Jahrhunderts hinweisen. Das Ergebnis, zu

1 Daniel Bell, *Die Zukunft der westlichen Welt. Kultur und Technologie im Widerstreit*. Frankfurt/M. 1976.

2 Michel Foucault, *Sexualität und Wahrheit*, Bd. 1: *Der Wille zum Wissen*. Frankfurt/M. 1977.

dem ihn seine philosophiehistorischen Erkundungen haben gelangen lassen, besteht in der herausfordernden These, daß es neben den asketisch-instrumentellen Einstellungen von Anfang an auch romantische Werte der Selbstverwirklichung waren, die in den Identitätshorizont der Subjekte im sich entwickelnden Kapitalismus eingewandert sind.[3] Ein vergleichbarer Schluß läßt sich ferner aus den Studien ziehen, in denen Johann P. Arnason die Umrisse einer kulturtheoretischen Interpretation der Moderne entwickelt hat: Auch für ihn stellen zweckrationale Orientierungsmuster und Traditionsbestände der Romantik zwei unabhängige Wertsysteme dar, die sich im Prozeß der kapitalistischen Modernisierung immer schon konflikthaft aneinandergerieben haben.[4]

Mit Forschungen solcher eher geistesgeschichtlichen Art sind schon wichtige Hinweise darauf gegeben, daß die hedonistischen Tendenzen innerhalb der gegenwärtigen Alltagskultur nicht einfach nur ein Produkt der jüngsten Zeit sein können oder gar allein den Rest an lebenswichtigen Orientierungen bilden, der dann übrigbleibt, wenn die moralischen Kräfte der protestantischen Arbeitsethik verbraucht sind: Bislang allerdings standen noch Untersuchungen aus, die dem Thema in einer kultursoziologisch umfassenden Weise nachgegangen wären. Es muß daher für die Sozialwissenschaft als ein Glücksfall gelten, daß der englische Soziologe Colin Campbell sich auf eigene Faust an den schwierigen, ja heiklen Versuch gemacht hat, diejenigen ethischen Hintergrundbezeugungen historisch freizulegen, die den heute verbreiteten Orientierungen an Werten des Hedonismus den Weg bereitet haben: Die Ergebnisse seiner Forschungsarbeit, in die theoretische nicht weniger als

3 Vgl. beispielsweise Charles Taylor, *Legitimationskrise?* In: ders., *Negative Freiheit? Zur Kritik des neuzeitlichen Individualismus*. Frankfurt/M. 1988; vgl. auch ders., *The Ethics of Authenticity*. Cambridge/Mass. 1992.

4 Vgl. Johann P. Arnason, *Praxis und Interpretation. Sozialphilosophische Studien*. Frankfurt/M. 1988.

empirische Interessen eingegangen sind, hat er in der komprimierten Form eines »Essays« zusammengefaßt: *The Romantic Ethic and the Spirit of Modern Consumerism*.[5] Campbell begreift seine eigene Studie, worauf der selbstbewußte Titel ja hinweisen soll, als ein Parallelunternehmen zu Max Webers Protestantismusaufsatz; hatte dieser die ethischen Orientierungsmuster zu bestimmen versucht, die die motivationalen Antriebsenergien für den Aufbau der kapitalistischen Produktion freigesetzt haben, so will jener das normative Wertgefüge rekonstruieren, das historisch die innere Bereitschaft zu einer Haltung des lustbetonten Konsumierens hat entstehen lassen. Damit sind, so entschieden wie selten zuvor, die kulturellen Bedingungen des Konsumverhaltens in das Zentrum einer soziologischen Untersuchung gerückt.

Die belebende Kraft, die von den Fragestellungen dieses Buches ausgeht, gelangt zunächst darin zum Ausdruck, wie es sich in den Rahmen benachbarter Forschungsbemühungen einfügt. Das Thema als solches hatte natürlich schon lange vor Campbell die Aufmerksamkeit der Wissenschaften auf sich gezogen: Seiner eigenen Sache aber ist es insbesondere zugute gekommen, daß sich wenige Jahre zuvor in den Reihen der englischen Wirtschaftshistoriker ein Streit darüber entzündet hatte, welche Faktoren ausschlaggebend für das rapide Anwachsen der Konsumbedürfnisse im England des ausgehenden 18. Jahrhunderts gewesen waren.[6] In den empirischen Fakten, die diese Diskussion zutage brachte, hat Campbell den Rohstoff für sein Projekt gefunden, in den theoretischen Schwierigkeiten aber, in die sie hineingeführt hatte, hat er zugleich die ersten Hinweise auf den methodischen Weg des eigenen Ansatzes entdeckt. Auf die Frage nämlich, was damals zu der raschen Expansion des Konsumsektors geführt haben

5 Colin Campbell, *The Romantic Ethic and the Spirit of Modern Consumism*. Oxford 1987.
6 Vgl. Neil McKendrick u. a., *The Birth of a Consumer Society: The Commercialization of Eighteenth-Century England*. London 1982.

könnte, hatten sich im engbegrenzten Rahmen der Wirtschaftsgeschichte keine befriedigenden Antworten finden lassen; weder die Tatsache einer enthemmten Kapitalakkumulation noch der begleitende Umstand einer allmählichen Einkommenssteigerung konnten als solche jenen plötzlichen Anstieg der Nachfrage erklären, weil das Auffällige an ihr gewesen war, daß sie nicht der Befriedigung von lebensnotwendigen, sondern der Erfüllung von »luxurierenden« Bedürfnissen gedient hatte. Schon in der Debatte der Wirtschaftstheoretiker war daraus schließlich die Konsequenz gezogen worden, daß eine zufriedenstellende Erklärung der »consumer revolution« nur mit Hilfe einer Einsicht in das zu gewinnen wäre, was den emporgeschnellten Luxusbedürfnissen an motivationalen Energien zugrunde gelegen hatte; dieser Schlußfolgerung hat Campbell dann nur noch die Wendung hinzufügen müssen, daß Motivationen sich allein im Horizont von Wertüberzeugungen bilden, um zu dem kultursoziologischen Ausgangspunkt seiner eigenen Untersuchung zu gelangen.

Den Weg zu seiner entscheidenden These bahnt Campbell sich nun zunächst in der Weise, daß er anhand der wirtschaftsgeschichtlichen Befunde einen Überblick über die kulturellen Neuerungen zu gewinnen versucht, für die die rasche Expansion des Konsumsektors nur ein äußeres, ökonomisches Anzeichen gewesen war. Gestiegen war unter den Angehörigen der englischen Mittelklassen die Nachfrage nach solchen Konsumartikeln, die statt für die Reproduktion des Haushalts anscheinend vor allem für die Intensivierung des individuellen Lebensgefühls zu gebrauchen waren; bereits seit dem 17. Jahrhundert hatte die Verfertigung von bestimmten Luxusgütern stetig zugenommen, explosionsartig ausgeweitet worden aber war die Produktion von Modekleidung, Spielzeug, Schönheitsartikeln und Luxusmöbeln erst in der zweiten Hälfte des 18. Jahrhunderts. Werden diese Vorgänge in das weitere Umfeld der Alltagskultur jener Zeit wieder zurückgestellt, aus dem nur der ökonomische Begriff der »Konsumption« sie künstlich herausgelöst hatte, dann fällt als nächstes ins Auge, daß mit der

Nachfrage nach Luxusartikeln in den Mittelschichten zugleich auch die Vorliebe für eine Reihe von neuen Vergnügungsweisen angestiegen war: Es hatte, wie Campbell zeigt, die Gewohnheit des Besuches von Theaterhäusern, Tanzveranstaltungen und Pferderennen zugenommen, es war – vor allem unter den Frauen des Bürgertums – das Bedürfnis nach der Lektüre von fiktionalen Texten gewachsen. Einer letzten Öffnung des Untersuchungshorizontes verdankt sich schließlich die Erkenntnis, daß die Herausbildung der Idee der »romantischen Liebe« gleichfalls in den Zeitraum der »consumer revolution« gefallen ist: Zugleich mit dem Interesse an gefühlssteigernden Aktivitäten war auch jene kulturelle Vorstellung herangereift, der zufolge eine zwischenmenschliche Beziehung nur in der emotionalen Bindung der beiden Partner ihren Grund haben durfte.

Um die damit umrissenen Veränderungsprozesse nun als die Produkte einer einzigen neuen Geisteshaltung verstehen zu können, stellt Campbell im nächsten Schritt seiner Untersuchung theoretische Spekulationen darüber an, welchem bislang unbekannten Typ von Verhalten sie gemeinsam zum historischen Durchbruch verholfen haben; das überraschende Resultat, zu dem ihn dieser Teil seiner Überlegungen kommen läßt, ist deswegen von allergrößter Bedeutung für sein gesamtes Vorhaben, weil von ihm alle Voraussetzungen der religionssoziologischen These abhängig sein werden. Für Campbell steht zunächst außer Frage, daß jene neu entstandenen Formen von kulturellen Aktivitäten sich allesamt als Elemente einer »hedonistischen« Verhaltensweise begreifen lassen: Damit ist von ihm hier ein Typus menschlichen Handelns gemeint, der keine andere Funktion als die der Steigerung des individuellen Lustempfindens hat. Durch eine solche Zuordnung zu einer Klasse des »hedonistischen Handelns« will Campbell vor allem erreichen, daß die von ihm untersuchten Verhaltensinnovationen nicht als bloße Nachbildungen von sozial vorbildlichen Lebensstilen oder gar als bloße Erzeugnisse erster kapitalistischer Manipulationen mißverstanden werden; vielmehr will er in den kulturellen Gebräuchen, die das englische Bürgertum des 18. Jahrhunderts für sich hat entdecken können, zunächst einmal nur den Ausdruck für eine allem menschlichen Handeln innewohnende Tendenz erkennen. Allerdings ist für diese neue Form des Hedonismus jetzt entscheidend, so argumentiert Campbell weiter, daß in ihr nicht mehr aus realen Vorgängen, sondern nur noch aus imaginären Phänomenen Lust und Befriedigung bezogen werden können; während es in den traditionellen Gestalten hedonistischen Handelns die emotionalen Reize der Außenwelt waren, die dem individuellen Lustempfinden den Weg gewiesen haben, so sind es nunmehr selbsterzeugte, herbeiphantasierte Sinnenreize, aus denen das Individuum ein Gefühl gesteigerter Lust gewinnt. Ein solches Verhalten der »imaginären« Lusterzeugung stellt nun für Campbell die einzige große Kraftquelle dar, die den kulturellen Neuerungen des englischen Bürgertums erst die notwendigen Antriebsenergien hat verschaffen können: Aus ihr soll sich der »Geist« jener historischen Epoche gebildet haben, mit ihr sollen auch die modernen Phänomene des Tagtraumes und der Mode entstanden sein, und in ihr soll schließlich noch der zeitgenössische Konsumismus sein motivationales Fundament besitzen. Freilich bleibt Campbell bereits an dieser Stelle seiner kulturhistorischen Spekulationen eine Antwort auf die sich anschließende Frage schuldig, welche zusätzlichen Triebkräfte jenen Bedürfnissen nach imaginären Sinnenreizen erst die profane Gestalt einer Vorliebe für Luxusartikel haben geben können, was also zur kulturellen Transformation von hedonistischen Antrieben und Wünschen in monetär definierte Zielsetzungen beigetragen hat.

Der zweite Teil des Buches ist nun, formal nicht anders als in Webers Protestantismusaufsatz, einer historischen Rekonstruktion derjenigen ethisch-religiösen Traditionsbestände vorbehalten, die dem neuen, imaginären Hedonismus zum Durchbruch verholfen haben und ihn vor allem normativ zu rechtfertigen vermochten. Schon ein oberflächlicher Blick hat Campbell den Weg in dieselbe Richtung einschlagen lassen, in die heute auch die geistesgeschichtlichen Untersuchungen Charles Taylors weisen: daß es nämlich romantische Vorstellungskomplexe haben sein müssen, die die Ausbildung von hedonistischen Orientierungen und Zielsetzungen normativ bis zu einem Grade ermutigen konnten, daß sie sich zu einem eigenständigen Wertgefüge zu verselbständigen vermochten. Weil Campbell allerdings die besondere Leistung jenes frühentwickelten Hedonismus nicht in der Erschließung einer Welt der persönlichen Selbstverwirklichung erblickt, sondern als sein eigentliches Werk die Eröffnung eines imaginären Bezirkes der Lusterfüllung betrachtet, muß er im Gegensatz zu Taylor seinen Blick vor allem auf solche ethisch-religiösen Denktraditionen konzentrieren, in denen den Phantasieleistungen des Menschen normativ Auftrieb gegeben worden ist. Das Ergebnis dieser historischen Spurensuche Campbells besteht nun in der weitreichenden und herausfordernden These, daß es im religiösen Kraftfeld des Calvinismus eine gegen die Prädestinationslehre gerichtete Unterströmung gegeben hat, in der an die Stelle der ethischen Auszeichnung der Berufspflichten die normative Aufwertung des menschlichen Gefühlslebens getreten war; der Unmut über die rigoristischen Konsequenzen der berufsethischen Lehre Calvins hatte hier die alternative Überzeugung emporwachsen lassen, daß sich nur in außeralltäglichen Zuständen der affektiven Erregung die Güte und Gnade Gottes spiegelt und sie insofern als das Zeichen persönlichen Auserwähltseins angenommen werden durften. War mit dieser »anderen« protestantischen Ethik bereits der normative Bann gebrochen, den der offizielle Calvinismus über den Bereich der Affekte verhängt hatte, so mußte sie freilich erst noch die Entwicklung von den Barmherzigkeitskulten der protestantischen Sekten über die breite Strömung des Sentimentalismus bis in die englische Romantik nehmen, um am Ende das moralische Fundament des neuen Hedonismus abgeben zu können; denn erst mit der schrittweisen Entsakralisierung jener ethisch gerechtfertigten Zustände der affektiven Erregtheit, die sich in den beiden großen Schüben zunächst der sentimentalistischen Bewegung, dann der romantischen Ideenbildung vollzieht, werden die menschlichen Gefühle für die nach innen gerichtete Steigerung frei, die schließlich den neuen Bezirk bloß noch imaginierter Sinnenreize hat hervorbringen können und damit die innere Haltung des modernen Konsumenten geschaffen haben soll.

Wer dem Weg Campbells durch die Geschichte der protestantischen Gefühlsethik und ihrer romantischen Ausläufer bis zu diesem abschließenden Punkt gefolgt ist, wird freilich überrascht sein darüber, daß er jetzt schon vor dem sozialen Typus des zeitgenössischen Warenkonsumenten stehen soll. Nicht nur hat Campbell im Gang seiner Studie, wie Weber ja auch, ganze Kontinente der modernen Alltagskultur vollständig gemieden, allen voran die Welten des bäuerlichen und proletarischen Katholizismus, die bis in die Gegenwart sozial von Bedeutung sind; und nicht nur sind ihm dieselben empirischen Grenzen gesteckt, die schon das religionssoziologische Werk Webers umschlossen, weil aufgrund der spezifischen Prämissen die soziale Kultur der Unterschichten überhaupt nicht in den Blick zu treten vermag. Vor allem aber ist es Campbell kaum gelungen, von den hedonistischen Einstellungen des englischen Bürgertums die kulturelle Brücke zu den Orientierungsmustern zu schlagen, die das zeitgenössische Konsumverhalten bestimmen: Zwischen der betulichen Welt romantischer Sinnenreize und der kalten Welt des heutigen Warenmarktes klafft der Abgrund von zweihundert Jahren hemmungsloser Kapitalakkumulation. Außer Frage steht es jedoch, daß die religionssoziologische Fragestellung Campbells der Kulturtheorie eine Reihe von neuen Anregungen wird geben können; die Erforschung der kulturellen Vorgeschichte des zeitgenössischen Hedonismus, der sich in England heute vor allem die Zeitschrift *Theory, Culture & Society* widmet, hat in diesem Buch einen weiteren Schlüsseltext gefunden.[7]

---

7 Vgl. *Theory, Culture & Society*, 1 (1983), Nr. 3 (»Consumer Culture«).

III. Melancholie-Therapie: Heiterkeit der Literatur

Wolfram Mauser

Anakreon als Therapie?
Zur medizinisch-diätetischen Begründung der Rokoko-Dichtung

Bei genauerer Betrachtung der Quellen zeigt sich, daß die Dichtung der Vor-Goethe-Zeit nicht nur nach philosophischen und poetologischen Gesichtspunkten zu betrachten ist, sondern auch im Hinblick auf ein sich ausbreitendes Gesundheitsbewußtsein. Nach dem heutigen Stand der Forschung ist es allerdings schwierig, Gesichertes über die gegenseitige Beeinflussung von Ärzten und Dichtern in der ersten Hälfte des 18. Jahrhunderts auszusagen. Außer Zweifel steht, daß das diätetische Schrifttum der Zeit den sich verändernden poetologischen Vorstellungen sehr entgegenkam. Von den 40er Jahren an nahmen sich Mediziner auch in Veröffentlichungen verstärkt des Problems der Einbildungskraft an. 1744 erschienen Ernst Anton Nicolais *Gedanken von den Würkungen der Einbildungskraft in den menschlichen Körper,* eine zweite, völlig umgearbeitete Auflage kam 1751 heraus. Nicolai bemüht sich, wie er in der Vorrede schreibt, um »Deutlichkeit und Gründlichkeit [...] was die Gesetze der philosophischen Methode« anbelangt. In dieser Selbstverpflichtung zur Klarheit folgt Nicolai ohne Zweifel Christian Wolff. Eine solche Selbstdisziplinierung bedeutete aber keineswegs, daß Nicolai auch in den Inhalten der Wolffschen Philosophie folgt. Dies bezeugt nicht nur sein Interesse für Einbildung und Einbildungskraft, sondern auch die entschiedene Orientierung an »Dichtungskraft« und »Dichtungsvermögen«.[1] Nicolai gibt Definitionen und bemüht sich um Unterscheidungen. Was ihn bewegt, ist die Frage nach den Voraussetzungen dafür, daß der Mensch phantasiert. Wichtig ist ihm die Feststellung, daß die »Einbildungskraft [...] nicht nur die Affecten, in die wir ehemahls gerathen, wieder in uns erwecken [...], sondern auch Affecten erregen, welche vorher noch niemahls in der Seele gewüthet haben, und davon weder in den Empfindungen noch Vorhersehungen ein zureichender Grund angetroffen wird.« Er bezieht diese Erfindungen der Seele zwar primär auf den Traum, schließt aber die dichterische Phantasie mit ein. Ausführlich befaßt er sich mit den Einwirkungen der Seele auf den Körper und schließt, auch er am Beispiel der Melancholie: »Gebt einem Menschen, der vor Traurigkeit melancholisch geworden, die besten Artzeneyen ein und laßt seine Leidenschaft ungestört, alles wird vergebens seyn. Führt ihn aber in angenehme Gesellschaften und macht ihm allerhand Ergötzlichkeiten, kurtz, sucht in ihm den entgegengesetzten Affect, das ist, die Freude zu erregen, so werdet ihr weit mehr ausrichten, und eben so verhält es sich auch in anderen Fällen.«

Es komme für den einzelnen Menschen darauf an, »Fehler in seiner Lebensart« zu vermeiden. Nicolais Schlußfolgerungen sind lapidar: »Die Einbildungskraft kan Affecten erregen [...]. Die Affecten verursachen Veränderungen in dem menschlichen Körper [...]. Folglich kan auch die Einbildungskraft Veränderungen in dem menschlichen Körper verursachen.«

Die Diskussion um die Entstehung von Inhalten der Einbildungskraft führte sehr bald über die Annahme hinaus, daß es

---

1 Ernst Anton Nicolai, *Gedanken von den Würkungen der Einbildungskraft in den menschlischen Körper.* 2., verm. Aufl. Halle 1751, S. 23. Die folgenden Zitate finden sich auf den S. 41, 47 und 49.

nur aktuelle oder erinnerte Sinneswahrnehmungen seien, die das Imaginierte auslösen. Johann Andreas Roeper schreibt: »Die Seele entziehet sich wohl den äuserlichen Sinnen im Schlaf, nicht aber der inneren Empfindung.«[2] Die Bilder, die diese »inneren Empfindungen« hervortreiben, haben Einfluß auf den Körper und damit auf Gesundheit und Krankheit. Roepers geht, so wie die Überlegungen vieler anderer Ärzte, nicht nur davon aus, daß ein gegebener Zustand von Körper und Seele bestimmte Einbildungen hervorbringt, sondern auch davon, daß Werke der Einbildungskraft (wie der Kunst und der Literatur) zur Gesundung des Menschen beitragen können. Die Frage, wie medizinisch-diätetisch brauchbare Vorstellungen erzeugt werden können, beschäftigte viele Ärzte.

Johann Friedrich Zückert griff diese Frage auf, er unterschied aber nicht genau zwischen den diätetischen Wirkungen, die ein »sinnliches Vergnügen« (Gartenlust, Musik, Wein, der Anblick eines schönen ›Frauenzimmers‹) auslösen, und den Wirkungen eingebildeter sinnlicher Vergnügen, also den Gegenständen der Kunst und Literatur. Auch trennt er nicht zwischen Realität und Phantasieinhalten. Für ihn ist beides gleichermaßen Anlaß für »sinnliche Wollust«. Deshalb kann Zückert auch in seiner Aufzählung von wirkungsvollen Vergnügungen auf diese Unterscheidung verzichten. Es scheint ihm vielmehr darauf anzukommen, daß der Mensch reichlich genießt: »die Tonkunst, die Kirchenmusik, das Singen, vortrefliche Schildereyen und Gemählde, die Sammlung und Betrachtung der Naturalien, mechanische Arbeiten, wohlausgearbeitete Schauspiele, das Lesen eines Dichters, die sinnreichen Scherze, der Umgang mit tugendhaften Freunden und Freundinnen.«[3] Zur Unterstützung seiner Theorie von den Wirkungen der Einbildungskraft entwirft Zückert eine veränderte Theorie der

2 Johann Andreas Roeper, *Die Würkung der Seele in den menschlichen Körper*. Halberstadt 1748, S. 10.
3 Johann Friedrich Zückert, *Von den Leidenschaften*. Leipzig 1764, S. 29.

Temperamente.[4] Er unterscheidet zwischen moralischen (see-lischen) und physischen (körperlichen) Temperamenten. Während er für die letzteren an den gewohnten Bezeichnungen festhält, führt er für die moralischen (seelischen) Temperamente eine neue Terminologie ein. Er spricht von einem lustigen, traurigen, verständigen und sinnlichen Temperament. Die seelischen Temperamente seien, im Unterschied zu den physischen, nicht mechanisch. Es genüge nicht, im Falle einer Erkrankung den Zustand des Körpers zu ändern, man müsse beim moralischen Temperament ansetzen, d. h. die »in der Seele festsitzende Idee«, welche z. B. die Nahrung der Melancholie ist, ausrotten. Dies könne z. B. durch eine außerordentliche Zerstreuung, eine Reise oder lustige Gesellschaft geschehen und, man kann hinzufügen, durch Poesie.

Für die Medizin der Zeit ist die Einbildungskraft Teil einer Reiztheorie, die von der Rührung (Affizierbarkeit) der Sinne, der Fähigkeit, die Erfahrung sinnlicher Vergnügen zu speichern, und dem besonderen Vermögen der Seele ausgeht, Vorstellungen sinnlichen Vergnügens als Mittel diätetisch-therapeutischer Wirkung unter bestimmten Voraussetzungen hervorzubringen. Dies kann auch anhand von Bildern geschehen, die neu zusammengesetzt werden (wie das Pferd Pegasus), d. h., es können in der Imagination Vorstellungen neu miteinander verknüpft werden. »Hierdurch wird«, wie Krüger schreibt, »die Einbildungskraft zu einer Schöpferin, indem sie Bilder von Sachen hervorbringt, die in der Welt keinen würcklichen Gegenstand haben.«[5]

Man weiß, daß der Weg von der Nachahmungspoetik zur Geniepoetik über die Neubewertung der Einbildungskraft (Phantasie) ging. Die Diskussion darüber beschränkte sich nicht auf den Kreis der Literaturtheoretiker, sie erfolgte mit offenbar großer Dynamik im Bereich des medizinisch-diätetischen Schrift-

4 Ebd., S. 83–104.
5 Johann Gottlob Krüger, *Versuch einer Experimental-Seelenlehre.* Halle und Helmstedt 1756, S. 176.

tums. Von den 40er Jahren an werden in fast alle seelenkund-
lichen Schriften Abschnitte über Ästhetik (Bolten) oder das
»Dichtungsvermögen« (Krüger, Nicolai, Unzer etc.) aufgenommen. Entscheidend ist die Tatsache, daß sich das
medizinisch-diätetische und poetologische Schrifttum, ja die
Dichtung selbst terminologisch nicht nur berührten, sondern
daß sie in entscheidenden Punkten übereinstimmten.

Der Seelenzustand, dem man große Wirkung auf den Körper,
ja auf die gesamten Lebensvorgänge zusprach, ist die Fröhlichkeit. Damit ist keineswegs Ausgelassenheit, lärmender Froh-
sinn oder polternde Freude gemeint, sondern ein Seelenzustand der Heiterkeit, für den das 18. Jahrhundert auch die
Begriffe ›Vergnügen‹ und ›Freude‹ hatte. Offenbar waren diese
Bezeichnungen schon damals dem Mißverständnis ausgesetzt,
jedenfalls finden sich häufig Wendungen wie »wahre Freude«
oder »reines Vergnügen«, »reinstes Vergnügen« (Uz). In ihrem
geläuterten Verständnis sind sie Ausdruck von Glückseligkeit,
ja damit geradezu identisch.

Johann Peter Uz schreibt in seinem Lehrgedicht *Versuch über
die Kunst stets fröhlich zu sein:* »Denn Vergnügen ist das Wesen
der Glückseligkeit, die entstehet, wenn wir alle unsere natürli-
che Begierden mit Vergnügen erfüllet sehen, und von allem
Schmerz befreyet sind.« Und dafür genüge es, daß »das Vergnügen die schmerzhaften Empfindungen nur merklich übertrift«.
Für Uz steht außer Zweifel, daß das »Vergnügen ein Zweck der
Natur sey«; es lehre uns »ihre ganze Einrichtung«, daß Vergnügen nicht anders als Tugend und Weisheit zur Absicht der
Natur gehörten.[6] Während die Philosophie (auch die Schulphi-
losophie Wolffs) die Glückseligkeit als höchste Vollkommenheit (summum bonum) bestimmt und darin der antiken Philosophie folgt (Cicero, Seneca), steht Uz in seinem Gedicht
Epikur näher. Das Motto, das er seinem Lehrgedicht voran-

6 Johann Peter Uz, *Sämtliche Poetische Werke*. Hg. v. August Sauer.
Stuttgart 1890 (Deutsche Literaturdenkmale des 18. und 19. Jahrhunderts in Neudrucken, Bd. 33), S. 218.

stellt, stammt von Seneca: »Crede mihi, res severa est verum Gaudium« (Glaube mir, wahre Freude ist eine ernste Sache).[7] Diesen Satz darf man aber nicht als uneingeschränktes Bekenntnis zu Seneca lesen; von den stoischen »Trostgründen der Weisheit« und den theologischen Perspektiven der überlieferten Glückseligkeitslehre distanziert sich Uz ausdrücklich. Sein Lehrgedicht (1261 Alexandrinerverse) ist ein Traktat, in dem er neben den gängigen philosophischen Lehrmeinungen seine eigene Position umreißt. Was sie sehr deutlich von den traditionellen Glückseligkeitslehren unterscheidet, ist ihre sensualistische Ausrichtung:

> Ein zärtliches Gefühl entehrt nicht unsre Brust:
> Der uns die Sinne giebt, verbeut nicht ihre Lust.
> Der Schöpfer heißet uns ein sinnliches Ergötzen
> Nicht über seinen Werth, nicht unterm Werthe schätzen,
> Nicht um ein schlechtres Gut die bessern thöricht fliehn,
> Nach diesen geizig seyn, nicht jenes uns entziehn.[8]

Sinnenfreude ja, doch unter dem Primat des Naturgemäßen, mit allen Vorkehrungen der Moral, der Vernunft und der Weisheit. Die deutsche Rokokodichtung ist – vor allem in ihren besonders gelungenen Leistungen – nicht Nachahmung höfisch-spielerischer Formen und Gedanken im Kreis eines wohlhabend und gebildet gewordenen Bürgertums, sondern der Versuch, im Zusammenhang vielfältiger diätetischer Anstrengungen der Zeit, »sinnliches Vergnügen« nicht nur zu fordern und theoretisch zu begründen, sondern in poetischen Inszenierungen auch vorzustellen. Am Übergang vom allegorischen zum symbolischen Denken, von Begriffen zu Sinnbildern gab es ein verbreitetes Bedürfnis, sich neuer Verhaltensmuster zu vergewissern. Dies geschah auch durch Gestalten, deren Lebensgebärden solche Verhaltensmuster beispielhaft vergegenwärtigten: Sokrates, Prometheus, Demo-

7 Ebd., S. 215.
8 Ebd., S. 240.

krit. So auch: Anakreon. Diese Namen sind mehr als histo-risch-mythologische Referenzfiguren, sie beglaubigen jeweils eine neue Lebensart, indem sie sie verkörpern. Der Anakreon der 40er Jahre ist ein anderer als der früherer Zeiten; er ist der beispielhaft Fröhliche in einer Zeit, in der die Fröhlichkeit einen veränderten Sitz im Leben hat.[9] Noch im 17. Jahrhundert war Fröhlichkeit Signatur und Leitbegriff einer (protestantischen) Glaubenskraft, die der Sünde, den Gebrechen und dem Tod in dieser Welt zu widerstehen vermag (das Kreuz fröhlich tragen, zu Füßen Christi fröhlich singen – Luther, J. Hermann). Um die Mitte des 18. Jahrhunderts wird Fröhlichkeit zum Zeichen für das Vermögen des Menschen, dem betrüglichen Reichtum, der Heuchlerzunft, der Splitterrichterei, der Sklaverei (Formulierungen aus Hagedorns, Gleims und Schillers Oden an die Freude) zu trotzen. Das Wort gewinnt eine quasi-religiöse Aura. In ihm erkennen sich all diejenigen wieder, die von dem Bedürfnis beseelt sind, Staat und Gesellschaft an eine humanere Praxis heranzuführen.

Die Moralische Wochenschrift *Der Gesellige* (1748–1750) bringt dieses Ziel sehr deutlich zum Ausdruck.[10] Das 64. Stück bricht eine Lanze für den anakreontischen Dichter, der Wein, Weib und Gesang verherrlicht und zugleich der »tugendhafteste und nüchternste Mann« (362) ist. Die Zeitschrift postuliert den anakreontischen Menschen, den sie als den »Geselligen« schlechthin bezeichnet: »Er hält das Frauenzimmer viel

<hr />

9 Zu einem soziologisch-zeitkritischen Verständnis der Freudethematik in der Dichtung des 18. Jahrhunderts vgl. Wolfram Mauser, *»Göttin Freude«. Zur Psychosoziologie eines literarischen Themas*. In: Bernd Urban (Hg.), *Psychoanalytische und psychopathologische Literaturinterpretationen*. Darmstadt 1983, S. 208–232.

10 Mitarbeiter an der Wochenschrift *Der Gesellige* war unter anderem der in Halle wirkende Philosoph Georg Friedrich Meier, der in seine zunächst an Leibniz und Wolff orientierte Lehre Sensualistisches und Animistisches aufnahm und diätetischen Bestrebungen der Zeit nahestand. *Der Gesellige* erschien in einer Neuauflage Halle 1764. Die Seitenzahlen (in Klammern) beziehen sich auf diese Ausgabe.

zu hoch, als daß er viehische Begierden gegen sie hegen solte: Und der Wein ist ihm viel zu lieb, als daß er sich darin berauschen solte: Er schmeckt ihm viel zu gut, und der Dichter ist diesem guten Geschmack viel zu sehr ergeben, als daß er sich denselben durch die Trunkenheit verderben solte. So empfindet er ein reines Vergnügen, und in dem Gefühl einer wahren und sichern Freude singt er von Liebe und Wein, um sich und die Gesellschaft zu ergötzen« (ebd.).

Es ist ihm wichtig festzuhalten: »Ein Dichter nennet bey nüchternem Muthe den poetischen Trieb einen Taumel; den bringet er zu dem Glase mit, und holet ihn nicht daher« (ebd.).

Schon im 12. Stück des *Geselligen* (1748), dem der Verfasser ein Motto von Horaz voranstellt, war von der Bedeutung der Fröhlichkeit für das Wohlergehen des einzelnen und der Gesellschaft ausführlich die Rede. Einsamkeit, Traurigkeit und Melancholie hält er für verwerflich: »Das fröliche Wesen thut gerade das Gegentheil. Ein lustiger Mensch kan unmöglich ohne Gesellschaft leben. Wenn sein Herz voll Frölichkeit ist, so fühlt er in der Einsamkeit einen Mangel, der ihn quält. Aus seiner Frölichkeit entstehen Scherze, angenehme Einfälle, Freundlichkeit, Dienstbarkeit, Liebe und hundert andere Wirkungen, die man in der Einsamkeit nicht an den Mann bringen kan« (65).

Fröhlichkeit, Glückseligkeit und Vollkommenheit bedingen einander. Dies hat vielerlei Folgen. Nicht nur, daß das Denken des Fröhlichen besser vonstatten geht und die Fröhlichkeit die ganze Seele belebt, sie wird durch sie auch »munter, geschäftig und wirksam« (66). Auch »die Gesundheit unsers Körpers hanget von der Frölichkeit ab [...]. Die Frölichkeit ist die beste Arzney für viele Krankheiten, sie hilft uns öfters mehr, als der geschickteste Arzt.« Was die heidnischen Dichter als Grazien bezeichneten, das ist für den Autor des Geselligen die Fröhlichkeit. Und er ist sich dessen gewiß, »daß die Frölichkeit der Natur, der Seele, des Körpers, und so gar der Schönheit des letztern unentbehrlich ist« (ebd.).

Anakreon ist die Leitfigur dieser Lebensart, und die Protagonisten, die die Wochenschrift vorstellt, sind Figuren aus der Schäferwelt. Sie werden nach seinem Leitbild charakterisiert; Phyllis, eine der musterhaften Gestalten, ist »eine Meisterin in der anakreontischen Ode, und kan ihren Gleim auswendig. Weil sie eine gute Singstimme hat, so hören wir von ihr Hagedorns Lieder, die sie mit neuen vermehren könnte« (33).

Ein Muster des Fröhlich-Geselligen ist der Dienstfertige. Der uneigennützig dienstfertige Mensch ist für die Gesellschaft unentbehrlich, er ist der »freywillige Unterthan« (5). Die Wochenschrift wird nicht müde, darauf hinzuweisen, daß der fröhlichste Mensch zugleich der geselligste und der dienstfertigste sei. So verwundert es nicht, daß Carl Friedrich Bahrdt in seinem *Handbuch der Moral für den Bürgerstand* den Genuß der Fröhlichkeit in diesem Sinne geradezu zur Pflicht des Bürgers macht.[11] Der Dienstfertig-Fröhliche ist für die Zeitgenossen auch als Krieger vorstellbar.[12]

An die Seite der philosophisch-moralisch begründeten Lehrhaftigkeit der frühaufklärerischen Poesie, die in hohem Ansehen stand, tritt von den späten 30er Jahren an eine Dichtung, die den gesellschaftlich erwünschten Seelenzustand der Fröhlichkeit nicht mit Hilfe philosophischer Begriffe beschreibt, sondern evokativ vergegenwärtigt: die Dichtung des Rokoko. Sie ist ein Werk der Einbildungskraft. Sie bildet nicht ab, sondern erfindet, setzt in Szene, arrangiert. Was sie in ihren repräsentativen Beispielen vorstellt, ist keineswegs unverbindlich. Thematik, Metaphorik und Rhythmus stellen in ihrem Zusammenwirken seelische Wirklichkeit her, die heilkräftig und gemeinschaftsfördernd ist, die imstande sein soll, jene innere Übereinstimmung zwischen den Menschen herzustellen, die

11 Carl Friedrich Bahrdt, *Handbuch der Moral für den Bürgerstand.* Halle 1789, S. 28.
12 Uz (Anm. 6), S. 395: »Freund, dein Fürst, der kühnste Held, / Geht nun, Meissens Stolz zu straffen, / Und du folgst ihm in das Feld, / Und Anacreon trägt Waffen« (Das Gedicht aus dem Jahr 1745 wendet sich an Gleim.).

Staat und Gesellschaft nicht zu verwirklichen imstande waren. Individuelles Vorteilsdenken, verfestigte Hierarchiestrukturen und die Machtfülle einzelner standen dem entgegen.

Am 7. Juli 1741 schrieb Johann Wilhelm Gleim aus Lähme an Johann Peter Uz in Halle: »Der Ort meines jetzigen Auffenthalts ist eine halbe Stunde von Blumberg, wo unser Canitz oft – aus dem Gedränge Des Hofes müßig ging. – ich lerne bey meinem jetzigen Landleben, seine Gedichte welche davon handeln, erst recht verstehen, aber, wenn ich die Wahrheit sagen soll, so bin ich nicht recht mit ihm eins. Das Landleben hat viel annehmliches, aber es fehlt ihm das Lebhafte, welches aus dem Umgange, und von den Sitten mehrerer Bürger entstehet, die mit uns einerley Neigungen haben.«[13]

Die Notiz ist aufschlußreich. Sie zeigt, worauf es der jungen Generation ankommt: auf die Lebhaftigkeit der Empfindungen und auf den Umgang mit Mitbürgern, die ›mit uns einerlei Neigungen haben‹. Man sucht Gleichgesinnte, Menschen, die sich weder dem Hof noch dem Geschäftsleben hingeben, die auch nicht die Einsamkeit suchen, sondern ein Gemeinschaftserleben, dessen Lauterkeit und Lebhaftigkeit dazu angetan sein soll, die öffentlichen Verhältnisse einschließlich der Politik zu humanisieren. Das Wort »Geselligkeit« erhält einen in Deutschland bislang unbekannten Klang.

Was die Poesie des Rokoko vergegenwärtigt, ist ein gesellschaftlich-politisches Modell empathischen Miteinanders. Der patriotisch-zeitkritische Anspruch wird deutlich, wenn man sich daran erinnert, daß Ramler die erste repräsentative Anthologie dieser Dichtung unter dem Titel *Lieder der Deutschen* herausbrachte. Er eröffnete die Sammlung mit Hagedorns *Ode an die Freude*, nicht also mit einem politisch-theoretischen Programm, sondern mit dem Versuch der evokativen Vergegenwärtigung eines Seelenzustandes. Damit ist nicht ein epheme-

---

13 *Briefwechsel zwischen Gleim und Uz*. Hg. und erläutert v. Carl Schüddekopf. Tübingen 1899, S. 1.

res Gefühl gemeint, sondern ein universales Prinzip der Natur, das der Liebe, der Freundschaft, dem Patriotismus und der politischen Übereinstimmung zwischen Menschen gleichermaßen zugrunde liegt. Schillers *Ode an die Freude* gab diesem Bewußtsein später beredten Ausdruck.

Zugleich bezeugt jede der *Oden an die Freude*, daß der Fröhlichkeit, dem Scherz und der Freude auch dort, wo die Dichtung nicht davon spricht, der politisch-gesellschaftlichen und der wirtschaftlichen Realität eine Kraft entgegenstellt, die sich durch Stärke der Seele legitimiert. Dabei wird das, wovon die Dichtung sich absetzt, eher schematisch gefaßt: Macht und Reichtum einerseits, Falschheit, Heuchelei und staatliche Enge andererseits. Fröhlichkeit ist demgegenüber der Zustand innerer Unabhängigkeit von allen äußeren Nöten, Beschränkungen und Verkürzungen. Die Leichtigkeit und Lockerheit der Verse ist ein Indiz für diese Form innerer Unabhängigkeit. Der Lebensbereich, in dem man dieses Gefühl inneren Gelöstseins von Materie, Interessen und falschem Glück am deutlichsten und zugleich überzeugendsten erleben kann, ist die Liebe: »Hoch über Wolken hingetragen, / Werd ich ein Spatz an Venus Wagen!«[14]

Diese Verse stehen am Ende eines höchst aufschlußreichen Gedichts. In Gerstenbergs Sammlung anakreontischer Gedichte findet sich ein Gedicht mit dem einfachen Titel *Ode.* Der Anspruch der Gattung, einen erhabenen Gegenstand darzustellen, entspricht durchaus diesem Begriff von ›Tändelei‹. Der erste Vers der Ode lautet: »Ich fühls, es kämpfen in mir die schon verwandelten Glieder!«[15] Was im folgenden beschworen wird, ist die innere Ablösung des Menschen aus den gewohnten Bindungen – »Ich eil in unbeflogne Höhen!« – und aus

---

14 Heinrich Wilhelm von Gerstenberg, *Tändeleyen*. Faksimiledruck nach der 3. Aufl. von 1765. Mit den Lesarten der Erstausgabe von 1759. Nachw. v. Alfred Anger. Stuttgart 1966, S. 55.
15 Ebd., S. 54.

»eures Grablieds Ewigkeit«.[16] Und doch hält sich das Gedicht frei von Pathos, nicht nur mit Hilfe der letzten beiden Verse.

Die Welt: ein Wagen der Venus; was sie treibt: die Liebe als bewegendes Prinzip. Vermittelbar ist dieses Bewußtsein nicht mit Hilfe der Philosophie, der Staatstheorie oder irgendeiner Form akademischer Lehre, sondern mit Hilfe von Dichtung und Kunst, die es verstehen, dieses Bewußtsein und diese Gesinnung suggestiv zu vermitteln. Fröhlichkeit, Freude, Scherz, Vergnügen – das sind Begriffe, über die die Philosophie der Zeit und auch die Dichtung selbst ausführlich sprechen. Das, worauf es der Rokokopoesie aber ankommt, ist nicht eine begriffliche Klärung – auch wenn Begriffliches begleitend mitredet –, sondern die Vermittlung eines Liebes- und Glücksgefühls, das auf ein persönlich-individuelles Bedürfnis antwortet und zugleich dem Prinzip der Natur entspricht.

Man kann sich des Eindrucks nicht erwehren, daß die jungen Autoren der 40er und 50er Jahre vor dem Problem standen, auf ein Ausdrucksverlangen zu antworten, für das die poetischen Mittel noch nicht zur Verfügung standen. Die Angst, überflutende Affekte auszulösen, hemmte ebenso wie die Befürchtung, mit der Zensur in Konflikt zu geraten. Abschwächende Umarbeitungen, wie z. B. Uz sie vornahm, sind in dieser Hinsicht aufschlußreich. Nicht weniger charakteristisch ist eine gewisse politische Naivität der Autoren, die offenbar meinten, mit der Evokation eines erwünschten gesellig-empathischen Seelenzustands auch die realen Verhältnisse ändern zu können.

Es ist wohl kein Zufall, daß die Rokokodichtung mit dem Regierungsantritt Friedrichs II. einsetzte, und zwar nicht wegen der allgemeinen Orientierung Friedrichs II. an Frankreich (dort war Rokoko eine höfische Kunst), sondern wohl eher aufgrund der Tatsache, daß sich mit dem Preußenkönig Reformhoffnungen verbanden. Die aufklärerisch-staatsdiätetischen Bestrebungen vieler Zeitgenossen verstanden sich ja auch als Versuch, auf den Prozeß einer schrittweisen Verbes-

16 Ebd., S. 54f.

serung, einer Gesundung der Verhältnisse Einfluß zu nehmen. Im Bannkreis eines Herrschers, dem man aufklärerische Reformen zutraute, mußte es nicht unzeitgemäß erscheinen, das eigene Feld zu bestellen. So gesehen ist die Wende zu patriotischer Kriegsdichtung, die eine Reihe von Dichtern 1756 vornahm, keineswegs überraschend. Was die berühmt gewordenen Kriegslieder eines preußischen Grenadiers festhalten, liegt strukturell auf der Linie der Rokokodichtung. Indem sie den Seelenzustand des patriotischen Kriegers evozieren, der zu sterben bereit ist, wollen sie auf das faktische Verhalten der Leser und Zuhörer Einfluß nehmen. Ganz selbstverständlich gehen sie dabei von der Gewißheit aus, daß die Werke der Einbildungskraft in den Körper wirken (Nicolai).

Erst allmählich war es offenbar möglich, den Schritt von einem repräsentativen Verständnis sinnlich-seelischer Erfahrung zu einem individuell-persönlichen Sprechen über sinnlich-seelische Erfahrungen zu wagen, das zunächst allerdings noch repräsentativen Charakter besaß. Dieser Übergang ist an Gerstenbergs *Tändeleyen* sehr deutlich abzulesen. In der ersten Auflage (1759) erschienen ausschließlich traditionelle Namen der Schäferwelt, auch wenn offenbar von persönlich gemeinten Empfindungen die Rede war; in der dritten Auflage (1765) sind sie an den jeweiligen Stellen durch den Namen seiner Braut Sophia ersetzt. Dabei blieb der vermeintlicherweise Spielerisches signalisierende Titel *Tändeleyen* erhalten. Ähnliches läßt sich an Wielands Verserzählung *Musarion* ablesen. In seinem Schreiben an Christian Felix Weisse vom 15. März 1769 deutet er selbst die Zusammenhänge: »Alle diese Züge, wodurch Musarion einigen modernen Sophisten und Hierophanten, Leuten, welche den Grazien nie geopfert haben, zu ihrem Vortheile so unähnlich wird – diese Züge – ja mein liebster Freund, sind die Lineamenten meines eigenen Geistes und Herzens.«[17] Die zunehmende Beschäftigung mit dem eigenen

17 Cristoph Martin Wieland, *Musarion oder die Philosophie der Grazien*. Stuttgart 1964, S. 6.

Ich und die zunehmende Vertrautheit nicht nur mit dem Körper, sondern auch mit der Seele des Menschen, zu der das diätetische Schrifttum im ganzen einen erheblichen Beitrag leistete, machte es offenbar von den 60er Jahren an möglich, über die sinnliche Seite des eigenen Ichs ohne die Zuhilfenahme traditioneller Muster zu sprechen. Das ›Modell‹ Rokoko-Lyrik verlor damit, wie andere Formen der Aufklärungsdichtung auch, einen guten Teil seiner kommunikativen und ästhetischen Funktion. Die Frage nach der richtigen Lebensführung des einzelnen und des Staates stellte sich aber in den nachfolgenden Jahrzehnten nicht nur mit zunehmender Dringlichkeit, sondern auch mit der Chance, differenzierter und zugleich individueller beantwortet zu werden.

Anja Höfer

Heiterkeit auf dunklem Grund
Zu Goethes Kunstanschauung

»Das Schöne und Heitere machte sein, das ganze Leben hin-
durch mit unablässigem Streben entwickeltes, eigenstes Element aus; ihn verstimmte alles Häßliche und Düstere« (FA
II/11, 579).[1] So charakterisierte Goethes Hausarzt Carl Vogel
1833, ein Jahr nach Goethes Tod, rückblickend seinen Patienten und lieferte damit eine treffende Diagnose: Für Goethe war
Heiterkeit war Lebensaufgabe und zugleich ästhetisches Programm. Das fortwährende Bemühen um eine Atmosphäre der
Serenität zeichnete Goethes Leben wie seine Dichtung gleichermaßen aus. Es bedeutete für ihn, sich immer wieder gegen
die Anfechtungen des Häßlichen und Düsteren, für die er
durchaus anfällig war, mit Hilfe von Kunstgriffen zu behaupten. Ich möchte im folgenden fragen, inwiefern sich Heiterkeit
als konstituierendes Prinzip von Goethes Kunstanschauung
begreifen lässt. Dabei soll zugleich die Semantik von Goethes
Heiterkeitsbegriff bestimmt werden, die sich sowohl auf schaf-
fenspoetische wie auf werk- und wirkungsästhetische Aspekte
der Dichtung richtet.

Goethes Auseinandersetzung mit diesen drei Aspekten markiert zugleich wichtige Schritte seiner persönlichen wie künstlerischen Entwicklung, die unterschiedliche Akzente seines
Verständnisses von Heiterkeit erkennen lassen. Steht in der frü-

---

1 Goethes Werke werden im Text zitiert. Als »FA« mit Angabe der Abt.
I (Werke) bzw. II (Briefe, Tagebücher und Gespräche) sowie Band- und
Seitenzahl: *Sämtliche Werke. Frankfurter Ausgabe.* 40 Bde. Hg. v. Hendrik Birus u.a. Frankfurt/M. 1985ff.; als »MA« mit Band- und Seitenzahl: *Sämtliche Werke nach Epochen seines Schaffens. Münchner Ausgabe.* 21 Bde. Hg. v. Karl Richter u.a. München 1985ff.

hen Phase seiner Dichtung das künstlerisch schaffende Genie und dessen zwischen Heiterkeit und Melancholie oszillierende Gemütsstimmung im Mittelpunkt ästhetischer Reflexion, so richtet sich sein Blickwinkel insbesondere in der Epoche der intensiven Zusammenarbeit mit Schiller auf den heiteren Charakter des Kunstwerks. Goethes Briefwechsel mit Schiller während seiner Arbeit an den *Lehrjahren* belegt, wie er seit dieser Zeit verstärkt um eine ›heitere‹ Schreibart bemüht ist. Diese Tendenz verdichtet sich im Alter zunehmend zu einem umfassenden und immer energischer eingeforderten Heiterkeitspostulat, das sich vor allem aus der Idiosynkrasie gegen die modernen Strömungen einer verzweifelt-düsteren, gerade nicht heiteren Dichtung speist.

I. Die Heiterkeit des Künstlers

Als eines der Hauptmotive für die Entstehung seines *Werther* nennt Goethe rückblickend im dreizehnten Buch von *Dichtung und Wahrheit* jene »Grille des Selbstmords« (MA 16, 618), der auch er, angesteckt von der schwärmerisch-empfindsamen Atmosphäre der frühen siebziger Jahre, ernsthaft und wiederholt anheimfiel. Vor allem auf die intensive Rezeption der melancholisch-düsteren Dichtung zeitgenössischer englischer Autoren wie Young, Gray und Warton führt Goethe den Lebensüberdruß, das »taedium vitae«, unter den jungen Genies zurück, das er an sich ebenfalls schmerzvoll erfuhr.
Gegen den dunklen Trübsinn, der ihm aus der englischen Literatur bedrohlich entgegentritt, setzt Goethe die eigene künstlerische Tätigkeit. Er schreibt: Ich »beschloß zu leben«. Und er fügt hinzu: »Um dies aber mit Heiterkeit tun zu können, mußte ich eine dichterische Aufgabe zur Ausführung bringen, wo alles, was ich über diesen wichtigen Punkt [sc. den Selbstmord] empfunden, gedacht und gewähnt, zur Sprache kommen sollte« (ebd.). Er verknüpft den tragischen Freitod Jerusalems mit den eigenen schmerzhaften Liebeserfahrungen

seines Wetzlar-Aufenthalts und projiziert sie in die Kunstfigur Werther. Während dieser am Ende seiner ins Pathologische gesteigerten Melancholie erliegt, fühlt sich Goethe nach der Niederschrift »wie nach einer Generalbeichte, wieder froh und frei, und zu einem neuen Leben berechtigt« (ebd., 621).

Er schildert darüber hinaus, wie die poetische Produktion einen inneren Heilungsprozeß einleitet, in dem der Dichter sein eigenes Leiden in ästhetischer Form objektiviert und es so zugleich überwindet. Das Ergebnis dieses Prozesses bezeichnet Goethe nicht zufällig mit dem Wort »Heiterkeit«. Nur im heiteren, gemäßigten Zustand kann der vermittelnde Ausgleich zwischen den Extremformen eines krankhaft gesteigerten Empfindens stattfinden. Goethes Vorstellung von Heiterkeit knüpft damit an die antike Bedeutung der »serenitas« an, jener göttergleichen Haltung ruhiger Gelassenheit, die vor allem in der stoischen Tradition als »tranquillitas animi« zum zentralen Bestandteil eines guten und glücklichen Lebens wird.

Solche Heiterkeit bedeutet zugleich die ›aufgeklärte‹ und distanzierte Sicht auf sich selbst; sie ermöglicht die Loslösung von der hypochondrischen Fixiertheit auf das subjektive Empfinden. Es ist charakteristisch für Goethes Werther-Figur, daß es ihr gerade nicht gelingt, zu dem mittleren, selbstdistanzierten Zustand der Heiterkeit zurückzukehren, den sie zu Beginn noch mit großer Zufriedenheit an sich wahrnimmt. Der zweite Brief Werthers vom 10. Mai beginnt mit dem Satz: »Eine wunderbare Heiterkeit hat meine ganze Seele eingenommen, gleich denen süßen Frühlingsmorgen, die ich mit ganzem Herzen genieße« (MA 1.2, 198). Es erscheint bemerkenswert, daß sich Werther im gleichen Brief unbewußt als Dilettanten par excellence charakterisiert, den besonders das eklatante Mißverhältnis zwischen künstlerischem Wollen und tatsächlichem Können kennzeichnet: »Ich könnte jetzo nicht zeichnen, nicht einen Strich, und bin niemalen ein größerer Maler gewesen als in diesen Augenblicken« (ebd., 199).

Mit dem ästhetischen Ausdrucksvermögen mangelt es Werther genau an jener Fähigkeit zur künstlerischen Objektivation des eigenen peinigenden Zustands, die seinem Schöpfer Goethe schließlich zu neuer, lebensbejahender Heiterkeit verhilft. Werther unterliegt immer stärker den abrupten Schwankungen seines zwischen Euphorie und depressiver Schwermut oszillierenden Empfindens, so daß der »Herausgeber« nach dem Selbstmord in der späteren Fassung von 1787 über ihn schreibt: »Die Harmonie seines Geistes war völlig zerstört« (MA 2.2, 434). Für Goethe hingegen wird die dichterische Produktion zum probaten Mittel, um sich selbst immer wieder die rettende Heiterkeit abzunötigen. An zahlreichen Stellen seiner Autobiographie kehrt dieses Phänomen leitmotivisch in medizinisch-therapeutischer Metaphorik wieder: vom »poetischen Talent mit seinen Heilkräften« (MA 16, 308) und dem »alten Hausmittel«, das ihm »geistreich herzliche Linderung« (ebd., 621 und 813) bereitet, ist hier u. a. die Rede; »erleichtert und aufgeklärt« nennt Goethe seinen Zustand nach der Niederschrift des *Werther* (ebd., 621).

Kommt in solchen Äußerungen zum Ausdruck, daß Goethe in dieser frühen Periode sein Kunstschaffen vor allem als Mittel zur Aufklärung und Überwindung einer melancholisch-trüben Grundstimmung betrachtet, so läßt sich umgekehrt feststellen, daß gerade diese Stimmung zur Triebfeder seiner poetischen Tätigkeit wird. Hierin deutet sich die eigentümliche Dialektik von Melancholie und Heiterkeit an, die Goethe später in seinen zwei berühmten Vierzeilern pointiert formuliert hat. Der erste lautet: »Meine Dichterglut war sehr gering, / So lang ich dem Guten entgegen ging; / Dagegen brannte sie lichterloh, / Wenn ich vor drohendem Übel floh.« Der zweite: »Zart Gedicht, wie Regenbogen, / Wird nur auf dunklen Grund gezogen; / Darum behagt dem Dichtergenie / Das Element der Melancholie« (MA 9, 133f.).

Während der erste Vierzeiler in leicht ironischer Pose das alte Motiv des aus Leid entspringenden Liedes aufgreift, steht der zweite ganz in der Tradition der humanistischen Genielehre, die die Melancholie zur schöpferischen Gemütsstimmung des

Künstlers adelt.[2] In Anlehnung an die empfindsame Melancholie-Lyrik des 18. Jahrhunderts wird die Melancholie hier zur Muse des Dichters. Als edle – und also »behagende« – Form der Schwermut verleiht sie dem Künstler die Fähigkeit zur ästhetischen Überwindung seines trüben Zustands und verhilft ihm zugleich zu einer höheren, auf klarer Einsicht in die eigene Situation beruhenden Heiterkeit. Das »Gedicht«, das Goethe bildhaft mit dem »Regenbogen« vergleicht, scheint als harmonisch-heiteres Produkt der melancholischen Stimmung vor dem dunklen Hintergrund der Trauer um so farbiger und trostreicher auf.

Wiederholt gestaltet Goethe die Wechselbeziehung von Heiterkeit und Melancholie im Symbol des Regenbogens auf dunklem Grund und knüpft damit an den in seiner *Farbenlehre* entwickelten Gedanken der »Totalität« an. Das Phänomen des Regenbogens erklärt sich Goethe nicht als Brechung, sondern als Spiegelung des Sonnenlichts in den Tropfen des trüben Wasserdunstes, als Zusammenspiel der polaren Gegensätze von Licht und Dunkel. Die erheiternde Wirkung der bunten Farberscheinung führt er auf die besondere Intensität zurück, die die Farbe vor dem Hintergrund der dunklen Regenwolken für das Auge erhält. Diese sinnliche Totalität von ›erhöhter‹ Farbigkeit und dunkler Trübe überträgt Goethe in die Sphäre des ›Sittlichen‹: »Der weise Mann wird im Trauerhause Heiterkeit und im Haus der Freude Ernst einzuführen suchen und auch so eine sittliche Totalität und Lebensgenuß bewirken« (FA I/23.1, 1178).

Melancholie und Heiterkeit sind bei Goethe also nicht als kon-

2 Vgl. dazu die umfassende Studie von Raymond Klibansky/Erwin Panofsky/Fritz Saxl, *Saturn und Melancholie. Studien zur Geschichte der Naturphilosophie und Medizin, der Religion und der Kunst.* 2. Aufl. Frankfurt/M. 1990, hier S. 318 ff. – Vgl. zu Goethes Kenntniss der Melancholietradition: Hans-Jürgen Schings, *Melancholie und Aufklärung. Melancholiker und ihre Kritiker in Erfahrungsseelenkunde und Literatur des 18. Jahrhunderts.* Stuttgart 1977, S. 226 ff., und Bernhard Buschendorf, *Goethes mythische Denkform. Zur Ikonographie der »Wahlverwandtschaften«.* Frankfurt 1986, S. 127 ff.

träre Gemütszustände zu verstehen, vielmehr werden sie einander komplementär zugeordnet, rücken mithin in ein wechselseitiges Bedingungsverhältnis. Eines der bekanntesten Beispiele für die Verbindung beider Gemütsstimmungen ist John Miltons Gedichtpaar *L'Allegro* und *Il Penseroso* (*Der Heitere* und *Der Nachdenkliche*), das 1645 erschien. Während *L'Allegro* die Schwermut verdammt und die Vorzüge weltlich-heiterer Lebensgenüsse preist, widmet *Il Penseroso* sich in feierlichem Bekenntnis zur edlen Melancholie einem Leben der einsamen Kontemplation.[3]

Goethes frühe Begeisterung für die englischen »Freunde der Melancholie« (MA 16, 615) weicht mit zunehmendem Alter einer deutlich kritischen Haltung gegenüber dieser einseitigen Apotheose der edlen Melancholie, da diese die echte Heiterkeit zu überschatten drohe. Daß auch die erhabene Dichtermelancholie die Gefahr pathologischer Überspannung in sich birgt, führt Goethe exemplarisch am Fall des *Tasso* vor, den er 1827 gegenüber Eckermann als »gesteigerten Werther« bezeichnet (MA 19, 564). Wenn, wie Dieter Borchmeyer schreibt, im *Tasso* »ein Stück bürgerlich aufgeklärter, ja ›klassischer‹ Melancholie-Kritik« zum Ausdruck kommt,[4] so ist dennoch zu beachten, daß sich diese Kritik nur gegen die extremen Auswüchse eines hypochondrischen Schwärmertums richtet. Die aufklärende Heiterkeit muß als ausgleichendes Komplement hinzutreten, damit das Gemüt sich nicht in den Extremformen einer ins Euphorische wie ins Depressive gesteigerten Leidenschaftlichkeit verliert. Umgekehrt kann auch die Heiterkeit nicht alles sein, denn einen »Regenbogen[,] der eine Viertelstunde« stehe, sehe »man nicht mehr an« (MA 17, 746).

In diesem Sinne ist auch Schillers Heiterkeitspostulat in seiner

---

3 John Milton, *The Poetical Works*. 2. Aufl. Hg. von W. H. D. Rouse. London 1910, S. 399 ff.

4 Dieter Borchmeyer, *Tasso oder das Unglück Dichter zu sein*. In: *Allerhand Goethe*. Hg. v. Dieter Kimpel u. Jörg Pompetzki. Frankfurt/M. u. a. 1985, S. 67–88, hier S. 77.

berühmten Rezension *Über Bürgers Gedichte* nicht als Absage an die Dichtermelancholie zu verstehen, sondern als Forderung nach einem vermittelnden Ausgleich der Gemütskräfte: »Nur die heitre, die ruhige Seele gebiert das Vollkommene: Kampf mit äußern Lagen und Hypochondrie, welche überhaupt jede Geisteskraft lähmen, dürfen am allerwenigsten das Gemüt des Dichters belasten [...]. Wenn es auch noch so sehr in seinem Busen stürmt, so müsse Sonnenklarheit seine Stirne umfließen.«[5] Damit sind die wesentlichen Attribute »klassischer« Heiterkeit noch einmal benannt. Wie der »Regenbogen auf dunklem Grund« scheint sie in Ruhe und Klarheit vor dem melancholischen Hintergrund hoffnungsvoll und trostreich auf. »Heiterkeit und Bewußtseyn« nennt Goethe schließlich in seinen *Noten zum Divan* »die schönen Gaben, für die er [sc. der Dichter] dem Schöpfer dankt: Bewußtseyn, daß er vor dem Furchtbaren nicht erschrecke, Heiterkeit – daß er alles erfreulich darzustellen wisse« (FA I/3.1, 196).

II. Die Heiterkeit des Kunstwerks

Als Schlüsselbegriff der klassischen Ästhetik wird die Heiterkeit auch zum konstituierenden Element des Kunstwerks. Im dreizehnten Buch von *Dichtung und Wahrheit* setzt Goethe der ihm so düster erscheinenden englischen Literatur seine Poetik der Heiterkeit entgegen: »Die wahre Poesie kündigt sich dadurch an, daß sie, als ein weltliches Evangelium, durch innere Heiterkeit, durch äußeres Behagen, uns von den irdischen Lasten zu befreien weiß, die auf uns drücken. Wie ein Luftballon hebt sie uns mit dem Ballast, der uns anhängt, in höhere Regionen, und läßt die verwirrten Irrgänge der Erde in Vogelperspektive vor uns entwickelt daliegen. Die muntersten wie die ernstesten Werke

5 Friedrich Schiller, *Schillers Werke*. Nationalausgabe [NA]. Hg. v. Norbert Oellers u. Siegfried Seidel. Weimar 1943 ff., Bd. 22, S. 258. – Im folgenden zit. als »NA« mit Band- und Seitenangabe.

haben den gleichen Zweck, durch eine glückliche geistreiche Darstellung so Lust als Schmerz zu mäßigen« (MA 16, 614).

Als säkularisierte »frohe Botschaft« erhält die Dichtung hier ihre klassische Bestimmung. Ihre Aufgabe ist die Befreiung vom Ernst des Lebens, dem sie in heiterer Opposition entgegentritt. Die Kunst wird zu einem Refugium von Sinn- und Glückserfahrung, das sich frei über die Zwänge der Wirklichkeit erhebt, ohne jedoch diese Wirklichkeit aus dem Blick zu verlieren. Es ist die überschauende, klare Perspektive auf die Welt, die der Kunst für Goethe ihre spezifische Heiterkeit verleiht. Im erhöhten Blick, den sie gewährt, fügen sich die »verwirrten Irrgänge der Erde« zu einem sinnstiftenden Bild harmonisch zusammen. Die Synonyme klassischer Heiterkeit, die in Goethes Äußerungen zur Kunst immer wiederkehren, sind Klarheit, Freiheit, Leichtigkeit, Harmonie, Erhöhung. Über das vollkommene Kunstwerk schreibt er: »Die Klarheit der Ansicht, die Heiterkeit der Aufnahme, die Leichtigkeit der Mitteilung, das ist es was uns entzückt« (MA 11.2, 501).

Goethe ist jedoch anders als Schiller der Auffassung, daß der Kunst ihre Heiterkeit nicht allein schon durch ihren Kunstcharakter – als Schönheit der »reinen Form« – zukomme. Von heiterer Kunst spricht er erst dann, wenn es dem Künstler gelingt, auch dem Stoff, den er der Wirklichkeit entnimmt, und dem Gehalt, den er in das Werk hineinlegt, Heiterkeit abzugewinnen. Bezeichnend ist in diesem Zusammenhang eine Änderung, die Goethe in seiner Regiefassung am Schlußvers von Schillers *Wallenstein*-Prolog vornimmt. Aus Schillers »Ernst ist das Leben, heiter ist die Kunst« wird hier: »Ernst ist das Leben, heiter sei die Kunst!« (MA 6.2, 669).[6] In dieser geringfügigen

6 Vgl. hierzu auch Anita u. Jochen Golz, »*Ernst ist das Leben, heiter sey die Kunst!*« *Goethe als Redakteur des ›Wallenstein‹-Prologs*. In: *Im Vorfeld der Literatur. Vom Wert archivalischer Überlieferung für das Verständnis von Literatur und ihrer Geschichte*. Hg. von Karl-Heinz Hahn. Weimar 1991, S. 17–29, und Norbert Oellers, *Die Heiterkeit der Kunst. Goethe variiert Schiller*. In: *Edition als Wissenschaft. Festschrift*

wie bedeutsamen Modifikation drückt sich eine grundsätzliche Differenz der ästhetischen Konzeptionen beider Dichter aus, die zugleich auch ihr unterschiedliches Verhältnis zur Wirklichkeit erhellt.

Das Heitere der Kunst ergibt sich für Schiller in Anlehnung an Kant aus ihrer Verbindung von Sinnlichkeit und Vernunft. Nur im heiteren ästhetischen Spiel gelingt für ihn die Synthese aus Erfahrung und Idee, die im Kunstwerk als Schönheit sinnlich in Erscheinung tritt. Dabei kommt der Form die zentrale Funktion zu. Im 22. der Briefe *Über die ästhetische Erziehung des Menschen* heißt es: »In einem wahrhaft schönen Kunstwerk soll der Inhalt nichts, die Form aber alles thun [...]. Der Inhalt, wie erhaben und weitumfassend er auch sey, wirkt also jederzeit einschränkend auf den Geist, und nur von der Form ist wahre ästhetische Freyheit zu erwarten. Darinn also besteht das eigentliche Kunstgeheimniß des Meisters, daß er den Stoff durch die Form vertilgt.«[7]

Schiller bindet damit die Heiterkeit der Kunst ausschließlich an ihre Form. Auch eine Tragödie wie der *Wallenstein* besitzt für ihn insofern heiteren Charakter, als ihr der Naturwirklichkeit entnommenes, »düsteres« stoffliches Substrat durch die ästhetische Gestaltung »in das heitre Reich der Kunst« hinübergespielt werde, wie es im Prolog des *Wallenstein* heißt. Das Kunstwerk erhebt die bedingte Wirklichkeit in die Freiheit des ästhetischen Spiels; seine Heiterkeit ist für Schiller die durch die Form geleistete »Befreiung von den Schranken des Wirklichen«[8].

Wenn Goethe Schillers apodiktischer Aussage »Heiter ist die Kunst« durch seine Änderung postulierenden Charakter verleiht, so äußert sich darin zunächst sein Vorbehalt, angesichts des *Wallenstein*-Stoffes von Heiterkeit zu sprechen. Goethe

für Hans Zeller. Hg. v. Gunter Martens u. Winfried Woesler. Tübingen 1991, S. 92–103.
7 Schiller, NA 20, S. 382.
8 Schiller, NA 10, S. 8.

wendet sich gegen eine strikte Trennung von Stoff und Form, wie Schiller sie vornimmt. Allein durch den Umstand, daß ein tragischer Gegenstand ästhetische Form annimmt, entsteht für ihn noch keine heitere Kunst. Von dieser spricht er erst, wenn sich Heiterkeit auch in Stoff und Gehalt, als »innere Heiterkeit« niederschlägt.

Zugleich löst Goethe mit seiner Änderung Schillers strengen Dualismus von heiterem Kunstreich und ernster Wirklichkeit auf. Die empirische Welt erscheint ihm nicht so düster, als daß ihr nicht auch Heiteres abzugewinnen wäre. Umgekehrt kann die Kunst für Goethe durchaus ernst sein. Heiteres Spiel und Ernst sind für ihn keine Phänomene getrennter Sphären. Vielmehr bilden sie eine komplementäre Einheit, die in der Erfahrungswelt wie in der Kunst gleichermaßen anzutreffen ist. Über den ästhetischen Gegenstand sagt er in *Der Sammler und die Seinigen:* »Nur aus innig verbundenem Ernst und Spiel kann wahre Kunst entspringen« (MA 6.2, 129).

Es bleibt zu fragen, wie Goethe selbst sein ästhetisches Postulat umsetzt, wie sich Heiterkeit sowohl inhaltlich als auch stilistisch in seinem eigenen poetischen Werk greifen läßt. Über den Gehalt der *Lehrjahre* bemerkt er zu Eckermann am 18. Januar 1825: »Im Grunde scheint doch das Ganze nichts anderes sagen zu wollen, als daß der Mensch, trotz aller Dummheiten und Verwirrungen, von einer höheren Hand geleitet, doch zum glücklichen Ziele gelange« (MA 19, 129). Diese Signatur des heiteren Weltvertrauens kennzeichnet den Weg seines Helden Wilhelm Meister. Wenn dieser in einem fortwährenden Wechsel von Irrtum und Einsicht schließlich vom Standpunkt seines unbedingten individuellen Strebens zur selbstbewußten Beschränkung im Kreis einer tätigen Gemeinschaft, mithin zu einem glücklichen Arrangement mit der Welt gelangt, so sind auch tragische Momente dabei nicht ausgespart. Es gehört jedoch zu der heiteren Grundstruktur dieses Romans, daß solche Tragik immer wieder aufgelöst und mit poetischen Mitteln »gedämpft« wird (MA 8.1, 570).

Wie sehr Goethe bestrebt ist, den starken pathetischen Impuls tragischer Elemente zugunsten der heiteren Gesamtwirkung seiner Darstellung abzudämpfen, zeigt sich exemplarisch an seiner Behandlung der Todesszene Mignons. Er gestaltet diese zunächst mit solcher Nüchternheit, daß Schiller in seiner ausführlichen Besprechung der Szene an die Rücksicht auf die Empfindungen des Lesers gemahnt, wie es in einem Brief an Goethe vom 8. Juli 1796 heißt: »Sollten Sie in diesem Falle auch vor der Natur ganz Recht behalten, so zweifle ich, ob sie auch gegen die ›sentimentalischen‹ Forderungen der Leser es behalten werden« (MA 8.1, 189 f.). Goethe hat diese Forderungen in der Endfassung des Romans partiell eingelöst, wie sein Brief an Schiller vom 9. Juli 1796 zeigt (ebd., 210).

Welch bedeutende Rolle die Heiterkeit der Kunst im inhaltlichen Kontext der *Lehrjahre* spielt, zeigt sich besonders an Wilhelms Erlebnis im »Saal der Vergangenheit«. Es ist bezeichnenderweise Natalie, die heitere Lichtgestalt und Gegenfigur zum melancholischen Charakter Mignons, die Wilhelm in die zum herrlichen Kunsttempel gestaltete Totengruft führt: »Die Türe selbst war, auf Ägyptische Weise, oben ein wenig enger als unten, und ihre ehernen Flügel bereiteten zu einem ernsthaften, ja zu einem schauerlichen Anblick vor; wie angenehm ward man daher überrascht, als diese Erwartung sich in die reinste Heiterkeit auflöste, indem man in einen Saal trat, in welchem Kunst und Leben jede Erinnerung an Tod und Grab aufhoben« (MA 5, 541). Die Attribute der Serenität sind zahlreich; man erblickt »zwischen heitern und mannigfaltigen Einfassungen, Kränzen und Zieraten heitere und bedeutende Gestalten« (ebd.). Die Wirkung dieser Kunstwelt ist erhöhend, erkenntnisstiftend: »So schien jeder, der hineintrat über sich selbst erhoben zu sein, indem er durch die zusammentreffende Kunst erst erfuhr, was der Mensch sei und was er sein könne« (ebd.). Die Kunst wird zur Wahrheits- und Lebensspenderin: Ihre Heiterkeit erhebt sich sogar über den Tod. Eine Inschrift im Saal verkündet in ironischer Umkehrung des »memento mori«: »Gedenke zu leben« (ebd. 542).

Goethes Bekenntnis zur heiteren Poesie steht im Kontext seines Rückblicks auf jene düstere Epoche, die den Entstehungshintergrund seines *Werther* bildet. Daß gerade dieser Roman, der ihn selbst so heilsam vom Lebensüberdruß befreite, für seine Zeitgenossen zum »Zündkraut« einer »Explosion« wurde (MA 16, 623), hat Goethe nachhaltig irritiert: »Wie ich mich nun aber dadurch erleichtert und aufgeklärt fühlte, die Wirklichkeit in Poesie verwandelt zu haben, so verwirrten sich meine Freunde daran, indem sie glaubten, man müsse die Poesie in Wirklichkeit verwandeln, einen solchen Roman nachspielen und sich allenfalls selbst erschießen; und was hier am Anfang unter wenigen vorging, ereignete sich nachher im großen Publikum, und dieses Büchlein, was mir so viel genützt hatte, ward als höchst schädlich verrufen« (ebd., 621 f.).

Goethe selbst sah sich den pathologischen Anfechtungen einer düsteren Dichtung wiederholt ausgesetzt und konnte sich nur mit einiger Anstrengung von ihnen befreien. Im Alter gilt sein Widerwille vor allem den romantischen Tendenzen einer diffusen, vernunftabweisenden Gefühlsseligkeit, einer Dichtung, die sich effekthascherisch in der Anhäufung empirischer Widrigkeiten ergeht: »Die Poeten schreiben alle«, so heißt es in einem Brief an Zelter vom 18. Juni 1831, »als wären sie krank und die ganze Welt ein Lazarett. Alle sprechen sie von dem Leiden und dem Jammer der Erde und von den Freuden des Jenseits, und unzufrieden, wie schon alle sind, hetzt einer den anderen in noch größere Unzufriedenheit hinein. Das ist ein wahrer Mißbrauch der Poesie, die uns doch eigentlich dazu gegeben ist, um die kleinen Zwiste des Lebens auszugleichen und den Menschen mit der Welt und seinem Zustand zufrieden zu machen« (FA II/11, 414 f.).

Damit wird deutlich, welche Bestimmung der Kunst aus Goethes Sicht zukommt: Sie soll sinnstiftend wirken, jedoch unter den Vorzeichen einer entschieden diesseitigen Heilsgewißheit. Ihr Programm ist Erheiterung – verstanden als Versöhnung mit dem Leben. Es ist die Heiterkeit des Maßes, der vernünftigen Beschränkung, die zu vermitteln Goethe der Dichtung abfordert. »Entsagung« lautet seine Altersformel für jene selbstbewußte Begrenzung, die zugleich die Möglichkeit einer höheren Heiterkeit in sich birgt. In seinem letzten Roman *Wilhelm Meisters Wanderjahre oder Die Entsagenden* gestaltet er das Motiv der Entsagung in ihren unterschiedlichsten Formen und Abstufungen.[9] Der Roman entwirft das komplexe soziale Geflecht einer Gemeinschaft, deren Entsagungshaltung nicht auf Resignation beruht, sondern einer vernünftigen Anerkennung der eigenen Grenzen entspringt. Gerade innerhalb dieser Grenzen gelangt der »heiter Entsagende«, wie ihn Goethe in seiner *Wohlgemeinten Erwiderung* (mit der Überschrift *Für junge Dichter*) nennt, zur größtmöglichen Entfaltung seiner Anlagen und damit zu einem sinnvollen, tätigen Leben.

Solche Entsagung verlangt keineswegs nach weltabgewandter Askese, sondern fordert die entschiedene Hinwendung zum Leben, das sich erst in der bewußten Beschränkung, im Verzicht auf ein unbedingtes, subjektives Wollen glücklich erfüllt, wie ein Brief an Rochlitz über die *Wanderjahre* zeigt: »Die Menschen würden verständiger und glücklicher sein wenn sie zwischen dem unendlichen Ziel und dem bedingten Zweck den Unterschied zu finden wüßten und sich nach und nach ablauerten, wie weit ihre Mittel denn eigentlich reichen« (FA II/11, 200f.). Für Goethe kann und soll die Kunst das Instrumentarium bereitstellen, mit dem es dem Menschen gelingt, sich unter Besinnung auf die eigenen Möglichkeiten wie Begrenztheiten in der Welt einzurichten. Was Wilhelm Meister in der Eingangspassage des siebten Buchs der *Lehrjahre* bei Betrachtung eines Regenbogens ausspricht, gilt ebenso für das Kunstwerk: »Uns rührt die Erzählung jeder guten Tat, uns rührt das Anschauen jedes harmonischen Gegenstandes; wir fühlen dabei, daß wir nicht ganz in der Fremde sind, wir wähnen einer

9 Vgl. dazu Arthur Henkel, *Entsagung. Eine Studie zu Goethes Altersroman.* Tübingen 1954.

Heimat näher zu sein, nach der unser Bestes, Innerstes unge-
duldig hinstrebt« (MA 5, 423).

Goethe geht es keineswegs um die Verdrängung des empirisch
Häßlichen zugunsten einer billig erkauften Fröhlichkeit. Es gehört gerade zu seiner Form der Heiterkeit und ihrer ästhetischen Spielart, der Ironie, daß sie das Disparate und Wider-
ständige in sich aufnimmt und sich dennoch nicht darin
verliert. Heiterkeit ist im Sinne Goethes keine angeborene,
glückliche Eigenschaft des Charakters, sondern muß immer
wieder, nicht zuletzt im Rückgriff auf die Dichtung, neu errungen werden. Goethe ist sich dabei der Anstrengung bewußt, die dies erfordert. Sein Dornburger Brief an Zelter zum
Tode Carl Augusts vom 10. Juli 1828 dokumentiert, wie sehr er
den Anfechtungen des Düsteren bis ins hohe Alter ausgesetzt
ist und wie er, indem er sich in die Farbenpracht der Dornburger Landschaft rettet, dem Leben neue Heiterkeit abgewinnt,
die nur die Kehrseite einer melancholischen Grundtrauer bildet.[10] In diesem Brief heißt es u. a.: »Die Aussicht ist herrlich
und fröhlich, die Blumen blühen in den wohlunterhaltenen
Gärten, die Traubengeländer sind reichlich behangen, und unter meinem Fenster seh ich einen wohlgediehenen Weinberg,
den der Verblichene auf dem ödesten Abhang noch vor drei
Jahren anlegen ließ und an dessen Ergrünung er sich die letzten Pfingsttage noch zu erfreuen Lust hatte. Von den andern
Seiten sind die Rosenlauben bis zum Feenhaften geschmückt
und die Malven und was nicht alles blühend und bunt, und mir
erscheint das alles in erhöhteren Farben wie der Regenbogen
auf schwarzgrauem Grunde« (FA II/11, 12).

10 Vgl. dazu Albrecht Schöne, »*Regenbogen auf schwarzgrauem
Grunde« – Goethes Dornburger Brief an Zelter zum Tod seines Großher-
zogs.* Göttingen 1979.

Karl Heinz Bohrer

Kleists »heiterer« Todesdiskurs

Kleist hat sich am 21. November 1811 gegen vier Uhr mittags am
Wannsee bei Berlin erschossen. Er erschoß zunächst die ihm
nicht erotisch, sondern sentimental-empfindsam befreundete
Henriette Vogel, die todkranke Frau des Berliner Landrent-
meisters Vogel, sodann sich selbst. Hätten wir nicht die Briefe,
so würde der ungewöhnlich kaltblütige Hergang dieses Dop-
pelsterbens allein schon auf einen sorgsam durchdachten Plan
hinweisen: Nach Darstellung des Polizeiberichts fand man die
beiden Leichen in einer auffällig arrangierten Stellung. Während Kleist vor Henriette Vogel in einer knienden Haltung lag,
war ihm sein Haupt an ihre Schulter gesunken. Er hatte sie zunächst mit einer Pistole sofort tödlich ins Herz geschossen, darauf sich selbst in den Mund, ohne daß dabei Verwüstungen des
Kopfes entstanden sind. Der ehemalige Offizier hat – offensichtlich ohne die geringste Irritation oder Nervosität – mit
pistolengeübter Hand die Tat gegen die Vogel und sich selbst
vollzogen.

Die fast geschäftsmäßige Sachlichkeit, mit der er in dem aller-
letzten Schreiben, das wir von seiner Hand besitzen, dem Berliner Freund Ernst Friedrich Peguilhen Details an die Hand
gibt, »damit Sie uns bestatten können«, hat denn auch Einge-
weihte schockiert: »Ich habe die fürchterlichen Briefe gelesen!
Fürchterlich durch die Eiseskälte, die daraus dem zitternden,
betränten Blick des Lesers schneidend entgegen fährt!« So Ca-
roline Fouqué am 12. Dezember 1811 an Julian Eduard Hitzig,
den Verleger der ersten Phase der *Berliner Abendblätter,* um deren Erhalt Kleist bis in das Frühjahr 1811 unter überaus demütigenden Umständen mit den preußischen Behörden vergeblich
gekämpft hatte, so daß wir natürlich zwischen Selbstmord und
dieser letzten ökonomisch und gesellschaftlich für ihn verhee-

renden Phase einen objektiv verursachenden Zusammenhang zu konstatieren haben. Sein Selbstmord ist denn auch von der Kaste, aus der er stammte, zumal eigenen Familienangehörigen – allerdings nicht den beiden ihm am nächsten stehenden Frauen Maria und Ulrike von Kleist –, als peinliche, unsoldatisch-unadlige Verzweiflungstat gewertet worden, die das Ansehen des Namens von Kleist beflecke. Adam Müller sprach davon, daß beide Verstorbene das Andenken »an uns in das frevelhafte Spiel ihrer letzten Gedanken verwickelt« hätten. Von daher auch – wie im Falle der Günderrode – die Wahrscheinlichkeit, daß es Briefe gegeben hat, die von ihren Adressaten vernichtet worden sind!

Wir lassen uns im Kontext unserer bisherigen bewußtseinsanalytischen Kategorien nicht auf psychologisierende Mutmaßungen ein, vor allem auf keine aktualisierende Motivforschung, sondern stellen vorab fest: Kleists Selbstmord, von diesem am 10. November 1811 im Brief an Marie von Kleist erstmalig buchstäblich angekündigt, dann am 19. November, am 20. November und am 21. November 1811 in Briefen an Marie und Ulrike von Kleist sowie an Sophie Müller, die Frau Adam Müllers, begründet und interpretiert, ist schon acht Jahre vor seinem Vollzug in dem Brief vom 26. Oktober 1803 an die Halbschwester Ulrike unter gewiß noch ganz anderen Umständen angekündigt worden. Das Motiv der Todessehnsucht taucht noch früher auf und kehrt, abgesehen von den Jahren seiner außengeleiteten Aktivität zwischen 1806 und 1810, immer wieder; insofern kann von einer plötzlichen Verzweiflungstat ohnehin keine Rede sein, sondern nur von etwas, das Kleist ein Jahrzehnt lang als ein Leitmotiv bearbeitete und reflektierte, also als ein Projekt vorweggenommen hat. Die Frage, die sich uns hier stellt, ist nicht eine nach dem psychischen Zustand Kleists, sondern nach dem Zustand seiner intellektuell-reflexiven Selbstvermittlung hinsichtlich des Todesmotivs.

[…]

Kleist hat diese Bilderreihen und Vorstellungsketten des Todes verbunden mit dem zentralen Begriff seines teleologischen

Systems: dem »Glück«, »worin der Himmel bestehen muß«. Im kurzen Brief an Sophie Müller (20. November 1811) tritt ein weiteres Motiv der klassizistischen Todesemphatik hinzu: das der »Flügel an den Schultern«. Es ist eingeleitet durch das Bild der »Seelen« als »zwei fröhliche Luftschiffer«, die sich »über die Welt erheben«, und wird dann wie folgt fortgeführt: »Wir, unsererseits, wollen nichts von den Freuden dieser Welt wissen und träumen lauter himmlische Fluren und Sonnen, in deren Schimmer wir, mit langen Flügeln an den Schultern, umherwandeln werden. Adieu!«[1]

In der Todessymbolik der römischen Sarkophage stellt der Schmetterling die Psyche dar – ein Symbol der befreiten Seele. Die theoretische Verarbeitung aller spiritualistischen Aktualisierungen des römisch-griechischen Todeskults hatte Lessings Aufsatz *Wie die Alten den Tod gebildet* geliefert. Die Wirkung dieses Aufsatzes auf die Zeitgenossen und auch die nachfolgende Generation ist noch an der widersprüchlichen Debatte, die Schillers Elegie *Die Götter Griechenlands* und Novalis' fünfte *Hymne an die Nacht* mit ihm führen, ablesbar. Insofern schließt sich Kleist in der Flügelmetapher – im Unterschied zu Novalis' Kritik – affirmativ an den klassizistischen »heiteren« Todesdiskurs an. Allerdings ist eine weitere Vermittlungsinstanz zu erwägen: Jean Pauls Konzept vom »hohen Menschen«, wie es in der Todesseligkeit des Romans *Die unsichtbare Loge* (1793) dargestellt ist; der hohe Mensch hat besondere esoterische Vorzüge: »die Erhebung über die Erde, das Gefühl der Geringfügigkeit alles irdischen Tuns, [...] den Wunsch des Todes und den Blick über die Wolken«[2]. Der »hohe Mensch« ist ein potentieller Engel. Der Held des Romans stellt sich vor, »seine Seele flöge auf der breiten, durch alle Sonnen gehenden Lichtstraße der vorausgeeilten nach«[3]. In Anbetracht des Fak-

1 Heinrich von Kleist, *Sämtliche Werke und Briefe*. Hg. v. Helmut Sembdner. München 1977, Bd. 2, S. 886.
2 Jean Paul, *Werke*. Hg. v. Norbert Miller. München 1975, Bd. 1, S. 221.
3 Ebd., S. 283.

tums, daß Jean Pauls Roman die romantische Generation beeindruckte – die Novalis-Forschung hat das am Detail dargestellt –, ist es nicht gewagt zu sagen, daß in den Briefen Kleists vom 19. und 20. November 1811 die Sprache der Erhabenheit grundsätzlich durch zwei Konzepte vermittelt wurde: das heroische Konzept der Revolutionsepoche und das schon literarisierte Empfindsamkeitsmotiv des »hohen Menschen«. Es bleibt die Metapher des »Abgrunds«, in die sich der Briefautor Kleist zu »stürzen« sehnt. Auch hier gibt es die heroisch-erhabene Vorlage, die Kleist allerdings nicht kannte: Hölderlins *Empedokles*. Seine Todessehnsucht konkretisiert sich im Sturz in den Ätna, der metaphorisch auch als »Abgrund« vorgestellt ist. Die Abgrundmetapher wurde in der Frühromantik emphatisiert, vornehmlich durch Novalis sowohl in den *Hymnen an die Nacht* als auch schon in einem berühmt gewordenen Brief an Friedrich Schlegel vom 20. August 1793, wo er von der »schwindelnden Tiefe« spricht, in die dieser hinabsehe, und ihn als »aus der Familie des Untergangs« stammend charakterisiert.[4]

Der euphorische Gestus des Glücks und der »Heiterkeit« beherrscht auch den vielzitierten Brief an die Schwester Ulrike, datiert am Morgen seines Todes, aus dem immer nur der Satz zitiert ist: »Die Wahrheit ist, daß mir auf Erden nicht zu helfen war.« Damit aber ist Kleists Todessprache auf ein pessimistisches Existential verkürzt, das zu sehr moderne Assoziationen (Leben zum Tode, Absurditätsmotiv) erwecken könnte. Entscheidend ist die Fortsetzung: »Und nun lebe wohl; Möge Dir der Himmel einen Tod schenken, nur halb an Freude und unaussprechlicher Heiterkeit, dem meinigen gleich.«

Mit dem Begriff »Heiterkeit« ist eine komplexe und tiefe Bedeutungsdimension genannt. Der Begriff der »Heiterkeit«, der auch im »Triumphgesang«-Brief auftaucht, ist nicht als Beschreibung eines psychischen Zustands, sondern als eine lite-

---

4 Novalis, *Werke, Tagebücher und Briefe Friedrich von Hardenbergs.* Hg. v. Hans-Joachim Mähl und Richard Samuel. München 1978, Bd. 1, S. 541 f.

rarisch vermittelte Kondition des »hohen Menschen« zu lesen. »Heiterkeit« überhaupt und angesichts des Todes besonders ist eine Haltung, die die Popularphilosophie des 18. Jahrhunderts der stoischen Tradition verdankt: Novalis' erste Tagebucheintragung (18. April 1797) nach dem Tode der Verlobten Sophie enthält, im Zusammenhang der »Mancherley Gedanken über Sie« und dem Hinweis auf einen »Zielgedanken«, der »ziemlich fest« steht, auch den Begriff »heiter«. Er ist an dieser Stelle einem teleologischen Projektmotiv angeschlossen, das in den folgenden Eintragungen, vor allem den Datierungen vom 13., 17./18. und 19. Mai, entfaltet wird und schon bei Novalis einen Enthusiasmus der Todesrede enthält, der die Bedingungen der Kleistschen Emphatik erkennen läßt: den zur reinen Teleologie verwandelten Unsterblichkeitsdiskurs. Der Begriff »heiter«, aber auch »selig«, »freudig« taucht in den der Tagebuchnotiz vom 18. April 1797 folgenden Eintragungen immer im Kontext von Sophies Tod auf.[5] Während seiner beginnenden Krankheit schreibt Novalis an Friedrich Schlegel am 5. April 1800: »Mit mir nimmt's hoffentlich bald ein fröhliches Ende. Zu Johannis denke ich im Paradiese zu sein.« Es ist indessen auch daran zu erinnern, daß »Heiterkeit« der moralisch-ästhetische Status war, den die klassisch-idealistische Ästhetik der neunziger Jahre, namentlich Schillers und, diesem konventionell noch folgend, Hölderlins *(Hymne an die Heiterkeit)*, dem griechischen Ideal zuerkannte: *Die Götter Griechenlands* repräsentieren die »heitere Sphäre«, die der Moderne verlorengegangen ist und nur qua geschichtsphilosophischer Reflexion (*Über naive und sentimentalische Dichtung*, 1795) wiedergewonnen wird.[6]

5 Vgl. Eintragung vom 19., 20., 24. April, 4., 5., 21. Mai.
6 Im Gedicht *Die Götter Griechenlands* selbst tritt der Begriff »heiter« in der zweiten Fassung auf, die ihm folgenden philosophischen Gedichte enthalten ihn: so *Die Künstler, Klage der Ceres, Die Ideale, Das Eleusische Fest, Das Ideal und das Leben* und *Das verschleierte Bild zu Sais.*

»Heiterkeit« ist somit auch eine utopische Dimension des ästhetisch-anthropologischen Diskurses des Jahrhunderts: Der »heitere« Mensch hat den Zustand des Göttlichen in sich hergestellt. Schiller hatte dem Begriff des »Heiteren« eine doppelte Dignität verliehen, eine geschichtsphilosophische und eine ästhetische: »Heiter« war die verlorene Welt der olympischen Götter, und »heiter« wurde wieder die Kunst idealer Formen. In diesem von ihm spärlich benutzten Wort kommen die häufiger benutzten, verwandten Wörter – es sind vornehmlich »selig«, »freudig« – zu ihrem Begriff. Dieser polarisiert den »ernsten« Bereich des unidealischen modernen »Lebens«. Bei Schiller ist der Begriff »heiter« zu einem Terminus seiner Kunstphilosophie hypostasiert worden. Kleist hat in seinem Aufsatz *Über das Marionettentheater* die Utopie naiver oder wiedergewonnener »Heiterkeit« neu gedacht. Darüber ist nicht zu vergessen, daß es sich um ein geläufiges Wort der gebildeten Umgangssprache handelt, wie die Briefliteratur der Epoche generell belegt. Aber auch dort, wo es quasi pragmatisch benutzt wird, kann ein idealisches Moment es begleiten, so in den Briefen Hölderlins, dessen Empfänglichkeit vornehmlich für Schillers philosophische Gedichte ja ein zentraler Impuls für das eigene Werk gewesen ist.[7]

Kleists zentrale Metaphorik der Selbstmordbriefe gehört also zum geläufigen Arsenal der gebildeten Kommunikationssprache, was der Beobachtung entspricht, daß Kleists Sprache eine Neigung zu konventionellen Bildern hat.[8] Das gilt auch für das Unsterblichkeitsmotiv selbst, das längst in der popularphilosophischen Diskussion zu einem Topos gemacht worden war, so daß der junge Hölderlin in einem Brief an den Freund Immanuel Nast anläßlich der geschilderten Abschiedsszene von der todkranken Tante schreiben kann: »Es ist des Menschen selig-

7 Vgl. die Briefe an die Mutter, 10. Juni 1788, Ende April 1789, zweite Hälfte November 1792.
8 Vgl. Hans Joachim Kreutzer, *Die dichterische Entwicklung Heinrich von Kleists*. Berlin 1968, S. 122 f.

ster Gedanke, der Gedanke an die Ewigkeit – Wenn ich oft so düster zu meiner Louise komme und über die Menschen klage – und mir für die Zukunft bange wird – da mahnt sie mich an die Ewigkeit – und das sind selige Stunden.«[9]

Es zeigt sich, wie komplex die semantische Determination von Kleists Selbstmordsprache zu veranschlagen ist. Die individualisierende Innovation liegt hier nicht im Wortmaterial selbst, sondern in seiner Applikation, dem Stil der Satzbildung, in seiner spezifisch emphatischen Rhetorik. Im Blick auf die Thematik von Novalis' Tagebüchern nach dem Tode Sophies ist zumal zu fragen, inwieweit Kleist radikalisiert hat, was ihm generell vorgegeben war, auch wenn er dessen spezifische Form nicht immer kannte: In Novalis' Eintragung vom 13. Mai 1797 heißt es über den Besuch an Sophies Grab: »Abends gieng ich zu Sophieen. Dort war ich unbeschreiblich freudig – aufblitzende Enthusiasmus Momente – Das Grab blies ich wie Staub, vor mir hin – Jahrhunderte waren wie Momente – ihre Nähe war fühlbar.«[10] Hier ist strukturell die Todesemphatik von Kleists »Triumphgesang«-Brief vorgebildet: Angesichts des Grabes treten Momente des »Enthusiasmus« auf, in einer Kleist ähnlichen Wendung ist von einem »unbeschreiblich freudigen« Zustand die Rede. Warum? Novalis begründet hier keine Selbstmordabsicht. So wäre der Anblick des Grabes nur eine Allegorie der Unsterblichkeit, deren sich der Betrachter »freudig« innewird? Die Tagebucheintragung vom 13. Mai ist partiell auch in die Metaphorik der dritten *Hymne an die Nacht* eingegangen, was die lange Zeit vorherrschende autobiographische Deutung der *Hymnen* mitbestimmt hat. Von daher ist aber kein weiterer Aufschluß für die Tagebuchstelle zu gewinnen, wenn man die imaginativ-ästhetische Form der Hymne richtig liest. Indes helfen Novalis zwei Briefe vom 28. März 1797 an Rahel Just, den

9 Brief an Immanuel Nast, kurz nach dem 18. April 1788.
10 Novalis (Anm. 4), S. 463; die folgenden Seitenzahlen (in Klammern) beziehen sich auf diese Ausgabe.

»Enthusiasmus« des Tagebuchs über die Freude der Unsterblichkeitsgewißheit hinaus genauer zu erkennen und ihn auf den ursprünglichen, schon zitierten »Zielgedanken«, also ein teleologisches Projekt, zu beziehen. Im ersten Brief vom 28. März spricht Novalis davon, daß »die guten Augenblicke auflodernder Heiterkeit« (623) ganz ausgeblieben seien, die offensichtlich der Trauer um Sophies Tod sofort beigemischt waren. Dieser gefährliche Zustand wird indes konterkariert durch eine gedankliche Anstrengung, nämlich das Projekt für eine »wahre Zukunft« (624), das ist das »Jenseitige«, sowie die Identifikation mit der schon erläuterten Idee des »hohen Menschen« von Jean Paul. Die Begründung, die Novalis gibt, legt die teleologische Basis des »Enthusiasmus« frei:

»Wenn ich ein wahrhaft hoher Mensch seyn wollte, sollte nicht jetzt eine ewige Heiterkeit meine Augen und meine Stirn beseelen – und himmlischer Enthusiasmus meine Brust erfüllen. Wer bin ich, daß ich so irdisch klage? Sollt ich nicht Gott danken, daß er mir so früh meinen Beruf zur Ewigkeit kund machte? Ist es nicht Beruf zur apostolischen Würde? Kann ich im Ernst Sofieens Schicksal beklagen – Ist es nicht ein Vorzug für Sie – Ist nicht ihr Tod und mein Nachsterben eine Verlobung im höhern Sinn? Gott hat mich und Sie für die schleichende Ansteckung der Gemeinheit bewahren – er hat Sie in eine höhere Erziehungsanstalt bringen, diese zarte Blume unter einen bessern Himmel verpflanzen und mich den stärkern, den rohern Mann noch in der Erdenluft zeitigen wollen« (624f.).

Novalis schließt aus dieser teleologischen Sinndeutung die Frage an, ob Gott nicht von ihm den »unverwandten Blick auf den Himmel« und ein »ewiges Gelübde der Tugend und des Glaubens an die Samenideen der innersten Menschheit« (725) fordere. Im zweiten Brief vom 28. März spricht Novalis die Gewißheit aus, daß er seine »ganze vorige Existenz vergessen« (626) müsse, und spricht von dem »Beruf zur unsichtbaren Welt, diese liebevolle Annäherung zu Gott und dem Erhabensten, was die Menschheit hat« (ebd.).

Zieht man diese Versuche, den Tod Sophies mit dem Unsterblichkeitsdiskurs der Epoche zu vermitteln – namentlich sind Zentralgedanken Jean Pauls (»hoher Mensch«) und Herders (»Samenideen der innersten Menschheit«) zitiert –, zur Erklärung der »Enthusiasmus«-Stelle des Tagebuchs heran, dann wird deutlich, wie weit sich hier schon ein Motivbündel der Unsterblichkeitsphilosophie zu einem privaten teleologischen System entwickelt hat. Von hier aus zum Projekt, den eigenen Tod bald herbeizusehnen, Sophie nachzusterben – nicht aus Trauer, sondern aus Sehnsucht nach dem »bessern Himmel« und der »apostolischen Würde« –, dies ist implizit schon angelegt. Am 6. Juli 1797 notiert Novalis in das Tagebuch: »Heute früh ein ernsthaftes Gespräch über den Selbstmord mit Langermann« (477). Diese als Möglichkeit auftauchende Konsequenz des Projekts der »ewigen Heiterkeit« und des »hohen Menschen« belegt nachdrücklich, daß Kleists »Triumphgesang«-Brief in der emphatischen Metaphorik, in der teleologischen Begründung und in der esoterischen Anverwandlung des Unsterblichkeitsdiskurses durch Novalis strukturell vorgebildet worden ist. Sofern davon etwas in der dritten *Hymne an die Nacht* zur Sprache kommt, kann es Kleists eigene esoterische Phantasie beeinflußt haben.

Es gibt außer Novalis' Text keinen, in dem der Kleistsche »Triumphgesang« präfiguriert worden wäre, was besonders am Todeswunsch Werthers und Anton Reisers zu exemplifizieren wäre: Diese beiden bedeutenden vorromantischen Beispiele kennen noch keinen Enthusiasmus des Todes, sondern sind an anderen Elementen der melancholischen literarischen Tradition (Hamlet, Ossian, Christologie) orientiert. Und hieraus kann hinsichtlich des formal innovatorischen und gehaltlich reflexiven Status von Kleists »Triumphgesang«-Brief zusammenfassend gesagt werden: In der Entscheidungsphase zum tatsächlich gesuchten Selbstmord inszeniert der romantische Schriftsteller eine neue Identität der Erhabenheit, in der sich Sprachelemente der heroischen Tradition mit dem esoterischen Motiv des »hohen Menschen« erkennbar vereinen. Und diese im Selbstmord gewonnene neue Identität ist gleichzeitig ein teleologisches Projekt. Die zehn Jahre früher zerstörte Hoffnung auf ein »Ziel« und die den Dichter allerdings erst begründende Erfahrung von Diskontinuität wird nunmehr überholt von einem neuen Kontinuitätsbewußtsein.

Helmuth Kiesel

Thomas Manns *Doktor Faustus*
Reklamation der Heiterkeit

I.

Der folgende Versuch über ein bisher wenig beachtetes Motiv von Thomas Manns *Doktor Faustus* geht von zwei Impulsen aus: einer Lektüreerfahrung und einem Forschungsdesiderat. Nimmt man nämlich unmittelbar nach der Lektüre der *Ästhetik des Widerstands* von Peter Weiss den *Doktor Faustus* zur Hand, so sieht man sich, noch unter dem Eindruck der konzessionslosen Ernsthaftigkeit des Weissschen Werks stehend, plötzlich mit einem Roman befaßt, der zwar dieselbe düstere Epoche der deutschen Geschichte behandelt wie die *Ästhetik des Widerstands,* aber doch viel weniger bedrückend wirkt als Weiss' Werk und sogar einige Momente bereit hält, die – im Vergleich zur *Ästhetik des Widerstands* wie im Hinblick auf die behandelte Zeit – von einer geradezu auffälligen Unernsthaftigkeit sind.

Das sind vor allem Namen. In der *Ästhetik des Widerstands* lauten die Namen beispielsweise Arvid und Mildred Harnack, Hans Coppi, Horst Heilmann und Elisabeth Schumacher, und damit sind bekanntlich sehr reale, in Plötzensee endende Leidensgeschichten verbunden, deren dokumentarische Wiedergabe nach dem Willen des Autors für den Leser zur Tortur werden soll. Im *Doktor Faustus* klingen die Namen anders: Man erinnere sich nur an die Klavierlehrerin Meta Nackedey, die wohl allein schon durch ihren Namen dazu verurteilt ist, als ein »ewig errötendes, jeden Augenblick in Scham vergehendes Geschöpf« durch die Münchner Salons zu huschen; oder an jenen Herrn von Riedesel, der seinem Namen zum Trotz beständig nach »Graziösem« verlangt und strebt; oder an jenen schemenhaft bleibenden Monsignore, der allein durch seinen anzüglichen Namen Hinterpförtner dazu prädestiniert zu sein scheint, dem Erzähler immer wieder Geheimnachrichten über den baldigen Zusammenbruch des Dritten Reichs zukommen zu lassen. – Fast fühlt man sich da, obwohl man es doch mit einem bitteren »Schmerzensbuch«[1] zu tun haben soll, in eine Komödie versetzt, die in jenem Reiche »Popo« spielt, in dem selbst die größten Kalamitäten noch die Hoffnung auf ein »kommodes« Ende zulassen.[2]

Die poetische Namensgebung des *Faustus*-Romans als Kleinigkeit abzutun, wozu man versucht sein könnte, verbietet § 74 von Jean Pauls *Vorschule der Ästhetik*, in dem es – gerade im Hinblick auf Romane – heißt: »Sogar die Kleinigkeit des Namen-Gebens ist kaum eine.« Denn die Namen in der Dichtung haben, das weiß man seit Aristoteles, allgemeine und programmatische Bedeutung.[3] Dies wird durch Thomas Mann eindrucksvoll bestätigt. In seinem autobiographischen RomanbBericht *Die Entstehung des Doktor Faustus* erinnert er sich der Sorge, die er während der Arbeit um sein »Gemüt« hatte, macht dann die Figur des humanistischen Erzählers Zeitblom als Mittel der Distanzierung kenntlich und nennt schließlich die Devise, der er beim Schreiben gefolgt war: »Möglichst viel Scherz, Biographen-Mimik, das Pathos herabsetzende Selbstverspottung also – soviel wie irgend möglich davon!« Als Exempel dafür folgt dann bezeichnenderweise ein Akt der Namensgebung: Des »erzählenden Humanisten Eheweib« nämlich, so heißt es weiter, »sollte« – in fast schmerzlich-ridiküler Juxtaposition von Idealisch-Griechischem und

---

1 Thomas Mann, *Ansprache im Goethejahr 1949*. In: Ders., *Über mich selbst: Autobiographische Schriften*. Frankfurt/M. 1983, S. 444.

2 Zitiert wird nach Thomas Mann, *Gesammelte Werke in Einzelbänden*. Hg. v. Peter de Mendelssohn. Frankfurt/M. 1980 ff., hier *Doktor Faustus* (1980).

3 Vgl. Hendrik Birus, *Poetische Namensgebung. Zur Bedeutung der Namen in Lessings ›Nathan der Weise‹*. Göttingen 1978, S. 63 ff.

Derb-Deutschem – »Helene Ölhafen heißen,«[4] genauer: Helene Zeitblom, geb. Ölhafen.

Solch lachen machende Namensgebung ist im Schaffen von Thomas Mann nichts Besonderes; in fast allen früheren Werken ist die Namensgebung ein bevorzugtes (um nicht zu sagen: wohlfeiles) Mittel der – je nachdem komischen, ironischen oder humoristischen – Erzählung.[5] Hier aber, im *Doktor Faustus,* in diesem »Schmerzensbuch«, haben die ridikülisierenden Namen doch eine ganz besondere Funktion: Sie sind, wie die eben zitierte Stelle signalisiert, die (fast alleinigen) Statthalter des überraschenden Verlangens nach »Scherz« und Pathosminderung. Wo alles Geschehen zum Weinen ist und zum Lachen keinerlei Anlaß mehr bietet, da sind komische Namen – als scheinbar unveränderbar vorgegebene Fakten genommen – die letzten, aber nicht mehr eliminierbaren Residuen des Komischen, die letzten »Exile der Heiterkeit«[6]. Als solche sind sie Stätten der Verbannung, gewiß; aber auch Stätten der Zuflucht, die in der Hoffnung bezogen werden, daß Rückkehr möglich ist.

II.

Was Thomas Mann mit der ›Einschaltung‹ der nicht umsonst Serenus geheißenen Biographenfigur in das Erzählwerk bezweckte, hat er in seinem Bericht *Die Entstehung des Doktor Faustus* mit einem Satz angedeutet: Es sei dies eine »Maßnahme« gewesen, heißt es da, »die bitter notwendig« war, »um eine gewisse Durchheiterung des düsteren Stoffes zu erzielen und mir selbst, wie dem Leser, seine Schrecknisse erträglich zu

---

4 Th. Mann, *Rede und Antwort: Über eigene Werke.* Frankfurt/M. 1984, S. 154.

5 Aufschlußreich hierfür Dieter Lamping, *Der Name in der Erzählung: Zur Poetik des Personennamens.* Bonn 1983.

6 Vgl. Odo Marquard, *Exile der Heiterkeit.* In: Wolfgang Preisendanz/Rainer Warning (Hg.), *Das Komische.* München 1976, S. 133 ff.

machen«; eine »entlastende« Maßnahme, wie später hinzugefügt wird.[7]

Dieses Bedürfnis nach »Durchheiterung« und ›Entlastung‹ darf nun nicht als bloß zeitbedingt momentanes verstanden oder gar als unzeitgemäß eskapistisches mißverstanden werden. Es ist vielmehr im Grund von Thomas Manns ›Lebensgefühl‹ verankert, entspricht einem zentralen Postulat seiner Kunstauffassung und ist zeitgeschichtlich sehr wohl reflektiert. Das zeigen vor allem die Briefe (und Tagebuchnotizen), die während der Entstehung des *Doktor Faustus* von 1943 bis 1947 geschrieben worden sind und auf dieses Werk Bezug nehmen. Am 23. Mai 1943 hatte Thomas Mann mit der Niederschrift des *Doktor Faustus* begonnen; am 2. Juni heißt es in einem Brief: »Ich schreibe wieder – an dem Roman, zu dem auch der Krieg in Europa mir wohl leider noch Zeit lassen wird. Die Sache ist schwer, düster, unheimlich, traurig wie das Leben, ja noch mehr so, als das Leben, da immer Idee und Kunst das Leben übertreffen und übertreiben. Um genießbar zu sein, bedarf die Geschichte der Durchheiterung, und dazu bedarf es der Heiterkeit. Aber die ist mir bisher ja auch in noch schlimmeren Zeiten nicht ausgegangen.«[8] Von da an findet sich eine ganze Reihe von Briefen und Notizen, die Heiterkeitserlebnisse festhalten, und einige geradezu ostentative Hinweise auf die humoristische Komponente in Veranlagung und Schaffen. In erster Linie wollte Thomas Mann, wie er 1950 sagte, Humorist sein.[9] Dies gilt auch für den *Faustus,* und deswegen ist der Verfasser nach dem Erscheinen des Romans etwas indigniert darüber, daß die Rezensenten den Humor dieses Werks nicht erkennen und würdigen.

Was sich in den Briefen und Tagebüchern zeigt, spiegelt sich

7 *Rede und Antwort* (Anm. 4), S. 149.

8 Thomas Mann, *Briefe 1937–1947*. Hg. v. Erika Mann. Frankfurt/M. 1963, S. 302 f.

9 Vgl. Thomas Mann, *Briefe 1948–1955*. Hg. v. Erika Mann. Frankfurt/M. 1979, S. 152 und 220.

im Bericht *Die Entstehung des Doktor Faustus* wider. Auch da ist mehrfach und ausführlich von kalifornischen Künstlerabenden die Rede, an denen, wie eigens betont wird, oft »Kunststimmung« und »Heiterkeit« herrschten.[10] Und das ist nur eine der vielen Äußerungen, die verraten, wie eng bei Thomas Mann Kunst und Heiterkeit zusammengehören. Als Schriftsteller, so sagte er schon 1936 und wiederholt es 1953, habe er sich dem »strengen«, aber auch »heiteren« Dienst am Wort verschrieben.[11] Und an Bruno Walter schrieb er am 22. September 1945, als ihm Bedenken kamen über die Schrecklichkeit und Traurigkeit der Nepomuk- bzw. Echo-Geschichte: »Die Kunst soll uns doch erheben und erheitern.«

III.

Es ist nicht falsch, wenn man da – noch vor Schopenhauer und Nietzsche – auch an den von Thomas Mann kaum minder geschätzten Schiller denkt. Wie für diesen war auch für Thomas Mann, zumal für den alten, Heiterkeit ein Geschenk der Kunst, zugleich ihre Voraussetzung, zugleich ihr Wirkungsmittel. Heiterkeit gehört deswegen wesentlich zum Kunstbegriff Thomas Manns, und zwar gerade zur Zeit der Arbeit am *Doktor Faustus*. Am 8. April 1945 schreibt er einen Brief an Hermann Hesse, lobt darin den humorvollen Ton des eben gelesenen *Glasperlenspiels*, das mustergültig beschreibe und realisiere, was – nach Thomas Manns Meinung – Kunst ist: ein »Schweben« über den Dingen, das zwar nicht unbekümmert ist, sich aber durch die geschichtlichen Fatalitäten nicht unterbinden lassen will. Wo die geschichtliche Erfahrung niederdrückend wirkt und die »Politisierung des Geistes« gefordert wird, da freut sich Thomas Mann über ein Werk wie das *Glasperlenspiel*, das, wie er schreibt, trotzdem noch »Kunst-Spaß« be-

10 Vgl. *Rede und Antwort* (Anm. 4), S. 193 und 269.
11 Thomas Mann, *Humaniora und Humanismus*. In: *Politische Schriften und Reden*. Hg. v. Hans Bürgin. Frankfurt/M. 1968, Bd. II, S. 329.

wahrt. Aber, fügt er ahnungsvoll hinzu: »Die Leute werden nich zu lachen wagen,« denn die »Politisierung des Geistes,« die ja nun unvermeidlich sei, habe das Verständnis für die ›schwebende‹ oder ›autonome‹ Kunst, deren Siegel die Heiterkeit ist, zunichte gemacht und ihr den Resonanzraum versperrt.

IV.

In der Tat ist für die Zeit nach 1933 eine praktische und theoretische (oder postulative) ›Entheiterung‹ der Kunst zu konstatieren. Praktisch zeigt sich das ganz früh und ganz deutlich im Werk von Alfred Döblin: Zwar versuchte dieser, die Vertreibung in der 1933/34 entstandenen *Babylonischen Wandrung* mit befreiender Ironie und erhebendem Humor zu beschreiben und zu bewältigen; aber die wachsende Einsicht in die zu befürchtende Dauer des Exils und in den mörderischen Charakter des NS-Regimes führten noch innerhalb dieses ersten Exilromans zu einem fast totalen ›Heiterkeitsverlust‹.[12] Ähnliches ließe sich wohl auch im Schaffen anderer Autoren beobachten, und unverkennbar ist ›Entheiterung‹ ein Charakteristikum der deutschen Nachkriegsliteratur, das sich nicht nur im Stofflichen zeigt (Trümmerliteratur), sondern auch im Formalen (Kahlschlagprinzip).

Über Wolfgang Borcherts Drama *Draußen vor der Tür,* das im selben Jahr 1947 wie der *Doktor Faustus* erschienen ist, hat Friedrich Luft in einer provozierenden Rezension, die Hans Mayer nicht umsonst in seine Sammlung signifikanter Kritiken aufgenommen hat, geschrieben, es sei ein »dialogisiertes Klagelied,« ein einziges »szenisches« und »exaltiertes Lamento«, trostlos, hilflos – und letztlich auch kunstlos –: eine Behauptung, die freilich auch Luft nicht vorzubringen wagte, ohne auf einen englischen Kritiker zu verweisen, der damals bemerkt hatte, »daß ein Übermaß von Schicksal dem deutschen Künst-

12 Vgl. Helmuth Kiesel, *Literarische Trauerarbeit. Das Exil- und Spätwerk Alfred Döblins*. Tübingen 1986, S. 96 ff.

ler vorerst die klare, gedachte, geformte Aussage unmöglich« mache, daß mithin Kunst, die diesen Namen verdiene, in Deutschland vorerst nicht möglich sei.[13]

Der Exponent der theoretischen oder postulativen ›Entheiterung‹ der Kunst ist Theodor W. Adorno, wie der Essay *Ist die Kunst heiter?* zeigt, der die Titelfrage zwar nicht glatt verneint, aber die Heiterkeitsmomente der zeitgenössischen Kunst doch mit großer Skepsis betrachtet und allen Heiterkeitsbestrebungen mißtraut: »Wo Kunst von sich aus heiter sein will«, so heißt es ausdrücklich, »wird sie eingeebnet aufs Bedürfnis der Menschen und ihr Wahrheitsgehalt verraten.«[14] Paradoxerweise wird aber dieser Satz gerade durch das literarische Werk, an dessen kunsttheoretischen Reflexionen Adorno maßgeblichen Anteil hatte, den *Doktor Faustus* also, in Frage gestellt.[15] Der Roman, so meine These, ist das Werk, das den geschichtlichen Heiterkeitsverlust, von dem Adorno überwältigt war, konstatiert, reflektiert und konterkariert.

V.

Wie Adorno und viele andere Zeitgenossen war Thomas Mann natürlich betroffen von der Unheilserfahrung seiner Zeit, und er hat dies in einem Brief vom Ende der Entstehungszeit des *Doktor Faustus* als die Endstufe eines langen geschichtlichen

13 Friedrich Luft, *Wolfgang Borchert: Draußen vor der Tür*. In: *Deutsche Literaturkritik*. Bd. IV: *Vom Dritten Reich bis zur Gegenwart (1933–1968)*. Hg. v. Hans Mayer. Frankfurt/M. 1983, S. 358 ff.

14 Theodor W. Adorno, *Gesammelte Schriften*. Bd. XI: *Noten zur Literatur*. Frankfurt/M 1974, S. 599 ff., hier S. 602; sehr erhellend für Adornos Denken in dieser Frage ist Hendrik Birus, *Adornos ›Negative Ästhetik‹?* In: *Deutsche Vierteljahrsschrift für Literaturwissenschaft und Geistesgeschichte* 62 (1988), S. 1-23.

15 Zu Adornos Anteil am *Doktor Faustus* vgl. *Rede und Antwort* (Anm. 4), S. 157 f., 172, 193, 231 ff. und 279 ff. Es gibt dazu inzwischen eine umfangreiche Forschungsliteratur.

Entheiterungsprozesses gesehen. Zu Goethes Zeit, so heißt es in diesem Brief vom 26. Dezember 1947, »konnte alles noch schön, heiter und klassisch sein. Dann [gemeint ist: bei Nietzsche und danach] wurde es grotesk, trunken, kreuzleidvoll und verbrecherisch. Das ist der Gang der Zeit, der Gang des Geistes, der Gang des Schicksals«[16]. Dies reflektiert der *Faustus*-Roman im Bild seines Protagonisten und in der Imagination seines musikalischen Werks. Leverkühn ist ja doch in einem ganz besonderen Sinn »ein Mensch, der das Leid der Epoche trägt«, wie es in der *Entstehung des Doktor Faustus* heißt. Er ist von der gleichen Kälte wie seine Epoche und von der gleichen Seelen- oder Humorlosigkeit, und dieser Verfassung verdankt sich sein imaginiertes Werk, das nach dem Willen Thomas Manns als Promotor und kritischer Reflex der geschichtlichen ›Entheiterung‹ erscheinen soll.[17]

Was symbolisieren sie nun, diese musikalischen Imaginationen? Im Roman heißt es zusammengefaßt: die aus einer Kulturkrise erwachsende Forcierung eines gesellschafts- und politikfernen Ästhetizismus, der zwar den Durchbruch zu einer Kunst mit mehr Lebensernst und Verbindlichkeit sucht, aber durch den Griff nach inhumanen Materialien (Glissando) und unfreiheitlichen Techniken (Dodekaphonie) an der »intentionellen Re-Barbarisierung« der Zeit teilhat und sie als Fatum begreift, affirmiert und verschönert. Musikalisch erscheint dies im Roman schließlich als »Zurücknahme« der *Neunten Symphonie,*[18] zugleich aber auch als konsequente ›Entheiterung‹ der Kunst. Das ist an den Titeln von Leverkühns Hauptwerken ablesbar, »Apocalipsis cum figuris«, »Dr. Fausti Weheklag«, und es wird in der Imagination dieser Werke überdeutlich: Die »Weheklag« ist »ein Monstre-Werk der Klage«, »ein riesenhaftes Lamento«, »eine immerwährende, unerschöpflich akzentuierte Klage von schmerzhaftester Ecce-homo-Gebärde«, kurz:

16 *Briefe 1937–1947* (Anm. 8), S. 581.
17 *Rede und Antwort* (Anm. 4), S. 189.
18 Vgl. *Doktor Faustus* (Anm. 2), S. 639 f. und 655.

»ein ungeheures Variationenwerk der Klage«, das aus tiefster »Heillosigkeit« stammt, die »äußersten Akzente der Trauer erreicht«, »die letzte Verzweiflung zum Ausdruck« bringt und nur am Schluß im nachklingenden hohen ›g‹ eines Cellos die leise Frage nach der Möglichkeit von Hoffnung aufkommen läßt.[19]

VI.

»Monstre-Werk der Klage« und »riesenhaftes Lamento«: Mit ähnlichen Worten hat 1948 Friedrich Luft Wolfgang Borcherts *Draußen vor der Tür* charakterisiert, und das zeigt, daß die Beschreibung der Leverkühnschen Musik auch als eine Beschreibung der Literatur zu verstehen ist, wie sie unter dem Eindruck des Dritten Reichs und des Zweiten Weltkriegs zu entstehen drohte – und allein noch möglich und legitim zu sein schien. Nicht grundlos ist ja auch vielfach gesagt worden, der *Doktor Faustus* sei nicht nur die Zurücknahme der *Neunten Symphonie,* sondern, da mit der Neunten Symphonie ja automatisch Schillers *Lied an die Freude* widerrufen wird, die Revokation auch der Weimarer Klassik mit ihrem substantiellen und formalen Heiterkeitspostulat.[20] Aber das muß man präzisieren: Der *Doktor Faustus* erwägt dies nur als Zeitpostulat, impliziert es als Möglichkeit – konterkariert es aber, was der dritte Teil der hier vertretenen These ist, durch seine poetische Praxis.

Wolfgang Bochert hat 1947 in seinem *Manifest* angedeutet,

19 Vgl. ebd., S. 649 ff.
20 Vgl. Eckhard Heftrich, *Vom Verfall zur Apokalypse: Über Thomas Mann.* Bd. II. Frankfurt/M. 1982, S. 210 und 235; Helmut Koopmann, ›*Doktor Faustus*‹ *als Widerlegung der Weimarer Klassik.* In: ders., *Der schwierige Deutsche. Studien zum Werk Thomas Manns.* Tübingen 1988, S. 109 ff.; Erich Heller, *Die Zurücknahme der Neunten Symphonie: Zu Thomas Manns* ›*Doktor Faustus*‹. In: ders., *Die Wiederkehr der Unschuld und andere Essays.* Frankfurt/M. 1977, S. 217 ff.

welchen Prinzipien die neue Literatur zu gehorchen habe: dem schlechten Geschmack und der Dissonanz.[21] Dies holt – als literarischer Programmentwurf – nur ein, was Adorno einige Jahre zuvor in der *Philosophie der neuen Musik* geschrieben hat: daß sie von der Dissonanz bestimmt sei und eben darin ihre geschichtliche Wahrheit habe. Das hat zwar nicht Borchert, aber Thomas Mann gewußt, hat seinem Tonsetzer Leverkühn ein entsprechendes Werk zugeschrieben, das eigene Werk aber, den *Faustus*-Roman, dem Dissonanzprinzip der neuen Musik wie der neuen Literatur entzogen. All das, was in Borcherts *Manifest* als Ingredienzen der neuen Literatur aufgeführt wird, entsetzliche Stoffe, ordinärer Wortschatz, verletzte Grammatik, verluderte Form, findet sich im *Faustus* ja gerade nicht. Die Naziverbrechen werden nur andeutungsweise beschrieben; es gibt für sie, wie zweimal ausdrücklich gesagt wird, keine Sprache. Mit Ausnahme von ein oder zwei Stellen bleibt deswegen in der Wortwahl der vom ›Biographen‹ Zeitblom implizit einmal als verbindlich erklärte gute Geschmack gewahrt, und wenn es im kunsttheoretisch zentralen 25. Kapitel heißt, es sei nun aus mit der »Selbstherrlichkeit der Form«, die »das Menschenleid zensuriert« und seinen »unverstellten und unverklärten Ausdruck« verhindert, so ist zu konstatieren, daß der *Faustus*-Roman dieser Maxime nicht folgt. Zwar fühlt sich Zeitblom, wie es heißt, versucht, »das Ganze in einem Zuge und Atem, ohne jede Einteilung, ja ohne Einrückung und Absatz herunterzuschreiben«; aber dieser Versuchung, die – formal gesehen – zu einem Werk ähnlich der *Ästhetik des Widerstands* geführt hätte, hat Serenus Zeitblom, hat Thomas Mann nicht nachgegeben.[22]

Auch von der neuen Musik hat er nur die auf künstlerische Souveränität zielende Perfektionierung der Kompositionstechnik zu übernehmen versucht, nicht aber das, was in Richtung

---

21 Vgl. Wolfgang Borchert, *Das Gesamtwerk*. Halle/S. 1957, S. 310.
22 Vgl. *Doktor Faustus* (Anm. 2), S. 238.

Dissonanz oder Atonalität ging. Dissonanz oder Atonalität werden im *Doktor Faustus* nicht realisiert, werden vielmehr bewußt vermieden. Denn er sollte ein Roman sein, der sich eben nicht rückhaltlos der »Atrozität«, wie Thomas Mann dies nannte, der Grauenhaftigkeit des Stoffes bzw. der Zeitgeschichte überläßt, vielmehr aus therapeutischen Gründen, die noch zu verdeutlichen sind, eine gewisse ästhetische Schwebe oder Heiterkeit anstrebt. Das ist der Grund dafür, daß Serenus Zeitblom den distanzierenden guten Ton wahren muß, daß er sich um eine sozusagen diätetische Kapiteleinteilung bemühen muß – und daß er neben all dem Bedrückenden, das er »mit zitternder Hand« und »unter einem bedauerlichen Ausfahren der Buchstaben« mitzuteilen hat, immer wieder auch humoristische Einlagen bieten darf.

Thomas Mann hat sich einiges besonders darauf zugute gehalten, daß es ihm gelang, selbst die fortgeschrittene »Düsternis« der Schlußphase durch die »erfrischende« Erscheinung des komödienhaft-ridikülen Musikagenten Saul Fitelberg noch einmal aufzuhellen; und wenn man genauer zusieht, wird man ähnliches mehr entdecken: so etwa die ridikülisierende Erwähnung der Rivalität, die ausgerechnet am Krankenbett des todkranken Echo zwischen der immer noch errötenden Meta Nackedey und ihrer Busenfreundin, der »wolligen« Kunigunde Rosenstiel ausbricht.[23]

So ist festzustellen: Der *Doktor Faustus* negiert als Kunstwerk durch Komposition und Erzählpraxis, was er als geschichtlich fällige und allein noch legitim scheinende Kunsttendenz beschreibt, und versucht statt dessen, mit komödiantenhaft-vitalistischen Figuren wie Saul Fitelberg, vor allem aber mit dem für den ›schwebenden‹ Erzählstil bestimmenden Humanisten Serenus Zeitblom das Heiterkeitspostulat der klassisch-idealistischen Kunstdoktrin gegen die niederdrückende Erfahrung

---

23 Vgl. *Rede und Antwort* (Anm. 4), S. 267; *Doktor Faustus* (Anm. 2), S. 531 ff.

geschichtlichen Unheils zu wahren. Dies geschieht auf hochreflektierte Weise und mit politischer und therapeutischer Absicht. Auch der *Doktor Faustus* ist, pointiert gesagt, eine ›Ästhetik des Widerstands‹; aber ihr Zentralbegriff lautet ›Heiterkeit‹.

VII.

Dies findet in Thomas Manns nichtpoetischen Schriften eine mehrfache Bestätigung: Schon 1937 heißt es im Tagebuch, gegen den alles in seinen Bann schlagenden Faschismus gelte es vor allem, »Freiheit und Heiterkeit« zu wahren,[24] eine Devise, die in den dezidiert auch antifaschistisch gedachten Schlußteilen der Joseph-Tetralogie zu einer mit viel »Schabernack« ausgestatteten Inszenierung der »Gottesgeschichte« bzw. des »Gottesscherzes« von Joseph und seinen Brüdern führte – und zu einer beredten Apotheose der »Heiterkeit« als gottgegebenem Lösungsmittel gegenüber der rätselhaften Fatalität des Lebens.[25] Nach dem Ende des Dritten Reichs, 1946, heißt es dann in einem Brief Thomas Manns an Dolf Sternberger anläßlich des Erscheinens der ersten Nummer der *Wandlung:* »Ja, wenn man die Deutschen entkrampfen, sie für die Freiheit und Lockerheit einer wirklich herrenhaften Haltung gewinnen könnte.«[26]

Ein weiteres Plädoyer für die Heiterkeit der Kunst findet sich in der 1951 gehaltenen BBC-Rede zum Tod von George Bernard Shaw. Dort heißt es: »Eines seiner Stücke nennt er ›Ein leichtes Spiel mit schweren Dingen‹. So hätte er seine sämtlichen Schriften nennen können, und ich gebe mit zu bedenken, ob es nicht

---

24 Thomas Mann, *Tagebücher 1937–1939.* Hg. v. Peter de Mendelssohn. Frankfurt/M. 1980, S. 129.
25 Vgl. Thomas Mann, *Joseph und seine Brüder*, Bd. IV: *Joseph, der Ernährer.* (Anm. 1), S. 326.
26 *Briefe 1937–1947* (Anm. 8), S. 482.

vielleicht die Definition aller zukünftigen Kunst ist und ob nicht Shaw der lachende Prophet einer vom Tragischen emanzipierten und entdüsterten Menschheit war.«[27] Dem folgt schließlich 1953 in einem Brief als Antwort auf die Frage, was er glaube, das Bekenntnis: »Ich glaube an das Gute und Geistige, das Wahre, Freie, Kühne, Schöne und Rechte, mit einem Wort an die souveräne Heiterkeit der Kunst, dieses großen Lösungsmittels für Haß und Dummheit.«[28] Hier wird der Kunst qua Heiterkeit eine geradezu religiös dimensionierte Erlösungskraft zugeschrieben (oder aufgebürdet). Der theoretische Prophet dieser Kunstreligion ist – im *Faustus*-Roman – Adrian Leverkühn selbst, der gerade in jenem 31. Kapitel, in dem er seine untergangsfixierte »Apokalypse« skizziert, vom »Durchbruch« zu einer heiteren Kunst schwärmt: einer Kunst, die sich, wie es heißt, »ins Heiter-Bescheidenere« wendet, vom Schicksal entlastet und wärmt, »eine Kunst ohne Leiden« ist, »seelisch gesund, unfeierlich, untraurig-zutraulich, eine Kunst mit der Menschheit auf du und du«.[29] Der praktische Statthalter dieser Kunstreligion ist aber nicht der Komponist der »Apokalypse« und der »Weheklag«, der mit kaum einem Menschen »auf du und du« stand, sondern sein zutraulicher Biograph Serenus Zeitblom, der den Verlust der Heiterkeit am scheinbar letzten Ende der Kunstperiode auf eine Weise protokollieren muß, die paradoxerweise wieder der Durchheiterung der entheiterten jüngsten Kunstgeschichte dient.

27 Vgl. Thomas Mann, *Leiden und Größe der Meister*. Frankfurt/M. 1982, S. 938.
28 Vgl. *Briefe 1948–1955* (Anm. 9), S. 314.
29 Vgl. *Doktor Faustus* (Anm. 2), S. 433.

VIII.

Es bleibt die Frage nach der Möglichkeit einer Applikation auf die jüngste deutsche Geschichte. Nicht nur Thomas Mann, der im *Doktor Faustus* ja nicht umsonst die »tragisch-heroische« Seelenlage der Deutschen zu beschreiben und historisch zu ergründen suchte, auch andere Zeitgenossen haben zu den Ermöglichungsbedingungen der NS-Herrschaft ebenfalls einen spezifisch deutschen Mangel an Heiterkeit und Humor gerechnet: So konstatiert z. B. Theodor Haecker, der – als Typus – eine frappierende Ähnlichkeit mit Thomas Manns Zeitblom-Figur hat, in seinen *Tag- und Nachtbüchern* die umwerfende Humorlosigkeit der NS-Funktionäre – und die Bereitschaft der Bevölkerung, sich davon anstecken zu lassen.[30] Der Romanist Werner Krauss, der zum Umkreis der ›Roten Kapelle‹ gehörte und deswegen von 1942 bis zum Kriegsende im Zuchthaus Plötzensee saß, schrieb dort einen allegorischen Roman über das Dritte Reich mit dem Untertitel: *Die Passionen der halykonischen Seele*. ›Halykonisch‹ ist aber nur verständlich als Anagramm, als Perversion von ›halkyonisch‹, was seit mythologischen Zeiten ›heiter‹, ›gelassen‹ bedeutet. Die »halykonische Seele« ist also die ›unheitere‹, ›tragisch überspannte‹ deutsche Seele, die sich – nach Krauss – im Dritten Reich auszuleben versuchte.[31] Und schließlich: Ludwig Wittgenstein schrieb 1948, im Nazideutschland sei der »Humor vertilgt worden« – was sich für Wittgenstein wohl daraus erklärte, daß er Humor als eine »Weltanschauung« wertete, die mit dem, was Nationalsozialismus hieß, mit seinem Größenwahn und Ausschließlichkeitsdenken, offensichtlich nicht verträglich war.[32]

30 Vgl. Theodor Haecker, *Tag- und Nachtbücher 1939–1945*. Frankfurt/M. 1975, S. 10, 190 und 224.
31 Vgl. Werner Krauss, *PLN – Die Passionen der halykonischen Seele* (1946). Neudruck Frankfurt/M. 1983.
32 Zit. nach Reinhard Merkel, *Schon faul! Aus Anlaß des Heidegger- und Wittgenstein-Symposions in Madrid*. In: *Die Zeit*, 24. März 1989, S. 72.

Das mag sozialpsychologisch simplifizierend sein, aber vielleicht ist doch ein Quentchen Wahrheit darin. Thomas Mann jedenfalls rechnete damit, zielte mit seiner postulatorisch-direkten und poetisch-indirekten Reklamation der Heiterkeit darauf und knüpfte daran therapeutische Hoffnungen, die er am deutlichsten ein Jahr vor seinem Tod in dem 1954 publizierten *Versuch über Tschechow* zum Ausdruck brachte. Dieser Essay schließt mit einem Bekenntnis zum Erzählen, und dies, wie es heißt, in der »dunklen Hoffnung, fast in der Zuversicht, daß Wahrheit und heitere Form wohl seelisch befreiend wirken und die Welt auf ein besseres, schöneres, dem Geiste gerechteres Leben vorbereiten können«[33].

Auch mit diesen therapeutischen Hoffnungen stand Thomas Mann nicht allein. In dem 1965 erschienenen Sammelband *Zwanzig Jahre danach: Eine deutsche Bilanz* schrieb sein Exilgenosse Hermann Kesten: »Die deutsche Literatur ist in diesen zwanzig Jahren heiterer und humaner geworden, als man nach dem Dritten Reich der Obskuranten fürchten mußte.«[34] Diese Feststellung, oder sei's auch nur diese Hoffnung, die sich in der Verbindung von »heiterer und humaner« ausdrückt, ist vielleicht Grund genug, über die Adornosche Frage, ob Literatur heiter sein darf und ob Heiterkeit ein positives Kriterium für die Bewertung der Nachkriegsliteratur sein kann, erneut nachzudenken.

33 *Leiden und Größe der Meister* (Anm. 27), S. 1007.
34 Hermann Kesten, *Deutsche Literatur zwanzig Jahre danach*. In: *Zwanzig Jahre danach: Eine deutsche Bilanz. Achtundreißig Beiträge deutscher Wissenschaftler, Schriftsteller und Publizisten*. Nürnberg 1965, S. 506 ff., hier S. 519.

IV. Glück: Grenzen der Freude in der Moderne

Sigmund Freud

Der Humor

In meiner Schrift über den *Witz und seine Beziehung zum Unbewußten* (1905) habe ich den Humor eigentlich nur vom ökonomischen Gesichtspunkt behandelt. Es lag mir daran, die Quelle der Lust am Humor zu finden, und ich meine, ich habe gezeigt, daß der humoristische Lustgewinn aus erspartem Gefühlsaufwand hervorgeht.

Der humoristische Vorgang kann sich in zweierlei Weisen vollziehen, entweder an einer einzigen Person, die selbst die humoristische Einstellung einnimmt, während der zweiten Person die Rolle des Zuschauers und Nutznießers zufällt, oder zwischen zwei Personen, von denen die eine am humoristischen Vorgang gar keinen Anteil hat, die zweite aber diese Person zum Objekt ihrer humoristischen Betrachtung macht. Wenn, um beim gröbsten Beispiel zu verweilen, der Delinquent, der am Montag zum Galgen geführt wird, die Äußerung tut: »Na, die Woche fängt gut an«, so entwickelt er selbst den Humor, der humoristische Vorgang vollendet sich an seiner Person und trägt ihm offenbar eine gewisse Genugtuung ein. Mich, den unbeteiligten Zuhörer, trifft gewissermaßen eine Fernwirkung der humoristischen Leistung des Verbrechers; ich verspüre, vielleicht ähnlich wie er, den humoristischen Lustgewinn.

Der zweite Fall liegt vor, wenn z. B. ein Dichter oder Schilderer das Gehaben von realen oder erfundenen Personen in humo-

168

ristischer Weise beschreibt. Diese Personen brauchen selbst keinen Humor zu zeigen, die humoristische Einstellung ist allein Sache dessen, der sie zum Objekt nimmt, und der Leser oder Zuhörer wird wiederum wie im vorigen Falle des Genusses am Humor teilhaftig. Zusammenfassend kann man also sagen, man kann die humoristische Einstellung – worin immer diese bestehen mag – gegen die eigene oder gegen fremde Personen wenden; es ist anzunehmen, daß sie dem, der es tut, einen Lustgewinn bringt; ein ähnlicher Lustgewinn fällt dem unbeteiligten Zuhörer zu.

Die Genese des humoristischen Lustgewinns erfassen wir am besten, wenn wir uns dem Vorgang beim Zuhörer zuwenden, vor dem ein anderer Humor entwickelt. Er sieht diesen anderen in einer Situation, die es erwarten läßt, daß er die Anzeichen eines Affekts produzieren wird; er wird sich ärgern, klagen, Schmerz äußern, sich schrecken, grausen, vielleicht selbst verzweifeln, und der Zuschauer-Zuhörer ist bereit, ihm darin zu folgen, die gleichen Gefühlsregungen bei sich entstehen zu lassen. Aber diese Gefühlsbereitschaft wird enttäuscht, der andere äußert keinen Affekt, sondern macht einen Scherz; aus dem ersparten Gefühlsaufwand wird nun beim Zuhörer die humoristische Lust. So weit kommt man leicht, aber man sagt sich auch bald, daß es der Vorgang beim anderen, beim »Humoristen« ist, der die größere Aufmerksamkeit verdient. Kein Zweifel, das Wesen des Humors besteht darin, daß man sich die Affekte erspart, zu denen die Situation Anlaß gäbe, und sich mit einem Scherz über die Möglichkeit solcher Gefühlsäußerungen hinaussetzt. Insofern muß der Vorgang beim Humoristen mit dem beim Zuhörer übereinstimmen, richtiger gesagt, der Vorgang beim Zuhörer muß den beim Humoristen kopiert haben. Aber wie bringt der Humorist jene psychische Einstellung zustande, die ihm die Affektentbindung überflüssig macht, was geht bei »der humoristischen Einstellung« dynamisch in ihm vor? Offenbar ist die Lösung des Problems beim Humoristen zu suchen, beim Zuhörer ist nur ein Nachklang, eine Kopie dieses unbekannten Prozesses anzunehmen.

Es ist Zeit, daß wir uns mit einigen Charakteren des Humors vertraut machen. Der Humor hat nicht nur etwas Befreiendes wie der Witz und die Komik, sondern auch etwas Großartiges und Erhebendes, welche Züge an den beiden anderen Arten des Lustgewinns aus intellektueller Tätigkeit nicht gefunden werden. Das Großartige liegt offenbar im Triumph des Narzißmus, in der siegreich behaupteten Unverletzlichkeit des Ichs. Das Ich verweigert es, sich durch die Veranlassungen aus der Realität kränken, zum Leiden nötigen zu lassen, es beharrt dabei, daß ihm die Traumen der Außenwelt nicht nahe gehen können, ja es zeigt, daß sie ihm nur Anlässe zu Lustgewinn sind. Dieser letzte Zug ist für den Humor durchaus wesentlich. Nehmen wir an, der am Montag zur Hinrichtung geführte Verbrecher hätte gesagt: Ich mach' mir nichts daraus, was liegt denn daran, wenn ein Kerl wie ich aufgehängt wird, die Welt wird darum nicht zugrunde gehen – so müßten wir urteilen, diese Rede enthält zwar diese großartige Überlegenheit über die reale Situation, sie ist weise und berechtigt, aber sie verrät auch nicht die Spur von Humor, ja sie ruht auf einer Einschätzung der Realität, die der des Humors direkt zuwiderläuft. Der Humor ist nicht resigniert, er ist trotzig, er bedeutet nicht nur den Triumph des Ichs, sondern auch den des Lustprinzips, das sich hier gegen die Ungunst der realen Verhältnisse zu behaupten vermag.

Durch diese beiden letzten Züge, die Abweisung des Anspruchs der Realität und die Durchsetzung des Lustprinzips, nähert sich der Humor den regressiven oder reaktionären Prozessen, die uns in der Psychopathologie so ausgiebig beschäftigen. Mit seiner Abwehr der Leidensmöglichkeit nimmt er einen Platz ein in der großen Reihe jener Methoden, die das menschliche Seelenleben ausgebildet hat, um sich dem Zwang des Leidens zu entziehen, einer Reihe, die mit der Neurose anhebt, im Wahnsinn gipfelt, und in die der Rausch, die Selbstversenkung, die Ekstase einbezogen sind. Der Humor dankt diesem Zusammenhange eine Würde, die z. B. dem Witze völlig abgeht, denn dieser dient entweder nur dem Lustgewinn oder er stellt den Lustgewinn in den Dienst der Aggression. Worin besteht nun die humoristische Einstellung, durch die man sich dem Leiden verweigert, die Unüberwindlichkeit des Ichs durch die reale Welt betont, das Lustprinzip siegreich behauptet, all dies aber, ohne wie andere Verfahren gleicher Absicht den Boden seelischer Gesundheit aufzugeben? Die beiden Leistungen scheinen doch unvereinbar miteinander.

Wenn wir uns an die Situation wenden, daß sich jemand gegen andere humoristisch einstellt, so liegt die Auffassung nahe, die ich auch bereits im Buch über den Witz zaghaft angedeutet habe, er benehme sich gegen sie wie der Erwachsene gegen das Kind, indem er die Interessen und Leiden, die diesem groß erscheinen, in ihrer Nichtigkeit erkenne und belächle. Der Humorist gewinne also seine Überlegenheit daher, daß er sich in die Rolle des Erwachsenen, gewissermaßen in die Vateridentifizierung begebe und die anderen zu Kindern herabdrücke. Diese Annahme deckt wohl den Sachverhalt, aber sie erscheint kaum zwingend. Man fragt sich, wie kommt der Humorist dazu, sich diese Rolle anzumaßen.

Aber man erinnert sich an die andere, wahrscheinlich ursprünglichere und bedeutsamere Situation des Humors, daß jemand die humoristische Einstellung gegen seine eigene Person richtet, um sich solcherart seiner Leidensmöglichkeiten zu erwehren. Hat es einen Sinn zu sagen, jemand behandle sich selbst wie ein Kind und spiele gleichzeitig gegen dies Kind die Rolle des überlegenen Erwachsenen?

Ich meine, wir geben dieser wenig plausiblen Vorstellung einen starken Rückhalt, wenn wir in Betracht ziehen, was wir aus pathologischen Erfahrungen über die Struktur unseres Ichs gelernt haben. Dieses Ich ist nichts Einfaches, sondern beherbergt als seinen Kern eine besondere Instanz, das Über-Ich, mit dem es manchmal zusammenfließt, so daß wir die beiden nicht zu unterscheiden vermögen; während es sich in anderen Verhältnissen scharf von ihm sondert. Das Über-Ich ist genetisch Erbe der Elterninstanz, es hält das Ich oft in strenger Abhängigkeit, behandelt es wirklich noch wie einst in frühen Jahren die

Eltern – oder der Vater – das Kind behandelt haben. Wir erhalten also eine dynamische Aufklärung der humoristischen Einstellung, wenn wir annehmen, sie bestehe darin, daß die Person des Humoristen den psychischen Akzent von ihrem Ich abgezogen und auf ihr Über-Ich verlegt habe. Diesem so geschwellten Über-Ich kann nun das Ich winzig klein erscheinen, alle seine Interessen geringfügig, und es mag dem Über-Ich bei dieser neuen Energieverteilung leicht werden, die Reaktionsmöglichkeiten des Ichs zu unterdrücken.

Unserer gewohnten Ausdrucksweise treu, werden wir anstatt Verlegung des psychischen Akzents zu sagen haben: Verschiebung großer Besetzungsmengen. Es fragt sich dann, ob wir uns solche ausgiebigen Verschiebungen von einer Instanz des seelischen Apparats auf eine andere vorstellen dürfen. Es sieht wie eine neue ad hoc gemachte Annahme aus, doch dürfen wir uns erinnern, daß wir wiederholt, wenn auch nicht oft genug, bei unseren Versuchen einer metapsychologischen Vorstellung des seelischen Geschehens mit einem solchen Faktor gerechnet haben. So nahmen wir z. B. an, der Unterschied zwischen einer gewöhnlichen erotischen Objektbesetzung und dem Zustand einer Verliebtheit bestehe darin, daß in letzterem Falle ungleich mehr Besetzung auf das Objekt übergeht, das Ich sich gleichsam nach dem Objekt entleert. Beim Studium einiger Fälle von Paranoia konnte ich feststellen, daß die Verfolgungsideen frühzeitig gebildet werden und lange Zeit bestehen, ohne eine merkliche Wirkung zu äußern, bis sie dann auf einen bestimmten Anlaß hin die Besetzungsgrößen erhalten, die sie dominant werden lassen. Auch die Heilung solcher paranoischer Anfälle dürfte weniger in einer Auflösung und Korrektur der Wahnideen als in der Entziehung der ihnen verliehenen Besetzung bestehen. Die Abwechslung von Melancholie und Manie, von grausamer Unterdrückung des Ichs durch das Über-Ich und von Befreiung des Ichs nach solchem Druck hat uns den Eindruck eines solchen Besetzungswandels gemacht, den man übrigens auch zur Erklärung einer ganzen Reihe von Erscheinungen des normalen Seelenlebens heranziehen müßte. Wenn dies bisher in so geringem Ausmaß geschehen ist, so liegt der Grund dafür in der von uns geübten, eher lobenswerten Zurückhaltung. Das Gebiet, auf dem wir uns sicher fühlen, ist das der Pathologie des Seelenlebens; hier machen wir unsere Beobachtungen, erwerben wir unsere Überzeugungen. Eines Urteils über das Normale getrauen wir uns vorläufig insoweit, als wir in den Isolierungen und Verzerrungen des Krankhaften das Normale erraten. Wenn diese Scheu einmal überwunden ist, werden wir erkennen, eine wie große Rolle für das Verständnis der seelischen Vorgänge den statischen Verhältnissen wie dem dynamischen Wechsel in der Quantität der Energiebesetzung zukommt.

Ich meine also, die hier vorgeschlagene Möglichkeit, daß die Person in einer bestimmten Lage plötzlich ihr Über-Ich überbesetzt und nun von diesem aus die Reaktionen des Ichs abändert, verdient es festgehalten zu werden. Was ich für den Humor vermute, findet auch eine bemerkenswerte Analogie auf dem verwandten Gebiet des Witzes. Als die Entstehung des Witzes mußte ich annehmen, daß ein vorbewußter Gedanke für einen Moment der unbewußten Bearbeitung überlassen wird, der Witz sei also der Beitrag zur Komik, den das Unbewußte leiste. Ganz ähnlich wäre der Humor der Beitrag zur Komik durch die Vermittlung des Über-Ichs.

Wir kennen das Über-Ich sonst als einen gestrengen Herrn. Man wird sagen, es stimmt schlecht zu diesem Charakter, daß es sich herbeiläßt, dem Ich einen kleinen Lustgewinn zu ermöglichen. Es ist richtig, daß die humoristische Lust nie die Intensität der Lust am Komischen oder am Witz erreicht, sich niemals im herzhaften Lachen ausgibt; es ist auch wahr, daß das Über-Ich, wenn es die humoristische Einstellung herbeiführt, eigentlich die Realität abweist und einer Illusion dient. Aber dieser wenig intensiven Lust schreiben wir – ohne recht zu wissen warum – einen hochwertigen Charakter zu, wir empfinden sie als besonders befreiend und erhebend. Der Scherz, den der Humor macht, ist ja auch nicht das Wesentliche, er hat nur den Wert einer Probe; die Hauptsache ist die Absicht, welche der

Humor ausführt, ob er sich nun an der eigenen oder an fremden Personen betätigt. Er will sagen: Sieh' her, das ist nun die Welt, die so gefährlich aussieht. Ein Kinderspiel, gerade gut, einen Scherz darüber zu machen!

Wenn es wirklich das Über-Ich ist, das im Humor so liebevoll tröstlich zum eingeschüchterten Ich spricht, so wollen wir daran gemahnt sein, daß wir über das Wesen des Über-Ichs noch allerlei zu lernen haben. Übrigens sind nicht alle Menschen der humoristischen Einstellung fähig, es ist eine köstliche und seltene Begabung und vielen fehlt selbst die Fähigkeit, die ihnen vermittelte humoristische Lust zu genießen. Und endlich, wenn das Über-Ich durch den Humor das Ich zu trösten und vor Leiden zu bewahren strebt, hat es damit seiner Abkunft von der Elterninstanz nicht widersprochen.

Andreas Heinz

Irre Lüste und lustloses Irren
Konstruktionen von Lust und Begierde im 20. Jahrhundert

1990 erschien ein Buch, das Lust und Freude ins Zentrum psychiatrischer Forschung stellte. Walter Jens warb hier für eine Psychiatrie, die sich der Freude verschreibt,[1] während verschiedene Aufsätze in der vorausgegangenen Zeit die Entstehung und Wirkung der Anhedonie, des Verlusts der Lebensfreude, beschrieben haben. Anhedonie findet sich bei Patienten mit depressiver Verstimmung, bei schizophren Erkrankten und bei Abhängigen.[2] Trotz dieser weiten Verbreitung war die Anhedonie in der deutschsprachigen Psychiatrie zu Beginn des 20. Jahrhunderts ein wenig beachtetes Symptom. Rudolf Cohen bemerkte ein merkwürdiges Fehlen entsprechender Beschreibungen in den klassischen Werken Kraepelins und Bleulers, die ansonsten sehr genaue Schilderungen der klinischen Beschwerden ihrer Patienten verfassten.[3] Erst Mitte des 20. Jahrhunderts bezeichneten der in die USA emigrierte Psychoanalytiker Sandór Radó und der Verhaltensforscher P. E. Meehl die Anhedonie als zentrales Symptom seelischer Erkrankungen.[4] Wie lässt sich dieser Umschwung

1 Vgl. Walter Jens, *Nachdenken über die Freude*. In: Hans Heimann (Hg.), *Anhedonie – Verlust der Lebensfreude*. Stuttgart, New York 1990.
2 Vgl. Andreas Heinz u. a., *Anhedonia in schizophrenic, depressed, or alcohol-dependent patients – neurobiological correlates*. In: *Pharmacopsychiatry* 27 (1994), S. 7–10.
3 Rudolf Cohen, *Das Anhedonie-Konzept in der Schizophrenie-Forschung*. In: *Anhedonie* (Anm. 1), S. 60.
4 Hierbei sei auf folgende Publikationen verwiesen: Sandór Radó, *Psychoanalysis of behavior*. New York, London 1956; P. E. Meehl,

erklären? War es einer antiautoritären Liberalisierung vorbehalten, die Bedeutung der Lüste für die seelische Gesundheit
zu erkennen?

Angesichts der Entwicklung der Psychoanalyse erscheint die
letztgenannte Hypothese als sehr zweifelhaft. Manifestationen
der Libido waren von jeher von besonderer Bedeutung für das
Verständnis des Seelischen. Eher waren es systematische
Gründe, die die Anhedonie erst negierten und dann ins Zentrum psychiatrischer Theoriebildung stellten. Sie illustrieren
die jeweils vorherrschende Ausprägung sozialer Normen. Der
vorliegende Aufsatz ist der Bedeutung der Lebensfreude in
diesen Modellen gewidmet.

Krankheit als Primitivierung

Im 19. Jahrhundert galt Geisteskrankheit als Ausdruck der
Degeneration, des Abfalls von Gott und der gottgeschaffenen
Vollkommenheit.[5] Die Entdeckung der Evolution stellte zwar
das christliche Weltbild und den Schöpfungsglauben infrage,
was blieb, war jedoch die grundsätzliche Annahme, dass seelische Krankheiten einen degenerativen Abbau darstellen, der
beim Betroffenen zu einem Verlust höherer Funktionen und einem Durchbruch primitiver Verhaltensweisen führt. Nur war
das Ausgangsniveau jetzt nicht mehr gottgegeben, sondern
evolutionär errungen. Der berühmte englische Neurologe John
Hughlings Jackson fasste das neue Modell treffend zusammen,
als er postulierte, dass im Gehirn immer zuerst die höchsten,
evolutionär jüngsten und kompliziertesten Zentren krank-
heitsbedingt ausfielen, sodass es zur Enthemmung unterge-

Schizotaxia, schizotypy, schizophrenia. In: *The American Psychologist*
17 (1962), S. 827–838.

5 Vgl. Klaus Dörner, *Bürger und Irre.* Frankfurt/M. 1984; Ludwig
Hermle, *Die Theorie der Degeneration in der Psychiatrie.* In: *Fortschritte der Neurologie und Psychiatrie* 54 (1986), S. 69–79.

ordneter Hirnzentren und zur Manifestation primitiver Verhaltensweisen kommt. Jackson imaginierte dabei ein kasernenhofartig organisiertes Gehirn, bei dem die höheren Hirnzentren von den niedrigeren Zentren informiert werden und deren primitive Funktion hemmen. Den krankheitsbedingten Ausfall der höheren Hirnzentren verglich er mit dem Verlust der Regierung (»der fähigsten Männer«) und die Enthemmung primitiverer Zentren mit der »Anarchie des Volkes«.[6] Jacksons Modell projiziert soziale Hierarchien so erfolgreich aufs Gehirn, dass folgende Generationen die vermeintlich biologischen Hierarchien zur Begründung sozialer Herrschaft verwenden konnten.

Wie aber verorten sich die Lüste in dieser Konstruktion? Als Auftreten primitiver Triebe, magischen Wunschdenkens und narzisstischer Selbstbespiegelung. Freud orientierte seinen Begriff der Regression an Jacksons Modell einer krankhaften Umkehr der Evolution und verstand Symptome seelischer Krankheit als Kompromissbildung zwischen den dabei aktivierten primitiven Wünschen und der Abwehr.[7] Und da die individuelle Entwicklung (Ontogenese) als verkürzte Wiederholung der stammesgeschichtlichen Evolution (Phylogenese) gesehen wurde, sollte die Primitivierung nicht nur kindliche, sondern auch »wilde« Verhaltensmuster freisetzen. Die kolonialisierten Völker wurden so zu Vergleichsobjekten der Geisteskranken, da sie als vermeintlich ahistorische Wesen die »primitive« Vorstufe des modernen Europäers repräsentieren sollten. Kennzeichnend für Schizophrene wie Primitive sei demnach ein Verlust bzw. Fehlen des realitätsangepassten Denkens und eine narzisstische Überbewertung der eigenen magischen Gedanken.[8]

6 John Hughlings Jackson, *Die Croon-Vorlesungen über Aufbau und Abbau des Nervensystems*. Berlin 1927.

7 Sigmund Freud, *Gesammelte Werke*, Bd. X. 5. Aufl. Frankfurt/M. 1977, S. 141.

8 Andreas Heinz, *Anthropologische und evolutionäre Modelle der*

Bis zur Mitte des 20. Jahrhunderts reproduzierte die deutschsprachige Psychiatrie diese Grundgedanken, auch wenn sie sich der sexuellen Implikationen der Psychoanalyse weitgehend verschloss. So verkürzte Bleuler den freudschen Autoerotismus, der das primitivste Stadium der menschlichen Entwicklung und gleichzeitig den Endpunkt der Regression in schwersten Formen der Geisteskrankheit darstellen sollte, um die anzügliche Erotik zum »Autismus«.[9] Das autistische, der Realität abgewandte Wunschdenken soll den nur im Singular vorkommenden »Neger« wie die Schizophrenen kennzeichnen und entspricht dem freudschen Primärprozess.[10] Bleuler, Freud und Kraepelin entdecken dieses realitätsferne Wunschdenken auch bei Kindern, Frauen, »Orientalen« und den »armen nackten Kannibalen« Australiens.[11]

In der deutschsprachigen Psychiatrie der ersten Hälfte des 20. Jahrhunderts galten Lüste als irrational, primitiv und bedrohlich. Einzig die Rationalität des weißen Mannes halte sie in Schach. Nur er könne den regressiven Versuchungen widerstehen und dem Diktat der Not folgen, sich die tote, kalte Erde untertan zu machen.[12] Wen wundert es da, dass sich die Frauen, Kinder und Vagabunden dieser freudlosen Disziplin versagen?[13] Aus dieser Beschreibung folgt aber auch, dass die

Schizophrenieforschung. In: Thomas Heise/Judith Schuler (Hg.), *Das transkulturelle Psychoforum.* Bd. 9. Berlin 2002, S. 28–29 und 219–225.

9 Eugen Bleuler, *Dementia praecox or the group of schizophrenias.* New York 1950, S. 63.

10 Vgl. Ders., *Dementia praecox oder die Gruppe der Schizophrenien.* Berlin 1911, S. 20; Freud (Anm. 7), Bd. VIII, S. 232.

11 Eugen Bleuler, *Das autistisch-undisziplinierte Denken in der Medizin und seine Überwindung.* Berlin 1927, S. 17 f.; Emil Kraepelin, *Die Erscheinungsformen des Irreseins.* In: *Zeitschrift für die gesamte Neurologie und Psychiatrie* 62 (1920), S. 1–28, hier S. 7; Bleuler (ebd.), S. 16; Freud (Anm. 7), Bd. IX, S. 6 f.

12 Carl G. Jung, *Wandlungen und Symbole der Libido.* 3. Aufl. Leipzig, Wien 1938, S. 20–26 und 408.

13 Kraeplin (Anm. 11), S. 7–19.

Anhedonie, der Verlust der Lebensfreude, schwerlich jene Geisteskranken kennzeichnen kann, die sich dem undisziplinierten, lustgesteuerten Träumen verschrieben haben sollen. Die Lüste standen also durchaus im Zentrum des psychiatrischen Diskurses, aber nicht als Mangel, sondern Bedrohung, als pathogenetisches Prinzip und nicht als Therapieziel.

Der koloniale Blick und die Sehnsucht nach dem ursprünglichen Leben

Der Platz, der den vermeintlich primitivierten Schizophrenen in der evolutionären Hierarchie zugewiesen wurde, war keineswegs ungefährlich. Denn in den deutschen Kolonien hatte sich eine Machtapparatur entwickelt, die die gezielte Vernichtung der widerständigen Völker in Krieg und Konzentrationslagern betrieb.[14] Gegen die Entwurzelung, eine angebliche Ursache der zunehmenden Geisteskrankheiten, die durch »jüdische Internationalisten« in das deutsche Volk getragen werde, empfahlen Psychiater die innere Kolonisierung.[15] Zeitlich ging die Zwangssterilisierung und Ermordung psychiatrischer Patienten dem Holocaust voraus. Es bedurfte einer andersartigen Sichtweise, um die Ablehnung und Abwertung des vermeintlich Primitiven vom Diskurs über die freudvollen Lüste zu trennen.

Dieser andersartige Blick findet sich in Wilhelm Reichs politisch oppositionell gesinnter Wertschätzung der Lüste.[16] Geschichtlich wirksam geworden ist er in der amerikanischen

---

14 Vgl. Andreas Heinz, *Savage thinkers and thinking savages – on the context of the evaluation of logical thought by Lévy-Bruhl and Evans-Pritchard.* In: *Anthropos* 92 (1997), S. 165–173.

15 Vgl. Andreas Heinz, *Colonial practices in the construction of the schizophrenic patient as primitive man.* In: *Critique of Anthropolog* 18 (1998), S. 421–444.

16 Wilhelm Reich, *Charakteranalyse.* Frankfurt/M. 1973.

Psychiatrie, die sich, zum Teil in bewusster Abgrenzung der emigrierten Psychoanalytiker vom Nationalsozialismus, den ursprünglichen Freuden zuwandte. Sie nahmen dabei das rousseausche Thema von den zerstörerischen Wirkungen der Zivilisation auf, das den vermeintlich ursprünglichen Naturzustand romantisiert. Nicht die an sich natürlichen Freuden und Begierden, sondern die urbane Überreizung und Unterdrückung der Lüste verursachen demnach seelisches Leid.[17]

Die Anhedonie entsteht demnach dann, wenn die natürlichen Bedürfnisse der Kindheit unterdrückt werden und sich nicht in bewusste Interessen umwandeln können. Die in der angloamerikanischen Tradition stehende positive Bewertung der handlungsleitenden Gefühle mag dazu beigetragen haben, dass nicht die Triebe und Lüste, sondern ihre Unterdrückung als Ursache psychischer Krankheit gesehen werden.[18] Die Schizophrenie wird in dieser Sichtweise zu einer Krankheit der Zivilisation, die sich durch den Verlust der Begierden und Freuden und durch ein schmerzhaft gesteigertes Selbstbewusstsein auszeichnet.[19]

Diese neue Sichtweise zerstörte nicht die hierarchische Gliederung menschlicher Lebensformen, sondern kehrte ihre Bewertung um. Pathologisch sind nicht die Freuden und Lüste, sondern ihre Unterdrückung. Nicht der naturhafte Ursprung, sondern die Zivilisation birgt die Gefahren. Das alte Modell von der Degeneration wird in der Konstruktion sichtbar, allerdings ohne die darin enthaltenen rassistischen Wertungen.[20] Geschichtsmächtig wurde es durch den Aufstieg des Behavio-

---

17 A. Myerson, *Anhedonia*. In: *American Journal of Psychiatry* 2 (1922), S. 87–111, hier S. 100.

18 David Hume, *A treatise of human nature*. Oxford 1978, S. 276 f.

19 A. Myerson, *The social anxiety neurosis – its possible relationship to schizophrenia*. In: *American Journal of Psychiatry* 101 (1944/45), S. 149–156.

20 Vgl. Stephen J. Gould, *The mismeasure of man*. New York 1981.

rismus und der amerikanischen Psychiatrie nach dem zweiten
Weltkrieg.

Der Verlust der Freude

In der Mitte des 20. Jahrhunderts verlor die Annahme einer
pathologischen Primitivierung zunehmend an Erklärungs-
wert. Die biologische Forschung entdeckte, dass die Menschen
eher jungen als alten Primaten ähneln. Ist aber die verlängerte
Kindheit ein entscheidendes Merkmal des Menschen, können
die vermeintlich Primitiven nicht ohne weiteres mit Kindern
verglichen werden, will man die gemeinsame Abwertung
aufrechterhalten. Einige Forscher kehrten die Vergleiche um
und behaupteten jetzt, dass nicht die vermeintlich Primitiven,
sondern die »weiße Rasse« den Kindern am ähnlichsten sei.[21]
Diese Versuche erschütterten jedoch die Gleichsetzung von
Phylo- und Ontogenese und damit die bisher geltende
Überzeugung, dass Primitive und Kinder eine unreife und ir-
rationale Vorstufe des höheren Menschen darstellen. Zudem
widerlegte die angloamerikanische Feldforschung den Mythos
vom irrationalen »Primitiven«.[22] Durch die Emigration der
jüdischen Psychiater und Psychoanalytiker verlagerten sich die
Zentren psychiatrischer Forschung in die Vereinigten Staaten.
Zwei Bewegungen kamen zusammen, die den Fokus psychologischer und psychiatrischer Forschung auf sozial akzeptierte
Lüste verschoben. Zum einen proklamierte der New Deal die
Integration der Arbeiterklasse durch eine zumindest teilweise
sozial sanktionierte Bedürfnisbefriedigung. Statt die Begierden zu unterdrücken, sollten sie sozial verträglich zur Motivation genutzt werden.[23] Auf individueller Ebene vertrat der

21 Ebd., S. 115–122.
22 Edward E. Evans-Pritchard, *Theories of primitive religion*. Oxford
1965, S. 88.
23 Michael L. Blakey, *Skull doctors. Intrinsic social and political bias in*

Behaviorismus, dass Verhalten durch Belohnung verstärkt werde. Nicht die Unterdrückung, sondern die Steuerung der Begierden durch den gezielten Einsatz der Belohnungen ist demnach das Ziel der Therapie.[24]

Die Verhaltenskontrolle funktioniert aber dann nicht, wenn eine Person nicht auf die gesellschaftlich anerkannten und verfügbaren Belohnungen reagiert. Als einer der ersten Verhaltenstherapeuten wandte Meehl dieses Modell auf die Schizophrenie an und postulierte, dass diese Erkrankung durch eine Störung jener limbischen Hirnregionen verursacht werde, die die normale Reaktion auf Freude und Belohnung vermitteln.[25] Auch der Psychoanalytiker Radó vertrat die Auffassung, dass die Anhedonie ein zentrales Kennzeichen schizophrener Erkrankungen sei. Radós Annahmen illustrieren den Wandel, den die psychoanalytische Theorie nehmen konnte. Wie Freud ging Radó davon aus, dass das primitivste psychische Funktionsniveau vom Lustprinzip regiert sei. Die schizophrene Psychose wird aber nicht mehr als Regression auf dieses primitive Stadium, sondern als Folge einer primären Funktionsstörung des Lustprinzips verstanden, sodass die Anhedonie zum Kernsymptom der Schizophrenie wird.[26] Nicht das Hervorbrechen primitiver Lüste verursacht danach die pathologische Dekompensation, sondern die Störung lustvollen Erlebens, die zu emotionalen Problemen und einer Überbeanspruchung kognitiver Funktionen führen soll.

Ein behavioristischer Ansatz versuchte, psychotische Symptome durch ein genau abgestuftes Programm von Belohnungen und Bestrafungen zu beeinflussen. Privilegien wie Arztgesprä-

the history of American physical anthropology. In: *Critique of Anthropology* 7 (1981), S. 7–35.

24 Vgl. J. B. Watson, *Psychology as the behaviorist views it.* In: *Psychological Review* 20 (1913), S. 158–177; B. F. Sinner, *Science and human behavior.* New York 1953.

25 Meehl (Anm. 4), S. 829–832.

26 Radó (Anm. 4), S. 275–290.

che oder Zigaretten erhielten die Patienten in derartigen verhaltenstherapeutischen Programmen nur dann, wenn sie sich durch sozial angepasstes Verhalten entsprechende Plastikchips verdient hatten, die zu der Vergünstigung berechtigten.[27] Was aber fehlt den Patienten, die auf die sozial akzeptierten Verstärker nicht reagieren? Die Freude an ebendiesen Belohnungen. Die Anhedonie markiert den Punkt, an dem die Kapitalisierung der therapeutischen Verhältnisse am lustlosen Irren der Patienten scheitert. Es blieb einer biologisch orientierten Psychiatrie vorbehalten zu entdecken, dass diese Anhedonie, die doch den Kern psychotischer Symptomatik beschreiben soll, häufig erst als Nebenwirkung der medikamentösen Behandlung auftritt.[28]

Schizophrenie und Sucht

Die ideologischen Verzerrungen unserer eigenen Zeit sind schwerer zu fassen als die sozial motivierten Konstruktionen aus der ersten Hälfte des 20. Jahrhunderts. Dennoch lässt sich zumindest feststellen, dass die Lüste und Begierden die Diskussion um die Schizophrenien nicht mehr bestimmen.[29] Nicht die unkontrollierten Lüste, sondern der Zusammenbruch der Informationsverarbeitung kennzeichnet unser modernes Bild von der Schizophrenie, die jetzt als Entdifferenzierung der Signalüberleitung oder als Enthemmung semantischer Netzwerke verstanden wird.[30]

27 Leonard P. Ullmann/Leonard Krasner, *A psychological approach to abnormal behaviors*. Englewood-Cliffs 1969, S. 409.
28 Vgl. Ron A. Wise, *Neuroleptics and operant behavior: the anhedonia hypothesis*. In: *Behavior and Brain Science* 5 (1982), S. 39–87.
29 Meehl, *Schizotaxia revisited*. In: *Archives of General Psychiatry* 46 (1989), S. 935–944, hier S. 939.
30 Ebd., S. 938; Manfred Spitzer, *The psychopathology, neuropathology, and neurobiology of associative and working memory in schizo-*

Auf der anderen Seite befreit der gesellschaftliche Perspektivenwechsel die Erforschung der Lüste von der Aufgabe, soziales wie individuelles Leid in allzu eindeutige Bilder zu bannen. Weder konstituieren die Lüste eine dunkle Gegenwelt zur Rationalität, noch muss ihre Abwesenheit die soziale Auffälligkeit schizophrener Patienten erklären. So können die Freuden beschrieben werden, die Schizophrene bei der rationalen Konstruktion eines wahnhaften Weltbildes empfinden – Freuden, die dem Genuss vieler Wissenschaftler beim Verständnis bisher verborgener Zusammenhänge auf beunruhigende Weise ähneln.[31]

Eine zunehmend differenzierter argumentierende Neurowissenschaft hat zudem die neurobiologischen Korrelate der Begierde und des freudvollen Genusses voneinander getrennt. Der amerikanische Neurowissenschaftler Wise beschrieb eine chemische Substanz, die die Freude beim Eintreffen einer Belohnung vermitteln soll – das Dopamin.[32] Wird die Wirkung dieses Botenstoffs durch Medikamente blockiert, entsteht Anhedonie. Umgekehrt verursachen fast alle legalen und illegalen Drogen eine Dopaminfreisetzung, die so angenehm sein soll, dass die Drogeneinnahme wieder und wieder erfolgt.

Sucht als Lust, als die endlose Wiederholung der immer gleichen chemischen Freuden: Zwei Forscher, Robinson und Berridge, widersprachen 1993 dieser in einem Übersichtsartikel, der die Suchtforschung der nächsten zehn Jahre entscheidend geprägt hat.[33] Die Autoren unterschieden die Begierde, die tat-

phrenia. In: *European Archives of Psychiatry and Clinical Neuroscience* 243 (1995), S. 57–70.

31 Louis A. Sass, *Madness and modernism. Insanity in the light of modern art, literature, and thought*. New York 1992, S. 324 f.; Thomas Kuhn, *Die Struktur wissenschaftlicher Revolutionen*. Frankfurt/M. 1976, S. 97.

32 Vgl. Wise (Anm. 28).

33 Terry E. Robinson/Kent C. Berridge, *The neural basis of drug craving: an incentive-sensitization theory of addiction*. In: *Research Reviews* 18 (1993), S. 247–291.

sächlich durch den Botenstoff Dopamin vermittelt werden soll, von Genuss bzw. Freude beim Eintreffen einer Belohnung. Suchtstoffe verändern demnach das dopaminerge System so, dass es zur permanenten Gier nach der Substanz kommt, ohne dass der Konsum noch von einem lustvollen Genuss begleitet sein muss. Sucht ist eine freudlose Gier, immer auf der Suche nach dem einst erlebten Glücksgefühl, das die Droge schon lange nicht mehr bietet. Heiterkeit ist in dieser Situation nicht zu erwarten, die Vorfreude wird zur Gier, und für die Hedonie sind andere Zustände und biologische Korrelate verantwortlich.

Wenn das zentrale dopaminerge System eher Begierde als Genuss vermittelt, müssten auch schizophrene Patienten eher unter einer Motivationsstörung als einem Verlust der Lebensfreude leiden, wenn ihre Medikamente dieses System blockieren. Erste Untersuchungen scheinen dies zu bestätigen.[34] Umgekehrt wäre die dopaminerge Überfunktion, die im Stress der akuten Psychose auftritt, eben nicht mit primitiven Lüsten verbunden, sondern mit einer übermäßigen Aufmerksamkeitszuwendung gegenüber Umweltreizen, die irrtümlicherweise als belohnungsanzeigend oder wichtig wahrgenommen werden.[35] Die Schizophrenen wären in der klassischen Situation des Helden eines Kriminalromans, der aus einer Vielzahl von Zeichen jene herauslesen muss, die das Geschehen verständlich machen – allerdings mit dem Nachteil, dass kein wohlmeinender Autor die Bedeutungen vorsortiert hat.

34 Vgl. Andreas Heinz u. a., *Psychomotor slowing, negative symptoms, and dopamine receptor availability – an IBZM SPECT study in neuroleptically treated and drug-free schizophrenic patients*. In: *Schizophrenia Research* 31 (1998), S. 19–26; Kai Schmidt u. a., *Psychopathological correlates of reduced dopamine receptor sensitivity in depression, schizophrenia, and opiate and alcohol addition*. In: *Pharmacopsychiatry* 34 (2001), S. 66–72.
35 Andreas Heinz, *Dopaminergic dysfunction in alcoholism and schizophrenia – psychopathological and behavioral correlates*. In: *European Psychiatry* 17 (2002), S. 9–16.

Die Überladung des Erlebten mit Bedeutung, die in der beginnenden Schizophrenie als Wahnstimmung bezeichnet wird, wäre eine Folge dieser Funktionsstörung. Wahnstimmung oder Motivationsstörung könnten demnach zeitgleich mit Störungen des Genusses oder Lusterlebens auftreten, die (andere) neurobiologische Ursachen haben oder Folge der sozialen Ausschließung sind.[36]

Wird die menschliche Entwicklung nicht mehr als zunehmende Sublimation der Lüste verstanden, kann die Vielfältigkeit beeinträchtigender Störungen der Lebensfreude, der Motivation, des Antriebs und der sozialen Interaktion hervortreten. Und wird soziales Verhalten nicht allein über die sozial angepasste Reaktion auf Belohnung und Bestrafung erklärt, können Apathie und Verweigerung, sozialer Rückzug und Verunsicherung voneinander unterschieden und zeitgleich beschrieben werden. Werden die Theorien zur Entstehung psychischer Krankheiten nicht länger mit den binären Gegensätzen von Affekt und Ratio, belohnungsgesteuertem Verhalten und Anhedonie konstruiert, öffnet sich ein weites Feld affektiver und motivationaler, intendierter und neurobiologisch verursachter Störungen, die die Lebensfreude, Begierden und Lüste beeinträchtigen können. Der differenzierte Blick markiert das Ende der großen Erzählungen vom evolutionären Sieg der Ratio über die Unvernunft.[37] Vergeblich erscheinen damit allerdings auch alle Versuche, gegen den entfremdeten Alltag im Sinne Wilhelm Reichs auf die Befreiung der Lüste zu setzen.

---

36 Franco Basaglia, *Die Entscheidung des Psychiaters*. In: *Die negierte Institution oder die Gemeinschaft der Ausgeschlossenen*. Frankfurt/M. 1971, S. 152.
37 Vgl. Jean-François Lyotard, *The postmodern condition: a report on knowledge*. Minneapolis 1993.

Dieter Thomä

Vom Glück und seinen Verrätern
Über Utopien im 20. Jahrhundert

Das 20. Jahrhundert hatte mehr Glück als Verstand. Massenhaft flogen wohlhabende Menschen zu Traumstränden, erschauten Sonnenuntergänge und verwöhnten sich. Nebenbei ruinierten sie die Umwelt, aber das tat ihrem Glück keinen Abbruch. Oder hatte das 20. Jahrhundert mehr Verstand als Glück? Viel Verstand (nicht: Vernunft) setzten jedenfalls die Deutschen ein, um die Logistik des Völkermords zu perfektionieren, und so bleibt einem beim Rückblick auf dieses Jahrhundert die Frage nach dem Glück im Halse stecken. Genau dort ist sie am richtigen Platz: im Hals. Man laboriert an ihr, kann sie weder ausstoßen noch verdauen und hält auf diese Weise dem Glücks-Kloß die Treue. Im Wechselbad der Geschichte mag man sich drehen und wenden, wie man will: Die Frage nach dem Glück wird man nicht los. »Die Welt ist so schön bei allem Graus«, schrieb Rosa Luxemburg – im Gefängnis.[1]

Was aber ist dann der Beitrag des 20. Jahrhunderts zu diesem alten, immer jungen Menschheitstraum vom Glück? Ausgeträumt ward er nicht, er wurde vielmehr weitergeträumt in drei großen Projekten, die allesamt ebenso ehrgeizig wirken wie suspekt. Doch wie die Glut in den Nischen am längsten hält, so hat das Glück dort überlebt, wo es sich hinflüchten konnte: in Ecken, wo es Schutz suchte vor jenen Großfeuern, die das Glück im Lodern verzehrt und vernichtet haben. Die Glücks-Geschichte des 20. Jahrhundert lebt also von einem Paradox: Was vom Glück zu erfahren und zu leben war, wuchs

---

1 Rosa Luxemburg, *Gesammelte Briefe*. Berlin 1987, Bd. 5, S. 151 (Brief an Mathilde Wurm vom 28. 12. 1916).

unverhofft wie ein Mauerblümchen am Rande der Projekte, die auf der Suche nach ihm waren: Es ergab sich im Widerstreit von Macht und Ohnmacht, Programm und Störung.

Drei Großprojekte des Glücks hat es, so meine ich, in diesem Jahrhundert gegeben, und wer beim Glück nach dem Rechten sehen will, muß sich wohl oder übel an deren Spuren heften, um es zu finden – mag er dabei auch in Schädelstätten oder, im Glücksfall, nur in Vergnügungsparks geraten. Bei jenen Großprojekten geht es um die Vertagung, Veralltäglichung und Technisierung des Glücks.

Die ersten beiden dieser Projekte lassen sich als Schlußfiguren der klassischen Geschichtsphilosophie auffassen: Sie sind bestimmt von einer Logik, die Entwicklung der Menschheit in zeitliche Schritte und Fortschritte aufteilt. Auf der einen Seite wurde das höchste Ziel, das diesem Fortschritt zugeschrieben wurde, immer weiter in die Ferne gerückt; dies führte zu einer radikalen Verschiebung und Vertagung des Glücks. Auf der anderen Seite gab es diejenigen, die schon die Zielflagge schwenkten und das Ziel der Geschichte für erreicht hielten; das Glück sollte damit frei Haus zugänglich werden. Diejenigen schließlich, denen die Verrückung des Glücks in eine schier unerreichbare Ferne ebenso fremd war wie dessen allgegenwärtige Alltäglichkeit, hielten an der Idee der geschlossenen geschichtlichen Entwicklung fest und meinten zugleich, für die kontinuierliche Glücksförderung ein besonders effektives Instrument gefunden zu haben: die Technik.

Man kann sagen, daß sich aus diesen drei Großprojekten fast so etwas wie eine kleine Geschichte des 20. Jahrhunderts ergibt – ein Jahrhundert-Streit, in dem es doch nie ganz gelungen ist, das Glück an der richtigen Stelle zu plazieren: Weder läßt es sich aus dem gegenwärtigen Leben ganz entfernen, noch ist es allzeit zur Hand – und technisch machbar ist es auch nicht. Aus den Großprojekten des 20. Jahrhunderts geht das Glück beschädigt, aber nicht geschlagen hervor. Wenn die Menschheit sich im 21. Jahrhundert einen Gefallen tun will, dann sollte sie das Glück vor deren Logik in Schutz nehmen und sich an die

Gegenbilder halten, mit denen man sich um des Glückes willen gegen sie gesträubt hat. Hier folgt nun eine kurze Besichtigung jener Großprojekte mitsamt dieser Gegenbilder.

I. Vertagung

Wenn die Zeiten schlecht sind, läßt man alle Hoffnung fahren. Wohin? In die Zukunft. Dort, vertagt auf bessere Zeiten, läßt sich das Glück in den schönsten Farben ausmalen. Man will das Leben schmieden, solange es heiß ist. Mit Leidenschaft haben die Menschen zu Beginn des 20. Jahrhunderts deshalb Orte aufgesucht, wo sie die utopische Hitze schon meinten spüren zu können. Bis 1901 suchte Paul Gauguin das Paradies in Tahiti, besann sich dann aber eines Besseren, nämlich der Insel Hiva-Oa im Marquesas-Archipel. Heinrich und Julius Hart, die pünktlich im Jahr 1900 die »Neue Gemeinschaft« in Berlin gründeten, meinten den idealen Platz für »Weihefeste« und »Liebesmahle« in einem ehemaligen Säuglingsheim in Schlachtensee gefunden zu haben; die Frauen ergingen sich dort im Glück ohne Korsett.[2]

Doch waren all diese Welten zu klein für große Hoffnungen. Zur drängenden Sehnsucht sollte maßstabgerecht ein weit größerer »Glücksbau« (Ernst Bloch[3]) passen, eine ganz andere Gesellschaft. Zum Beispiel das *Land der Glücklichen*, das der russisch-litauische Schriftsteller Yan Larri in einem 1931 erschienenen utopischen Roman beschrieb.[4] Bald schon würden wir ein Leben führen, so meinte er, das vorwiegend aus Geläch-

2 Vgl. dazu Ute Druvins, *Alternative Projekte um 1900. Utopie und Realität auf dem »Monte Verità« und in der »Neuen Gemeinschaft«*. In: Hiltrud Gnüg (Hg.), *Literarische Utopie-Entwürfe*. Frankfurt/M. 1982, S. 236–249, hier S. 243.

3 Ernst Bloch, *Freiheit und Ordnung*. New York 1946, S. 114.

4 Vgl. Richard Stites, *Revolutionary Dreams. Utopian Vision and Experimental Life in the Russian Revolution*. New York/Oxford 1989, S. 178 f.

ter und einem musikuntermalten Picknick am Seerand be-
stünde; zum Wohnen waren die Hotels »Zum glücklichen
Fischer« und »Zum fröhlichen Piloten« vorgesehen. Die Hor-
rorvision zu diesem utopischen Vergnügungspark findet sich
in einem der größten zornig-traurigen Bücher dieses Jahrhunderts, Jewgenij Samjatins *Wir*. Darin heißt es am Ende: »Ihr
seid vollkommen, ihr seid wie Maschinen, der Weg zum voll-
kommenen Glück ist frei.«[5] Stalin übrigens fand Yan Larris
Land der Glücklichen gar nicht lustig und ließ ihn ins Straflager
bringen; die Logik der Utopie trieb er seinerseits ins Extrem: Er
trat die Gegenwart mit Füßen und richtete für die Verwirklichung einer anderen Welt ein Blutbad an.

Zu solcher Vertagung des Glücks auf künftige Zeiten oder auf
Nimmerwiedersehen gehört die Verachtung der Gegenwart.
Manchmal mag sie das verdient haben, aber da man doch ohne
diese Gegenwart gar nicht leben kann, bekommt diese Glücks-
vertagung etwas Selbstzerstörerisches. Auch der Philosoph
Theodor W. Adorno betrieb diese Zerstörung, als er erklärte,
im Verblendungszusammenhang verflüchtige sich die »subjektive Fähigkeit zum Glück«[6]. Er legte die Latte fürs Glück so
hoch, daß mit Fehlversuchen auch der sportlichsten Zeitgenossen zu rechnen war.

Doch Adorno war kein Anhänger der reinen Lehre utopisti-
scher Überheblichkeit; er spürte den Spuren gelingenden Lebens nach wie ein trauriges Trüffelschwein, das vor der Saison
sucht. Und das Werk seines Weggenossen Walter Benjamin,
von dem behauptet worden ist, ihm sei das Glück fremd, ist von
diesem Wort durchzogen wie von einem Goldfaden.[7] Benjamin
fand es beim neuen Tag, der »wie ein frisches Hemd auf un-

5 Jewgenij Samjatin, *Wir* [1920]. Köln 1984, S. 167.

6 Theodor W. Adorno, *Gesammelte Schriften*. Frankfurt/M. 1970 ff.,
Bd. 4, S. 100 (*Minima Moralia*, 55. Stück).

7 Werner Fuld, *Walter Benjamin*. Reinbek 1990, S. 185; vgl. dagegen
Dieter Thomä, *Fortschritt und Glück. Über Benjamin und Wittgenstein*.
In: ders., *Vom Glück in der Moderne*. Frankfurt/M. 2003, Kap. 3.

serm Bett« liege und »im Erwachen aufzugreifen« sei, oder bei »Micky-Maus«, die »in jeder Wendung auf die einfachste und zugleich komfortabelste Art sich selbst« genüge.[8] Das 20. Jahrhundert – es liefert auch eine reiche Sammlung solcher Momente des kleinen Glücks. »Viel thuet die gute Stunde«, meinte schon Friedrich Hölderlin in *Das Nächste Beste*.[9]

Die gewaltige Schiebung mit Glücksutopien ist derart in Verruf geraten, daß sie – zum Glück – kaum mehr Anhänger findet. Kleinere Brötchen soll man backen? Die schmecken sowieso besser. Am äußersten Rand der utopischen Großprojekte sind doch auch im zwanzigsten Jahrhundert Entdecker in Glücksdingen fündig geworden: Belehrt von den Katastrophen entwickelten sie eine ins Äußerste gesteigerte Neugier auf die unzerstörten Orte, an denen das Glück doch zu finden war – Orte, die vielleicht früher weggerutscht wären ins Idyll. Man darf das Glück nicht mit dem Blutbad ausschütten.

II. Veralltäglichung

Nach der Katastrophe totalitärer Glücksversprechen kam der Siegeszug der Individualisierung. Und in ihm war ein anderes Großprojekt wirksam, das bis heute noch nicht an sein Ende gelangt ist: die Veralltäglichung des Glücks. Ihre Verfechter halten sich an den alten Satz, jeder sei seines Glückes Schmied, und legen ihn so aus, daß jeder sein Glück sowieso nach Belieben zurechtklopfen und in Form bringen könne. Die Idee des Privat-Glücks wird ausgerufen – manche haben davon dann mehr, die meisten weniger. Das Glück löst sich auf in einem wilden Sammelsurium von Hobbys und einem reichen Reper-

---

8 Walter Benjamin, *Gesammelte Schriften*. Frankfurt/M. 1972 ff., Bd. IV, S. 141 f., und Bd. II, S. 218; vgl. auch Bd. I, S. 732 und 462.
9 Friedrich Hölderlin, *Sämtliche Werke und Briefe*. Bd. 1. Frankfurt/M. 1992, S. 402.

toire von Genußmitteln. Im Modewort Wellness feiert dieses Glücksprojekt einen späten Triumph.

Ist dem Glück mit dieser liberalen Vervielfältigung, dieser Zerbröselung im Alltag gedient? Der Philosoph Hans Blumenberg hat einmal gesagt: »Daß es vom Glück keinen objektiven Begriff gibt, ist ein Glück für uns.«[10] Recht hat er, und nach dem Schindluder, der mit diesem Wort getrieben worden ist, möchte man vor jedem, der das Glück festlegen will, die Flucht ergreifen und übt sich in Respekt und Toleranz für die Neigungen der Nachbarn – von Schrebergarten bis Sado-Maso. Das heißt aber nicht, daß beim Glück nun der faule Frieden der Beliebigkeit ausgebrochen sei. Dieses Wort tut sich, anders als Lust und Leidenschaft, mit dem Plural schwer: Von ›vielen Glücken‹ kann keine Rede sein. So scheint das Glück doch etwas Besonderes, geradezu Exklusives zu bleiben: ein Seelenzustand jenseits einzelner Genüsse.

Um die Atmosphäre zu beschreiben, die das Glück jenseits der Veralltäglichung umgibt, wurde im 20. Jahrhundert oft ein Wort genannt, dem in der Tat eine stattliche Position im Glücksgebiet zusteht: »Frieden«. Einer der schönsten Sätze stammt von Max Horkheimer: »Wer [...] glücklich ist, bedarf nicht der Bosheit.«[11] Es waren vor allem die leicht melancholischen Figuren, die auf diesem ganz besonderen Glück beharrten und es von Erfolgsprämien und Freizeitspaß abhoben. Robert Musil zum Beispiel schrieb: »Ich glaube, daß wenige Menschen ganz unberührt davon bleiben, daß es statt ihres Lebens auch ein anderes gäbe, wo man, mit einem trivialen Wort, glücklich ist, nicht nur sich nervös plagt.«[12]

Hektik ist der Herold der Ermüdung. Und so darf man vermuten, daß sich die nervöse Betriebsamkeit irgendwann legen

10 Hans Blumenberg, *Säkularisierung und Selbstbehauptung*. Frankfurt/M. 1974, S. 102.
11 Max Horkheimer, *Gesammelte Schriften*. Frankfurt/M. 1985ff., Bd. 8, S. 142.
12 Robert Musil, *Essays und Reden. Kritik*. Reinbek 1978, S. 1357.

wird, mit der die Menschen ihr Wohlbefinden im Reigen der Vergnügungen auf Trab halten. Aus diesem Reigen fällt das Glück doch heraus, und so scheint es auch diesem zweiten Großprojekt, mit dem im 20. Jahrhundert Jagd auf es gemacht wurde, zu entschlüpfen – sei es auch nur als buckliges Männlein, das bei den Menschen immer wieder, in den Betriebspausen der Genußindustrie, ein offenes Ohr findet mit der Frage: Ist das alles?

III. Technisierung

Von vornherein unbeliebt war die Ahnung vom ungreifbaren Glück bei den Anhängern des dritten großen Glücksprojekts im 20. Jahrhundert. Sie sahen in dem Zauber, der um das Glück verbreitet wurde, nur eine Vernebelung des Lebens und setzten lieber auf dessen Technisierung. Schon Anfang dieses Jahrhunderts erforschte Josefa Ioteyko im Brüsseler »Physiologischen Institut« die »Psychotechnik« des menschlichen Lebens, um sie zu optimieren und damit für »mehr Glück« zu sorgen.[13] Wsewolod Meyerhold entwickelte die »Biomechanik« und wollte die »Lebensfreude des Proletariats« steigern.[14] George Grosz modellierte den »Republikanischen Automaten«, in dem er ein Bild funktionierenden Lebens sah.[15] Es sollte laufen wie eine Maschine – ohne Unwucht, rund und wie geschmiert. Zeit-

13 Vgl. Anson Rabinbach, *The Human Motor*. Berkeley/Los Angeles 1992, S. 137 und 274.

14 Vgl. Richard Stites, *Revolutionary Dreams* (Anm. 4), S. 161; Andreas Bossmann, *Amerikanismus und Technizismus in der Kunst der zwanziger Jahre*. In: Stiftung Bauhaus Dessau/RWTH Aachen (Hg.), *Zukunft aus Amerika. Fordismus in der Zwischenkriegszeit: Siedlung, Stadt, Raum*. Dessau 1995, S. 124–133, hier S. 125 und 131.

15 Zu George Grosz vgl. Roland März, *Republikanische Automaten. George Grosz und die Pittura metafisica*. In: Peter-Klaus Schuster (Hg.), *George Grosz*. Berlin 1994, S. 146–156, hier S. 152.

weise entfaltete diese Idee bei zahlreichen Wissenschaftlern und Künstlern starke Anziehungskraft – und dies war im Zeitalter des »Innerlichkeitshokuspokus« kein Wunder.[16] Gesucht wurde nach der perfekten Übersetzung des Glücks in technisch steuerbare Faktoren – ein Unternehmen, mit dem man den Streit um diese Herzensangelegenheit endlich erledigt hätte.

Dieses Unternehmen, das mit der Krise des Machbarkeitswahns in den siebziger Jahren in die Defensive geraten war, ist im späten 20. Jahrhundert erneut in Fahrt gekommen, und so schlägt man sich weiterhin mit der Frage herum, was denn zu unternehmen sei, wenn das Leben nicht mehr rund läuft oder noch ein bißchen besser funktionieren soll. Nötig ist dann, wie bei Maschinen üblich, entweder eine Reparatur oder – bekannt vor allem von Opel Mantas, 3er BMWs und amerikanischen Schulkindern – Tuning.

Halten wir uns an die Schulkinder: Die Zahl der Rezepte für die Glückspillen »Prozac« und deren pharmazeutische Vettern »Zoloft« und »Paxil« ist in den USA am Ende des 20. Jahrhunderts auf rund eine Million pro Jahr gestiegen. Die amerikanische Jahresproduktion von »Ritalin«, einem ähnlichen Mittel, verzehnfachte sich im letzten Jahrzehnt auf rund 15 Tonnen. Der biotechnische Pannendienst verspricht Abhilfe gegen das, was im Nachrichtenmagazin *Time* ein »no-fun life« genannt wird. Was wäre denn, so wird hier zugleich gefragt, wenn dank der Pillen »all unsere Kinder ein bißchen glücklicher würden? Haben wir ein Problem damit?«[17] Das Glück steht also noch auf den Etiketten der Programme, von denen hier die Rede ist. Doch genau besehen geht es bei diesem pharmazeutischen Lebens-Tuning nicht um befangene Seelenzustände und Selbstauskünfte, sondern um meßbare Leistungsdaten.

16 Der Begriff findet sich bei Raoul Haussmann, *Bilanz der Feierlichkeit. Texte bis 1933*. Bd. 1. München 1982, S. 92f.
17 *Time*, 30. 11. 1998. Hier auch die genannten Fakten.

Ob dieses dritte große Glücksprojekt des 20. Jahrhunderts, das derzeit in gentechnologischen Phantasien fortlebt, weiter vorangetrieben wird, ist noch nicht abzusehen. Unklar ist auch noch, wo sich das Glück herumtreiben wird, ob es also vor diesem Großprojekt – wie schon vor den anderen – fliehen und anderswo Schutz suchen kann. Zu Beginn des 20. Jahrhunderts sah Max Weber das Scheitern der Technisierung freilich schon als besiegelt an: »Daß man […] in naivem Optimismus die […] Technik der Beherrschung des Lebens als Weg zum *Glück* gefeiert hat, – dies darf ich wohl, nach Nietzsches vernichtender Kritik an jenen ›letzten Menschen‹, die ›das Glück erfunden haben‹, ganz beiseite lassen. Wer glaubt daran? – außer einigen großen Kindern auf dem Katheder oder den Redaktionsstuben«[18] Ein paar mehr werden es inzwischen allerdings geworden sein.

IV. Die leeren Seiten im Buch der Weltgeschichte

Was hat das Glück überhaupt in der Geschichte der Menschheit zu suchen? Es gibt eine stattliche Tradition, die davon gar nichts hält. Sie führt von Hegels Satz, die »Perioden des Glücks« seien die »leeren Seiten« im Buch der Weltgeschichte, über Jacob Burckhardts Vorschlag, »den Ausdruck ›Glück‹ aus dem Völkerleben loszuwerden«, bis zu Sigmund Freuds Bemerkung, die Absicht, daß der Mensch glücklich sei, sei »im Plan der ›Schöpfung‹ nicht enthalten«.[19] Diese Sätze sind so gedeutet worden, daß im Ernst des Lebens und der Geschichte

---

18 Max Weber, *Gesammelte Aufsätze zur Wissenschaftslehre*. Tübingen 1988, S. 598.
19 Georg Wilhelm Friedrich Hegel, *Werke*. Frankfurt/M. 1970f., Bd. 12, S. 42 (*Vorlesungen über die Philosophie der Geschichte*); Jacob Burckhardt, *Über das Studium der Geschichte*. München 1982, S. 238; Sigmund Freud, *Gesammelte Werke*. Frankfurt/M. 1960ff., Bd. 14, S. 434 (*Das Unbehagen in der Kultur*).

auf das Glück keine Rücksicht genommen werden dürfe. (Und ist das Leben nicht immer ziemlich ernst?) Sie sind aber auch ganz anders verstanden worden: nämlich als ein – etwas ungeschicktes – Kompliment an das Glück, das sich freischwimmen kann von der geschichtlichen Dynamik, in die es eingespannt werden soll, und sich der Zeit entzieht, in der ihm seine Einmaligkeit und Eigenwilligkeit genommen wäre.[20]

In der Tat hat gerade das 20. Jahrhundert diesen Grundzug am Glück, seinen Ausstieg aus der Zeit, scharf markiert, und dies ist nun ein Erbe, das sich anzutreten lohnt. Noch im 19. Jahrhundert wurden dafür die Vorlagen geliefert: mit Nietzsches These, zum Glück gehöre das Vermögen, während seiner Dauer unhistorisch zu empfinden, sowie mit Dostojewskis Erwägung, daß es für den glücklichen Menschen keine Zeit gebe, weil er sie gar nicht mehr brauche. Wenn man anschließend die lange Reihe der unorthodoxen Glückszeugen des 20. Jahrhunderts aufruft, dann zeigt sich, wie jene Einsichten bei ihnen weiter gedeihen, wie sie das Glück – fern der Großprojekte, die es vereinnahmen – als etwas Unverhofftes, Unwillkürliches willkommen heißen: Man denke nur an Ludwig Wittgensteins Glück in der »Unzeitlichkeit« der Gegenwart, an Virginia Woolfs Traum, daß das »Leben für einen Augenblick niedersank«, und an Albert Camus' Sisyphos, der als »Herr seiner Zeit« ein »glücklicher Mensch« war.[21] Das unheimlichste Zeugnis aus dieser Reihe findet sich in Imre Kertész' *Roman eines Schicksallosen*, der Geschichte seiner Jugend im KZ. Sogar dort, »bei den Schornsteinen«, fand er etwas, »das dem Glück ähnlich« sei: »in der Pause zwischen den Qualen«.[22]

20 Hans Blumenberg, *Schiffbruch mit Zuschauer. Paradigma einer Daseinsmetapher.* Frankfurt/M. 1979, S. 65.
21 Ludwig Wittgenstein, *Tractatus logico-philosophicus* [...]. Frankfurt/M. 1989 (Werkausgabe, Bd. 1), S. 168 (*Tagebücher 1914–16*); Virginia Woolf, *To the Lighthouse.* New York 1927, S. 96; Albert Camus, *Le Mythe de Sisyphe.* Paris 1942, S. 168.
22 Imre Kertész, *Roman eines Schicksallosen.* Berlin 1996, S. 287.

Diesen Glücklichen des 20. Jahrhunderts gelang ein echter Coup. Sie konnten sich in wenigen Augenblicken für alle Schändungen rächen. Die Revanche bestand darin, dass sie die Zeit vergaßen. Die Glücklichen im 20. Jahrhundert lebten, als gäbe es dieses Jahrhundert gar nicht. Was könnte man sich Schöneres wünschen?

Martin Seel

Paradoxien der Erfüllung
Warum das Glück nicht hält, was es verspricht

Es soll nicht mehr als eine Trivialität darstellen, wenn Kant in der *Kritik der reinen Vernunft* sagt, dass »Glückseligkeit die Befriedigung aller unserer Neigungen« ist.[1] Eine verwandte Bestimmung findet sich in der *Kritik der praktischen Vernunft.* »Glückseligkeit«, sagt Kant hier, »ist der Zustand eines vernünftigen Wesens in der Welt, dem es, im Ganzen seiner Existenz, alles nach Wunsch und Willen geht.«[2] In einem bestimmten Sinn ist dies tatsächlich trivial – insofern es nämlich analytisch ist: Wenn wir wünschen und wollen, wünschen und wollen wir ebendas, was wir wünschen und wollen. Wünschen und wollen, so könnte man sagen, enthält stets ein Verlangen nach Erfüllung. Zwar können wir uns kritisch zu unseren eigenen Wünschen und unserem eigenen Willen verhalten, aber wenn wir das ernsthaft tun, bilden wir umgehend neue Wünsche und Absichten aus, für die Erfüllung so wichtig ist wie für ihre Vorgänger. Alles Verlangen, wie reflektiert oder begründet es auch sei, ist ein Verlangen nach Erfüllung.

Diese enge Verbindung von Wunsch und Erfüllung ist jedoch nur ein Teil der Wahrheit über die Verfassung eines guten Lebens. Denn dass ein Wunsch ein Wunsch nach Erfüllung ist, bedeutet nicht notwendigerweise, dass ein Wunsch erfüllt ist, wenn das Subjekt dieses Wunschs die gewünschte Situation erreicht. Ein Wunsch mag so »informiert« oder »vernünftig« sein, wie er will, er mag die wohl überlegte Komponente eines rationalen Lebensplans sein: Es bleibt dennoch eine offene Frage, ob seine zu einem bestimmten Zeitpunkt des Lebens erreichte

---

1 *Kritik der reinen Vernunft*, B 834/A 806.
2 *Kritik der praktischen Vernunft*, A 224.

Erfüllung für das Subjekt dieses Lebens tatsächlich eine Situation der Erfüllung darstellt. Man darf die Vorstellung oder Vorwegnahme der Erfüllung aufseiten der begehrenden Person nicht mit dem gleichsetzen, was im Prozess ihres Lebens tatsächlich als Erfüllung zählt.

Ein wichtiger Grund hierfür liegt darin, dass unser Wohlergehen wesentlich von der Existenz noch unbestimmter Erwartungen abhängt. Wir möchten nicht einfach das bekommen, was wir wollen, wir möchten von unserem Glück zu unserem Glück überrascht werden. (Die Dialektik von Geburtstagsgeschenken ist hier ein gutes Beispiel.) Wir wollen nicht einfach und oft nicht geradewegs das erhalten, was wir wollen, sondern noch ein bisschen mehr und am liebsten etwas (wenigstens ein bisschen) anderes als das. Es gibt eine großartige Sentenz in Marcel Prousts *Auf der Suche nach der verlorenen Zeit*, die den springenden Punkt der Unvereinbarkeit von Verlangen und Erfüllung mit einer abgründigen Sicherheit benennt: »Im Austausch gegen das, was unsere Imagination uns erwarten lässt, und das, wir in vergeblicher Anstrengung zu entdecken versuchen, schenkt uns das Leben etwas, das unsere Imagination bei weitem übersteigt.«[3] Die Konsequenz dieser Einsicht lautet, dass das, was man erwarten sollte, nicht unbedingt das ist, was man vernünftigerweise erwarten kann. Unsere besten Pläne werden nicht nur bei Gelegenheiten des Desasters über den Haufen geworfen. Dasselbe gilt von vielen Augenblicken existenziellen Gelingens. Im Glück wie im Unglück neigen die Situationen des Lebens dazu, unser Wünschen und Wollen zu übersteigen.

Trotzdem ist und bleibt Erfüllung ein inneres Ziel unseres Begehrens und Bestrebens; nur ist es nicht das Einzige. Ein ande-

---

3 Dieses Zitat ist das Motto der brillanten Abhandlung von Charles Larmore, *The Idea of a Life Plan*. In: E. Frankel Paul u. a. (Hg.), *Human Flourishing*. Cambridge 1999, S. 96–112. – Die Stelle bei Proust findet sich in: Marcel Proust, *Auf der Suche nach der verlorenen Zeit*. Frankfurt/M. 1967, Bd. 3, S. 3433 (Übersetzung leicht verändert).

res besteht darin, unbestimmte Aussichten zu haben, deren Erfüllung nicht antizipiert werden kann. Dem gegenüber aufgeschlossen zu sein, was nicht antizipiert werden kann, ist eine basale Tugend personaler Lebensführung.

Das Element der Transzendenz, das herausragende Glückserfahrungen prägt, ist stets mit Elementen des Zufalls im Bunde. Was ich in einer intendierten Situation finde und empfinde, hängt sowohl von der jeweiligen Situation als auch von meiner Reaktion auf sie ab. Diese Komponenten sind beide stark von der biografischen und historischen Zeit abhängig, in der ich in diese besondere Situation eintrete. Die Konfiguration existenzieller Situationen ist in einem erheblichen Ausmaß eine kontingente Sache – man denke nur an die Männer und Frauen, Bücher und Bosse, mit denen man es im Laufe seines Lebens zu tun hatte –, wie wenig auch die positive oder negative Wertschätzung dieser Situationen durch die involvierten Subjekte eine kontingente Angelegenheit ist. Aber wie sie auch ausfallen mag, diese Wertschätzung ist notwendigerweise ein Ergebnis der Verwicklung des Subjekts in die jeweilige Situation – und in dieser Verwicklung hat der Zufall immer bereits seine Chance gehabt.

Natürlich ist auch das intime Verhältnis zwischen Glück und Zufall auf den ersten Blick reichlich trivial. Aber in dieser Trivialität liegt wiederum eine Einsicht verborgen, die nicht übersehen werden sollte. Das Element des Zufalls, von dem die Rede war, betrifft nämlich nicht allein die Objekte unseres Verlangens, es betrifft auch unser Verlangen selbst. Wenn es zutrifft, dass unsere Erwartungen in vielen Situationen der Erfüllung positiv enttäuscht werden – wir bekommen nicht ganz das, was wir wollten, aber ebendas verschafft uns eine außerordentliche Befriedigung –, dann schließt Glück eine Bekanntschaft mit Wünschen (oder Aspekten von Wünschen) mit ein, die wir möglicherweise vor ihrer Erfüllung noch gar nicht hatten. Diese Bekanntschaft freilich lässt sich nicht von den Objekten oder Gelegenheiten solch einer überraschenden oder überwältigenden Erfüllung trennen. Wir lernen etwas kennen, das wir schätzen lernen, während wir es kennen lernen. Sexuelle und andere ästhetische Erfahrungen sind hierfür ein einschlägiges Beispiel, aber eben nur ein Beispiel. Diese Erfahrung ist ein paradigmatischer Fall der Erfahrung existenziellen Glücks. Glück in diesem Sinn ist nicht so sehr – wie es Kant darstellt – eine Befriedigung gegebener Neigungen, sondern vielmehr eine Erfüllung (bis dahin) ungeahnter Wünsche.

Falls dies als eine extreme – und vielleicht sogar verrückte – Bestimmung von Glück erscheinen sollte, sei daran erinnert, dass Kants Bestimmung noch sehr viel extremer – und auch verrückter – ist. Denn in den zitierten Passagen spricht Kant nicht von Glück in einem episodischen Sinn – also von Augenblicken der Erfüllung oder Verzückung, wie sie kommen mögen und gewiss vergehen werden; er spricht von Glückseligkeit, verstanden als ein Zustand des Lebens, der durchweg von einer Befriedigung aller Neigungen gekennzeichnet wäre. Man könnte dies ein ganzheitliches Verständnis von Glück nennen. Kant weiß natürlich, dass dies ein Zustand ist, den endliche Lebewesen niemals erreichen können. Aber er macht sich nicht hinreichend klar, dass dieses vermeintlich überragende Glück überhaupt kein denkbarer Zustand des Lebens ist, da der Prozess der Lebensführung in ihm keine Berücksichtigung findet. Wo es aber keinen Platz für Veränderung und Zufall gibt, da ist kein Platz für menschliches Glück.

Dieses Glück ist etwas ganz anderes als eine Summe erfreulicher Zustände. Nach dem antiken Verständnis beispielsweise wäre es abwegig, das, was ein gutes menschliches Leben ausmacht, als Konstellation erfüllter Wünsche oder erreichter Ziele zu deuten. So unterstützend solche Verhältnisse auch sein mögen, die entscheidende Qualität liegt für die antiken Autoren vielmehr in der Art der Führung des Lebens. Ein gutes Leben wird so geführt, wie eine Person es vernünftigerweise wollen kann – wie gut oder schlecht die Umstände ihres Lebens auch sein mögen. Für Sokrates, Platon und Aristoteles ist diese Qualität der Lebensführung nicht etwas neben dem Glück und Gedeihen, es ist Wohlergehen in seinem besten Sinn.

Man muss hier zwei Bedeutungen von »Glück« unterscheiden, die oft übersehen oder miteinander verwechselt werden.[4] Glück im ersten, episodischen Sinn ist eine Qualität von zeitlich (oft stark) begrenzten Situationen der Erfüllung. Glück im zweiten, prozessualen Sinn ist eine Qualität des Lebensvollzugs in der Kontinuität sehr verschiedener Arten von Situationen. Wenn dies die beiden grundlegenden Bedeutungen von Glück sind, dann muss eine angemessene Philosophie des Glücks mehr enthalten als eine Explikation der Zustände einer mehr oder weniger ekstatischen Erfüllung. Denn jedes Verständnis von Glück im episodischen Sinn bleibt unvollständig, solange ihm keine Erläuterung seiner prozessualen Bedeutung zur Seite steht. Jedoch gilt dies auch umgekehrt: Jedes Verständnis der Qualität des Lebensprozesses muss eine Analyse seiner mehr oder weniger herausragenden Momente der Erfüllung enthalten.

Nur darf es darauf nicht reduziert werden. So wichtig episodische Erfüllung ist, sie liefert ein höchst irreführendes Modell für die weiter reichenden Qualitäten eines guten Lebens. An Kants Vorschlag lässt sich das gut studieren. Glück im stärksten denkbaren Sinn, sagt er, »Glückseligkeit« also, wäre ein Zustand, in dem alles im Ganzen unseres Lebens so wäre, wie wir es wünschten und wollten. Das ist schon deshalb absurd, weil die Leute normalerweise nicht sterben wollen oder nicht wollen, dass ihre Lieblingsmannschaft auch nur ein einziges Mal verliert (obwohl es ohne das Verlieren gar kein Gewinnen gäbe). Jedoch gibt es hier eine weitere Merkwürdigkeit, die wir beachten sollten. Im Unterschied zu Kants Annahme gibt es nicht so etwas wie »alles« das, was eine Person im Ganzen ihres Lebens wünscht und will. Vielmehr sind es recht verschiedene Dinge, nach denen eine Person im Laufe ihres Lebens strebt – und das ist auch gut so. Personen und ihre Vorhaben ändern sich in der Zeit ihres Lebens, und es ist alles andere als unklug,

---

4 Diese Unterscheidung habe ich entwickelt in: Martin Seel, *Versuch über die Form des Glücks*. Frankfurt/M. 1995, S. 62 ff. und 115 ff.

die Angelegenheiten des eigenen Lebens für Veränderungen offen zu halten.

Es ist der unvermeidliche Grundmangel jedes so genannten Lebensplans, dass er Möglichkeiten ausschließen muss, die sich früher oder später als der relativ beste Weg zum Himmel auf Erden erweisen könnten. Wer einen Lebensplan von der Art hätte, wie ihn Philosophen und Ökonomen empfehlen (wenn auch nicht als praktische Anweisung, sondern als theoretisches Modell), sollte alles tun, um seiner Choreographie zu entkommen. Denn die zu Lebzeiten erreichte Erfüllung eines solchen Lebensplans könnte nur im Desaster enden. (Es sei daran erinnert, dass sich Graf Vronsky nach drei Monaten des höchsten Glücks mit Anna Karenina tödlich zu langweilen beginnt.) Daraus folgt, dass Kants Definition – und die vieler anderer Philosophen, die wie Aristoteles oder John Rawls die Orientierung an einem Lebensplan zum Zentrum des menschlichen Wohlergehens erklären – die Zeit des Lebens außer Acht lässt, die die Erfüllung jedes unserer Wünsche beeinflusst, ganz zu schweigen von ihnen allen. Und es wäre gewiss wenig hilfreich zu sagen – wie es Rawls in der *Theorie der Gerechtigkeit* tut –, dass es für endliche Wesen ausreichend ist, sich auf einem guten Weg zur Erfüllung eines rationalen Lebensplans zu befinden. Denn auf einem guten Weg in einen Zustand des Desasters zu sein ist nicht viel besser, als in einem solchen Zustand zu sein.

Kants scheinbar so trivialer Vorschlag enthält zwei Fehler. Zum einen enthält er ein naives Verständnis episodischer Erfüllung. Er übersieht den Umstand, dass die Erfüllung eines Wunsches häufig von einer Transformation dieses Wunsches begleitet wird; er übersieht das fundamentale Paradox, dass ein bestehender Wunsch nicht buchstäblich erfüllt werden darf, um wahrhaft erfüllt zu sein. Zum andern wirft er das episodische und das prozessuale Glück zusammen, indem er das naive Verständnis von Erfüllung zu einem Modell auch des prozessualen Wohlergehens erhebt.

Sobald man auf die gesamte Strecke des Lebens sieht, kommt

ein zweites Paradox hinzu. Ein »erfülltes Leben« ist kein Leben in Erfüllung. Im Blick auf den Vollzug des Lebens nämlich ist es gar nicht Erfüllung allein, wonach es uns verlangt. Was wir begehren, ist Erfüllung und Begehren. Es genügt uns nicht, befriedigt zu sein, und sei es auf die ekstatischste Weise. Wir wünschen, was wir wünschen und wollen, aber wir wollen uns auch wünschend und wollend. Es ist uns nicht allein wichtig, erreichbare Ziele zu haben, es ist uns gleichermaßen wichtig, etwas – und gewöhnlich mehr als nur etwas – zu haben, an dem uns wirklich etwas liegt oder um das es uns mit ganzem Herzen geht. Ein solches Caring, wie es Harry Frankfurt in den Mittelpunkt seiner praktischen Philosophie stellt, ist eine Art des Festgelegtseins im Handeln, durch das wir uns bestimmten Werten oder Idealen – zumindest eine Zeit lang – vorbehaltlos verschreiben.[5] Dies können politische, familiäre, artistische oder andere Vorhaben sein. Das Caring, mit dem wir uns ihnen verschreiben, ist weniger ein Ziel als vielmehr eine Art des Verlangens. Es schließt mit ein, dass einem daran liegt, dass und *wie* einem an den fraglichen Dingen liegt. Das aber bedeutet, dass dieses Sichsorgen, Sichkümmern, Sich-etwas-angehenlassen oder mit einem Wort (das hier die eleganteste Übersetzung sein dürfte): dass diese Leidenschaft für bestimmte Dinge des Lebens selbst ein zentrales Ziel des Lebens ist. Und zwar ist sie es unabhängig davon, ob wir alles das erreichen und also Erfolg damit haben, worum es uns dabei (als Politiker, als Mütter oder Väter, als Künstler usw.) jeweils geht. Leidenschaften dieser Art stellen ein geformtes Verlangen dar, das seinen Wert im Leben von Personen gerade als eine Form des Verlangens hat. Es ist ein Verlangen, das sie nicht missen wollen würden. Es ist ein Verlangen, von dem sie nicht wollen, dass es sich beruhigt, und – in diesem Sinn – von dem sie nicht wollen, dass es sich erfüllt.

Freilich ist auch diese Bewahrung von Leidenschaften eine

---

5 Harry Frankfurt, *The Importance of What We Care About*. Cambridge 1988.

Dimension der Erfüllung. Wenn wir den Wunsch haben können, unsere Leidenschaften am Leben zu erhalten, dann ist solches Lebendigsein eine Erfüllung dieses Wunsches. Nur bedeutet dieses Glück nicht generell, am Ziel des eigenen Strebens angelangt zu sein. Denn selbstbezügliche Wünsche wie diejenigen, die sich auf den Erhalt der eigenen Leidenschaften beziehen, bleiben gegenüber jeder bleibenden Erfüllung resistent; für sie gibt es keinen denkbaren Endpunkt der Erlangung des Erstrebten und Ersehnten. Sie erfüllen sich allein dadurch, dass sie als Formen des Verlangens virulent bleiben – und das bedeutet: dass sie eben nicht zur Ruhe kommen. Sie können im üblichen Sinn des Wortes nicht befriedigt werden. Solange sie erfüllt sind, ist für sie keine Befriedigung in Sicht. Sie sind Arten des Begehrens, die ihren Zweck in sich selbst haben. Und dies ist geradezu der springende Punkt der individuellen Lebensführung: das Leben so zu führen, wie es von dem Subjekt dieses Lebens bejaht werden kann, und dies bis zu einem gewissen Grad unabhängig davon, ob seine wichtigsten Ziele sich erfüllt haben, erfüllen werden oder überhaupt erfüllen können.

Darum ist Autonomie wichtig. Denn Autonomie ist nicht viel mehr als die Fähigkeit, sich um die Lebendigkeit und Offenheit des eigenen Daseins zu kümmern. Es ist ihre Leistung, Vergangenheit, Gegenwart und Zukunft aus der Perspektive des Individuums so zu verbinden, dass ihm ein Spektrum aussichtsreicher Perspektiven offen steht. In dieser Fähigkeit liegt der Kern des Glücks im prozessualen Sinn. Sie zu besitzen bedeutet, das eigene Leben in einer erfüllenden, wenn auch nicht immer und überall befriedigenden Weise zu führen. Es bedeutet, einer freien Weltbegegnung mächtig zu sein. Es bedeutet, für Möglichkeiten aufgeschlossen zu sein, die noch unerschlossen sind und es vielleicht für immer bleiben. In dieser Weise autonom zu leben bedeutet freilich auch, in hohem Maß durch Erfahrungen der Frustration verletzbar zu bleiben. Aber das ist nun einmal der unvermeidliche Preis dafür, offen zu sein für die Dinge, die da – im Guten oder Schlechten – kommen mögen. Erfüllung in der prozessualen Bedeutung schließt also Perioden der Frustration und Verzweiflung nicht aus; was sie ausschließt, ist lediglich, so zu leben, wie man es – im Grunde oder überhaupt – nicht will.

Von hier aus lässt sich bestätigen, was seit Sokrates' Tagen wieder und wieder gesagt worden ist: dass das gute Leben ein autonomes Leben ist – ein Leben, das von unserem besten Urteil gesteuert wird. Jedoch kommt an diesem Punkt alles darauf an, was genau wir unter Autonomie verstehen. Im Angesicht der Unbeständigkeit und Zufälligkeit des Wohlergehens liegt es nahe, Autonomie als die Fähigkeit zu verstehen, sich bestimmen zu lassen – und zwar in der doppelten Bedeutung dieser Wendung.[6] Diese Bedeutung ergibt sich aus einer Betonung sowohl des »sich« als auch des »lassen«. Wer autonom lebt, vermag es, *sich* bestimmen lassen und doch sich bestimmen zu *lassen*. Wer autonom lebt, lässt sich von der natürlichen und historischen Welt, von den anderen und nicht zuletzt von sich selbst bestimmen und gewinnt seine Einsichten und Absichten doch zugleich aus eigener Festlegung: in Antwort auf die Möglichkeiten, in die er oder sie sich gestellt findet. Was und wer wir sein wollen, lässt sich nur im Austausch mit anderen und anderem entwickeln. Dieser Austausch aber hält Überraschungen bereit, die uns nicht allein von außen begegnen. Denn um einen eigenen Willen zu bilden, müssen wir einigen der Antriebe folgen, die sich in uns gebildet haben; um unseren Lebensweg selbst zu bestimmen, müssen wir unbestimmte – und vielleicht unbestimmbare – Bereiche unseres Wünschens und Wollens durchqueren.

Obwohl diese Antwort auf die Frage nach dem Glück alles in allem die philosophische Standardantwort ist – gut zu leben heißt, autonom zu leben –, weicht sie doch in entscheidender

6 Zum Folgenden siehe Martin Seel, *Sich bestimmen lassen. Ein revidierter Begriff der Selbstbestimmung.* In: Ders., *Sich bestimmen lassen. Studien zur theoretischen und praktischen Philosophie.* Frankfurt/M. 2002, S. 279–298.

Hinsicht vom klassischen Standard ab. Ein abschließendes Gedankenspiel kann dies verdeutlichen. Immer wieder ist überlegt worden, welches denn der wichtigste unter den menschlichen Charakterzügen sei. Die Tradition hat auf die Frage nach dem bevorzugten Medium eines guten menschlichen Lebens stets mit dem Hinweis auf Tugenden wie »Gerechtigkeit«, »Besonnenheit«, »Bescheidenheit« und »Aufrichtigkeit« geantwortet, die alle ihren Schwerpunkt im moralischen Verhalten haben. So wichtig sie aber auch sind, sie allein werfen auf die Strecke des Lebens ein allzu steriles Licht. Eine andere Antwort wäre: Neugier. Zugegeben, das ist eine Tugend, die jahrhundertelang als Laster klassifiziert worden ist. Zugegeben auch, mit dieser Tugend allein ist ethisch kein großer Staat zu machen (jedoch trifft das auch auf die anderen zu). Selbst mittelalterliche Christen aber hätten sie als eine bemerkenswerte Gabe anerkennen können. Denn was immer im Guten und Schlechten auch geschehen mag, gut zu leben bedeutet, neugierig zu bleiben auf das, was kommen mag, selbst wenn es einmal zum Ende kommt.

Epilog

Harald Weinrich

Was heißt »Lachen ist gesund«?

Der Volksmund weiß es genau: Lachen ist gesund. Man kann demnach für seine Gesundheit offenbar nichts Besseres tun, als viel zu lachen. Nur: Man muß auch etwas zu lachen haben. Denn leider kann man ebensowenig auf Kommando lachen, wie man auf Kommando gesund sein kann. Und die guten Spaßmacher sind ebenso selten wie die guten Ärzte. Die Mächtigen früherer Jahrhunderte, die sich ihr Personal nach Gutdünken aussuchen konnten, wußten beides gleichermaßen zu schätzen; sie hielten sich einen Hofnarren zur Gesundheit ihrer Seele, so wie sie einen Leibarzt zur Gesundheit ihres Leibes zur Verfügung hatten.

Heute, da kaum jemand noch einen Hausarzt, geschweige denn einen Leibarzt hat, sind auch die Hofnarren ausgestorben, es sei denn, wir wollten jenen Schriftstellern Glauben schenken, die sich gelegentlich als ihre legitimen Nachfolger, nämlich als Hofnarren der Industrie- und Konsumgesellschaft, vorstellen. Aber diese Schriftsteller spaßen gar nicht, wenn sie das sagen, und auch uns Lesern ist, wenn wir etwa Heinrich Bölls *Ansichten eines Clowns* gelesen haben, nicht unbedingt nach Lachen zumute.

Aber selbst wenn wir nun etwas zu lachen haben, wieso tun wir damit etwas für unsere Gesundheit? Nach dem Ausweis eines alten Lexikons zeigen wir, wenn wir lachen, etwa das folgende Verhalten: »Lachen (risus): rasche stoßweise abgebrochene

Ausatmung, meist unter größerem oder geringerem Stimm-schwall und verbunden mit intensiver Tätigkeit der mimischen Gesichtsmuskeln, besonders des Lachmuskels (Musculus riso-rius Santorini), wodurch das Gesicht den Ausdruck ungetrüb-ter Heiterkeit erhält«[1].

Diese Beschreibung paßt gar nicht schlecht zu dem erschrek-kenden Bild, das Dieter Wellershoff – aber aus der Perspektive eines Nichtlachers! – von den Lachern einer Witzrunde zeich-net: »Ihre rotangelaufenen Gesichter, die lauten, dröhnenden, auf das Stichwort der Pointe gemeinsam explodierenden Stim-men, die sich zurückwerfenden Oberkörper, die rüttelnden Schultern, die aufgerissenen Münder, die auf den Tisch bum-senden Fäuste oder flach aufklatschenden Hände wirken in ihrer Hemmungslosigkeit abstoßend und aggressiv. Man fühlt sich inmitten des Tumults als der unerlaubte Zuschauer eines fremdartigen obszönen Exzesses, schwankend zwischen Widerwillen und Schuldgefühl, Verachtung und Verlegenheit – Widersprüche, die sich auf dem eigenen Gesicht als verzoge-nes Lächeln zeigen.«[2] Wellershoffs Beschreibung stimmt üb-rigens in einigen Merkmalen erstaunlich weit überein mit Homers Beschreibung einer schändlich grölenden Trinkrunde am Hof des Odysseus, deren Teilnehmer unter ihren ›homeri-schen‹ Lachsalven alle Warnungen des Sehers überhörten und sich so buchstäblich »zu Tode lachten«.[3] Mindestens für diese Lacher ist das Lachen ganz und gar nicht gesund.

Wenn nun vielleicht das Lachen überhaupt nicht gesund ist, sollen wir dann etwa das Sprichwort auf den Kopf stellen und sagen: Weinen ist gesund? Auch das Weinen ist ja eine mensch-liche Ausdrucksbewegung, die im gestischen und mimischen Verhalten des Menschen tiefe Veränderungen hervorruft. Das

---

1 *Herders Konversations-Lexikon.* 3. Aufl. Freiburg 1905, »Lachen«.
2 Dieter Wellershoff, *Infantilismus und Revolte oder das ausgeschla-gene Erbe. Zur Theorie des Blödelns.* In: Wolfgang Preisedanz/Rainer Warning (Hg.), *Das Komische.* München 1976, S. 335–357, hier S. 335.
3 Homer, *Odyssee,* 20. Gesang, Verse 345 ff..

genannte alte Lexikon drückt das so aus: »Weinen, sichtbare Absonderung von Tränen infolge körperlichen Schmerzes oder seelischer Depression; es kann sich vom stillen Weinen zum lauten Schluchzen oder zum konvulsivischen Weinkrampf steigern.« Und Helmut Plessner, der dem Zusammenhang von Lachen und Weinen eine eigene Studie gewidmet hat, unterstreicht, daß beides, das Lachen ebenso wie das Weinen, Grenzlagen des Verhaltens bezeichnet, in denen der Leib für kürzere oder längere Zeit unkontrollierte Reaktionen zeigt und sich »desorganisiert«. Aufgrund dieser physiologischen Gemeinsamkeit können die beiden Ausdrucksbewegungen auch leicht ineinander übergehen, ja umschlagen, so daß wir bald unter Tränen lachen, bald unter Grimassen weinen.[4]

In den meisten Fällen lassen sich jedoch die beiden verwandten Ausdrucksbewegungen des Lachens und des Weinens sehr wohl unterscheiden. Und wir wissen mit dem Prediger Salomo: Das Lachen hat seine Zeit, und das Weinen hat seine Zeit. Wir sind ferner seit unvordenklichen Zeiten an den Gedanken gewöhnt, daß das Lachen in ähnlicher Weise zur Komik gehört wie das Weinen zur Tragik. Die seit der Antike geläufige Unterscheidung der literarischen Gattungen Komödie und Tragödie beruht darauf. Für die Tragödie hat nun Aristoteles in seiner Poetik bekanntlich die Lehre von der tragischen Läuterung, der Katharsis, entwickelt. Die Lehre von der Katharsis ist eine Wirkungstheorie. Warum nämlich, so könnte man fragen, behelligen die Tragödiendichter ihre Zuschauer mit so vielen traurigen Geschichten? Ist das Leben denn nicht schon traurig genug? Soll man nun auch noch im Theater weinen? Man soll es, antwortet Aristoteles. Man soll mit den handelnden Personen der Tragödie Sympathie empfinden und mit ihnen leiden. Anders gesagt: Die Tragödie soll durch ihren furchtbaren und

---

4 Helmuth Plessner, *Lachen und Weinen. Eine Untersuchung nach den Grenzen des menschlichen Verhaltens.* 3. Aufl. Bern 1961. Weiteres dazu in meinem Vorwort zu Helmuth Plessners: Le vive le pleurer. Paris 1995.

leidvollen Gegenstand im sympathisierenden Zuschauer ebenfalls Furcht und Leid, genauer: Mitfurcht und Mitleid, auslösen, so daß, wenn die leidenden Personen auf der Bühne weinen, auch der Zuschauer weint, sofern sein Herz nicht versteinert ist. Das alles geschieht nach dem Willen der alten Poetologen mit dem paradoxen Zweck, durch Furcht und Leid den Zuschauer von Furcht und Leid zu befreien. Eben darin besteht seine Reinigung und Läuterung, seine »Katharsis«.

Über diese eigenartige Zweckbestimmung der Tragödie haben viele Generationen von Interpreten nachgedacht, und viele Generationen von Tragödienautoren haben sich nach ihr gerichtet. Heute können wir ziemlich genau wissen, daß Aristoteles bei seiner Katharsis-Lehre medizinische Vorstellungen im Sinn gehabt hat. Die Tragödie ist ein Medikament. Es handelt sich aber, modern ausgedrückt, um eine homöopathische Heilungsmethode. Diese richtet sich, wie man weiß, nach dem Prinzip, daß Gleiches durch Gleiches (similia similibus) kuriert wird, eine Krankheit x durch ebendiese Krankheit x, jedoch in sehr kleiner und daher unschädlicher Dosierung. Auch die Impfung beruht auf diesem Prinzip.

Man kann also viele Tragödien der Weltliteratur ihrer Intention nach richtig beschreiben, wenn man sie als homöopathische Heilmittel gegen die großen Weltübel ansieht: gegen das Weltübel Glücksneid, das Weltübel Ehrgeiz, das Weltübel Triebhaftigkeit, vielleicht auch gegen das Weltübel Ausbeutung. Ebendiese Übel werden also in kleinerer Dosierung auf der Bühne dargestellt (das Prinzip Mimesis!) und kraft Sympathie im Zuschauer erzeugt, so daß dieser die auf der Bühne dargestellten Übel nun auch in seinem Innern bekämpfen und sich von ihnen ›reinigen‹ (auch: ›purgieren‹) kann. Wenn wir das Weinen als einen äußeren Reflex dieses Reinigungsprozesses ansehen, dann gilt auch der Satz: Weinen ist gesund.

Wie verhält es sich nun mit der Komödie? Ist es in der Komödie so, daß die handelnden Personen auf der Bühne lachen und im Gleichklang mit ihnen die Zuschauer im Saal auch? Davon kann keine Rede sein. Die Komödie ist ja nirgendwo eine Insel reinen Glücks. Das Glück hat in der Komödie seinen festen Platz allenfalls am Ende; alle anderen Phasen der Handlung können – ich weiß nicht, wie – unglücklich verlaufen. Da regieren Geiz, Einbildung, Prahlerei, Eifersucht, allerhand Formen von Lug und Trug und viele sonstige Laster, die oft ›krankhafte‹ Ausmaße haben. Es mögen wohl im ganzen, verglichen mit der Tragödie, eher kleinere und pivatere, jedenfalls im Sinne des Aristoteles ›unschädliche‹ Übel sein. Sie sind jedoch allemal schlimm genug, daß man sie als Krankheiten ansehen kann, wie es die antike Moralistik allgemein getan hat. So können wir auch die alten Theoretiker der Literatur verstehen, wenn sie dem Lachen die Aufgabe zuweisen, ebenfalls Heilmittel für bestimmte Krankheiten der menschlichen Natur zu sein.

Diese medizinische Metaphorik beherrscht bekanntlich die gesamte, an der Antike orientierte Komödientheorie. Das Medikament des Lachens wirkt aber nach den Vorstellungen der alten Komiktheorie ganz anders als das Medikament des Weinens. Das komische Verhalten wird nämlich auf der Bühne so arrangiert, daß es nicht zu Identifikations-Erlebnissen des Zuschauers kommt. Dieser wird vielmehr durch verschiedene stilistische Verfahren auf Distanz zu den komisch agierenden Personen gehalten und beständig mit allerhand zusätzlichen Informationen versorgt, damit er ihnen gegenüber nie seine informationsüberlegene, ›unschädliche‹ Position verliert: Sieh dort auf der Bühne den Geizigen, den Aufschneider, den eingebildeten Kranken, lieber Zuschauer, du wirst ihnen doch wohl nicht gleichen oder sympathetisch an ihren Fehlern teilhaben wollen? Ganz im Gegenteil: Möglichst fremd und abartig soll dir dieser Geiz, diese Aufschneiderei und diese eingebildete Krankheit erscheinen. Deswegen sind die komischen Personen auf der Bühne so stilisiert, ihre lächerlichen Eigenschaften so sehr zur Karikatur und zur Groteske vergröbert, so deutlich als abweichende und absonderliche Charaktere identifizierbar. Wenn der Zuschauer also genau das tut, was er nach dem Willen der Komödienautoren tun soll, das heißt, wenn er über die komischen Personen auf der Bühne lacht, dann macht er sich diesen Personen gerade nicht gleich, vielmehr höchst ungleich und gegensätzlich. Das Lachen, es ist also auch hier wohl ein Medikament gegen eine Krankheit, aber nun gerade nicht ein homöopathisches Medikament, das in seiner Substanz dem Leiden gleicht, das es bekämpft, sondern umgekehrt ein allopathisches Medikament, das von ganz anderer Natur ist als das zu heilende Leiden.

Homöopathie und Allopathie sind verhältnismäßig junge Begriffe der Medizingeschichte. Sie werden historisch mit dem Namen des großen Arztes Samuel Hahnemann (1755–1843) verbunden, der als Begründer der Homöopathie gilt. Aber Homöopathie und Allopathie als Denkformen sind den Ärzten wesentlich länger geläufig, und sie wußten schon vor Hahnemann, daß man eine Krankheit bald durch ein Medikament heilt, das ihr – allerdings in geringerer Dosierung – substantiell gleicht, bald auch durch ein Medikament, das ihr substantiell ungleich oder sogar gegensätzlich ist.[5] Es könnte sich sogar so verhalten, daß auf diesem Gebiet – wie auf vielen anderen Gebieten – die Poetik Schrittmacherdienste in der Theoriebildung geleistet hat. Dieser Vermutung haftet aber ein erhebliches Maß an Unsicherheit an, weil uns die Aristotelische Theorie der Komödie bekanntlich nicht erhalten ist. Die späteren Dichter und Theoretiker fühlten sich jedenfalls durchaus im Einklang mit Aristoteles, wenn sie zur Rechtfertigung ihrer unernsten und manchmal frivolen Schriften immer wieder als Grund angeführt haben, sie wollten mit ihren lustigen Geschichten ihren Lesern die Melancholie vertreiben. Boccaccio etwa läßt seine Novellen von einem Kreis junger Damen und Herren er-

---

5 Es scheint, daß sich diese Denkform im Rahmen der antiken und spätantiken Melancholietherapie herausgebildet hat. Hellmut Flashar unterstreicht beispielsweise bei dem Autor Cornelius Celsus (1. Jh. n. Chr.) einen Hang zur »Ermunterungstherapie«, die sich auch bei späteren Ärzten wiederfindet. Auch Kunst und Literatur werden zur »Aufheiterung« empfohlen (*Melancholie und Melancholiker in den medizinischen Theorien der Antike*. Berlin 1966, bes. S. 74 u. 128).

zählen, die vor der Pest von Florenz aufs Land geflohen sind, also genügend Grund haben, besorgt und bekümmert zu sein. Die hundert Novellen des *Decamerone* handeln dann gerade nicht von der Pest, sondern von ganz anderen, heiteren Gegenständen, die zu lachen Anlaß geben. Der Kontrast zwischen Text und Situation ist für Boccaccio, wie auch für viele andere Autoren, ein konstitutives Prinzip seiner Erzählkunst.

Wie kann man sich nun den allopathischen Heilungsprozeß, der durch ein Lachen ausgelöst wird, mit medizinischer Plausibilität vorstellen? Da wollen wir uns von Bergson beraten lassen. Bergson vertritt in seinen Schriften bekanntlich eine Philosophie des Lebens, mit Vitalität, Flexibilität und Kreativität als obersten Werten. Das Lächerliche ist in dieser gesunden Welt gleichbedeutend mit dem Unbeweglichen, Unlebendigen und Starren. Wenn also Don Quijote – so interpretiert Bergson in seinem berühmten Essay *Das Lachen* die traurige Gestalt dieses Ritters – auf die Reize seiner Umwelt nie differenziert und flexibel reagiert, sondern in unbeirrbarer Starrheit Herbergen als Schlösser, Windmühlen als Riesen und eine Bauernmagd als das schöne Edelfräulein Dulcinea sieht, dann löst dieser Ritter beim Lesepublikum notwendig eine Reaktion des Lachens aus, weil er sich mitten im Leben wie eine mechanische Puppe, wie ein Automat verhält. Mit solchen und ähnlichen Überlegungen erläutert Bergson seine berühmte Definition komischen Verhaltens: »Mechanismus als Kruste über Lebendigem«[6].

Diese Auffassung von den Grundlagen und Ursachen des Lachens paßt recht gut zu der alten Lehre vom gesund machenden Lachen. Denn die Melancholie, wenn wir bei diesem Beispiel einer durch Lachen oder wenigstens doch durch Heiterkeit zu kurierenden Krankheit des Leibes und der Seele bleiben wollen, ist ja nach der Lehre der Alten als eine Dysfunktion der Säfte des Körpers aufzufassen, die aus ihrem Gleichmaß (»temperamentum«) geraten sind, so daß die melancholi-

6 Henri Bergson, *Das Lachen*. Jena 1914, S. 29.

sche Person ganz unter die Herrschaft dieses »humor« geraten und dadurch in ihrem Lebensprogramm fixiert ist. Nicht nur Don Quijote, der melancholische Ritter von der traurigen Gestalt, ist von dieser Art, sondern beispielsweise auch Dürers Dame Melancolia, die trübsinnig und tatenlos dasitzt und all die vielen Werkzeuge und Instrumente um sie herum nicht benutzt, schließlich auch Hamlet, Tasso und viele andere Gestalten der Weltliteratur. Wie kann man nun eine solche Melancholie heilen? Wenn wir die alten Ärzte befragen, so wissen sie unter anderem zwei Heilmittel: durch Lachen oder durch Nieswurz. Die Heilpflanze Nieswurz (lat. helleborus), die einen Niesreiz bewirkt, ist gut gegen die Melancholie, weil im unkontrollierten Niesen plötzlich die Starrheit aufgebrochen werden kann, wie schon Hippokrates lehrt.[7] Eine ähnliche Wirkung hat nun das Lachen, das man sich als ein herzhaftes, unwidersteh-

---

7 »Nieswurz ist gefährlich für Menschen mit gesundem Fleisch, da es Zuckungen hervorruft« (*Aphorismen* IV, 16. In: *Hippocrates, with an English translation*. ed. W. H. S. Jones. Bd. IV, London 1931, S. 139).

8 Schon die Kindersprache der Neun- bis Zwölfjährigen verfügt über einen reichen Vorrat an Redensarten, die diesen Aspekt des Lachens unterstreichen; ich verzeichne aus der Sammlung von Hermann Helmers die Wendungen: sich totlachen, sich halb totlachen, sich krank lachen, sich kaputt lachen, sich schief lachen, sich krumm lachen, sich kringelig lachen, sich ein Loch in den Bauch lachen, sich nicht halten können vor Lachen, sich krümmen vor Lachen, sich biegen vor Lachen, prusten vor Lachen, sich den Bauch halten vor Lachen, lachen, daß der Bauch weh tut, lachen, daß die Luft wegbleibt, sein Lachen nicht verbeißen können, […] (Hermann Helmers, *Sprache und Humor des Kindes*. Stuttgart 1971, S. 23). Redensarten dieses Typus sind sehr alt und gehen möglicherweise auf den bei Cicero belegten, wahrscheinlich aber aus Griechenland übernommenen Begriff des sardonischen Lachens (risus Sardonius) zurück, das von Pausanias mit der Wirkung eines auf der Insel Sardinien wachsenden Krautes erklärt wird, nach dessen Genuß man unter krampfartigen, dem Lachen ähnelnden Zuckungen im Gesicht stirbt (vgl. Lutz Röhrich, *Lexikon der sprichwörtlichen Redensarten. Freiburg u. a.*1973, »Lachen«). Auch

liches Lachen vorstellen muß, so daß sich einer schüttelt vor Lachen, sich kaputt- und halb totlacht.[8] Ein solches Lachen, das ja – wie auch Baudelaire weiß – mit dem Niesen einige physiologische Merkmale gemeinsam hat, wirkt wie die Krise jener Krankheit und löst explosiv und konvulsiv die lebensgefährliche Starre.[9] Wenn die Krise dann überstanden ist, ist im Glücksfall auch die melancholische Krankheit geheilt, und die Ärzte können sich zunicken: Lachen ist gesund.

Die heutigen Ärzte heilen nicht mehr mit Nieswurz, und die Manisch-Depressiven, oder wie immer die Nachfolger der alten Melancholiker heute heißen mögen, gehen nicht zum Spaßmacher, sondern zum Psychiater. Da ist es wohltuend zu wissen, daß der Psychiater, der ja mit Sicherheit seinen Freud studiert hat, bei Sigmund Freud gewiß auch gelesen haben wird, welche Bedeutung Witz und Humor für die Verfassung eines Menschen haben können. Freud denkt sich nämlich die Geistesverfassung des zivilisierten Menschen als ein strenges und manchmal sehr starres Herrschaftssystem. Da hat ein autoritäres Über-Ich mit mehr zensorischem als väterlichem Gebaren ein wachsames Auge auf das arme, kindlich eingeschüchterte Ich, das verängstigt seine wahren Gefühle verdrängt und im Unbewußten versteckt. Diese starre Autoritätsstruktur ist nun zugleich Ursache vieler Krankheiten des Leibes und der Seele, insbesondere der Neurosen und Schizophrenien, in denen die verdrängten Affekte verkleidet und verwandelt an die Oberfläche treten. Aufgabe des Psychiaters ist nun, diese Verkleidung

die bekannte Folterszene in Grimmelshausens *Simplicius Simplicissimus*, wo ein alter Mann durch Kitzeln dazu gebracht wird, »daß er vor Lachen hätte zerbersten mögen«, und so das Geheimnis des Schatzes verrät, gehört wohl in diesen Zusammenhang (Kap. IV).

9 Baudelaire nennt das Lachen »eine nervöse Zuckung, einen ungewollten Krampf vergleichbar mit einem Niesen«. In: ders., *Sämtliche Werke*. Hg. v. Friedhelm Kemp u. Claude Pichois. Bd. 1, darin: *Vom Wesen des Lachens und allgemein von dem Komischen in der bildenden Kunst*. München 1977, S. 290.

abzustreifen, das Unbewußte bewußtzumachen und gegen das Über-Ich zu stärken. Glücklicherweise aber, so ergänzt Freud bekanntlich seine Lehre, gibt es nicht nur die Psychoanalyse, sondern auch das Lachen. Humor und Witz vermögen auch ohne die Hilfe des Arztes die erstarrten Fronten zwischen Über-Ich, Ich und Unbewußtem aufzulockern; der Humor dadurch, daß das sonst so gestrenge Über-Ich seine Vaternatur entdeckt und nun »so liebevoll tröstlich« mit dem Ich-Kinde spricht, und der Witz umgekehrt dadurch, daß die im Unbewußten gestaute Energie überraschend ausbricht und die Herrschaft des Bewußtseins »überrumpelt«. In beiden Fällen wird die psychische Situation entspannt und entkrampft, was von dem Individuum als Lustgewinn erfahren wird. Im Lachen hat die Gesundheit gesiegt.[10]

10 Sigmund Freud, *Der Witz und seine Beziehung zum Unbewußten* (1905), *Studienausgabe*. Hg. v. Alexander Mitscherlich, Bd. IV. Frankfurt/M. 1970; ders., *Der Humor*. In: *Gesammelte Werke*. Frankfurt/M. 1968, Bd. XIV, S. 383–389.

Auswahlbibliographie

Die Bibliographie berücksichtigt ein Spektrum von Begriffen, die dem Phänomen der Heiterkeit zugeordnet werden können. Um die Titel überschaubar zu halten, werden nur Bücher genannt. Aufsätze mit Forschungsüberblicken finden sich in der Einleitung des Herausgebers sowie in den Anmerkungen der Beiträge. Die Gliederung orientiert sich an der Aufteilung des Bandes, so daß Darstellungen zu einzelnen Phänomenen der Heiterkeit, wie Lachen, Glück oder Lebenslust, in unterschiedlichen Abschnitten auftauchen können. Werke einzelner Philosophen, wie Epikur, Foucault oder Nietzsche, werden bis auf wenige Ausnahmen nicht nachgewiesen und finden sich u. a. in den angegebenen Quellensammlungen.

I. Antike Heiterkeit: Von der Seelenruhe zur Lebenskunst

Anonym (Hg.): *Peter Sloterdijks »Kritik der zynischen Vernunft«.* Frankfurt/M. 1987 (es 1297).

Bergdolt, Klaus: *Leib und Seele. Eine Kulturgeschichte des gesunden Lebens.* München 1999.

Blumenberg, Hans: *Das Lachen der Thrakerin. Eine Urgeschichte der Theorie.* Frankfurt/M. 1987 (stw 652).

Branham, R. Bracht/Goulet-Grazé, Marie-Odile (Hg.): *The Cynics. The Cynic Movement in Antiquity and Its Legacy.* Berkeley u. a. 1996.

Bremer, Jan/Roodenburg, Herman (Hg.): *Kulturgeschichte des Humors von der Antike bis heute.* Darmstadt 1999.

Brusotti, Marco: *Die Leidenschaft der Erkenntnis. Philosophische und ästhetische Lebensgestaltung bei Nietzsche von »Morgenröthe« bis »Also sprach Zarathustra«.* Berlin 1997.

Dessau, Bettina/Kannitschneider, Bernulf: *Von der Lust zur Freude. Gedanken zu einer hedonistischen Lebensorientierung.* Frankfurt/M., Leipzig 2000 (it 2558).

Detel, Wolfgang: *Macht, Moral und Wissen. Foucault und die klassische Antike.* Frankfurt/M. 1998 (stw 1362).

Flashar, Hellmut: *Melancholie und Melancholiker in den medizinischen Theorien der Antike.* Berlin 1966.

Forschner, Maximilian: *Über das Glück des Menschen. Aristoteles, Epikur, Stoa, Thomas von Aquin, Kant.* Darmstadt 1996.

Foucault, Michel: *Sexualität und Wahrheit. 2. Bd.: Der Gebrauch der Lüste.* Frankfurt/M. 1989 (stw 717) [zuerst Paris 1984].

Foucault, Michel: *Sexualität und Wahrheit. 3. Bd.: Die Sorge um sich.* Frankfurt/M. 1989 (stw 718) [zuerst Paris 1984].

Honneth, Axel/Saar, Martin (Hg.): *Michel Foucault. Zwischenbilanz einer Rezeption.* Frankfurt/M. 2003 (stw 1617).

Horn, Christoph: *Antike Lebenskunst. Glück und Moral von Sokrates bis zu den Neuplatonikern.* München 1998 (becksche reihe 1271).

Horstmann, Ulrich (Hg.): *Die stillen Brüter. Ein Melancholie-Lesebuch.* Hamburg 1992.

Hossenfelder, Malte (Hg.): *Antike Glückslehren. Quellen in deutscher Übersetzung mit Einführungen.* Stuttgart 1996.

Hossenfelder, Malte: *Der Wille zum Recht und das Streben nach Glück. Grundlegung einer Ethik des Wollens.* München 2000 (becksche reihe 1383).

Klibansky, Raymond/Panofsky, Erwin/Saxl, Fritz: *Saturn und Melancholie. Studien zur Geschichte der Naturphilosophie und Medizin, der Religion und der Kunst.* Frankfurt/M. 1992 (stw 1010) [zuerst engl. 1964].

Kunstforum international, Bd. 143/1998: *Lebenskunst als Real Life.* Hg. von Paolo Bianchi.

Luck, Georg (Hg.): *Die Weisheit der Hunde. Texte der antiken Kyniker.* Stuttgart 1997.

Marcuse, Ludwig: *Philosophie des Glücks. Von Hiob bis Freud.* Neuausg. Zürich 1972 [zuerst 1948].

Marten, Rainer: *Lebenskunst. Ein philosophischer Entwurf.* München 1993.

Nehamas, Alexander: *Die Kunst zu leben. Sokratische Reflexionen von Platon bis Foucault.* Hamburg 2000.

Niehues-Pröbsting, Heinrich: *Der Kynismus des Diogenes und der Begriff des Zynismus.* Frankfurt/M. 1988 (stw 713) [zuerst 1979].

Nietzsche, Friedrich: *Die fröhliche Wissenschaft* (1882). In: ders., *Sämtliche Werke. Kritische Studienausgabe*, Bd. 3. 2. Aufl. München u. a. 1988, S. 343–651.

Nussbaum, Martha C.: *The Fragility of Goodness. Luck and Ethics in Greek Tragedy and History.* Cambridge 1986.

Nussbaum, Martha C.: *Gerechtigkeit oder Das gute Leben.* Hg. von Herlinde Pauer-Studer. Frankfurt/M. 1999 (es 1739).

Schmid, Wilhelm: *Die Geburt der Philosophie im Garten der Lüste. Michel Foucaults Archäologie des platonischen Eros.* Frankfurt/M. 2000 (st 3215) [zuerst 1987].

Schmid, Wilhelm: *Auf der Suche nach einer neuen Lebenskunst. Die Frage nach dem Grund und die Neubegründung der Ethik bei Foucault.* Frankfurt/M. 2000 (stw 1487) [zuerst 1991].

Schmid, Wilhelm: *Philosophie der Lebenskunst. Eine Grundlegung.* Frankfurt/M. 1998 (stw 1385).

Schmitz, Heinz-Günter: *Physiologie des Scherzes. Bedeutung und Rechtfertigung der Ars Iocandi im 16. Jahrhundert.* Hildesheim, New York 1972.

Schneider, Ursula: *Grundzüge einer Philosophie des Glücks bei Nietzsche.* Berlin u. a. 1983.

Sillem, Peter (Hg.): *Melancholie oder Vom Glück, unglücklich zu sein. Ein Lesebuch.* München 1997 (dtv 12467).

Starobinski, Jean: *Geschichte der Melancholiebehandlung von den Anfängen bis 1900.* Basel 1960.

Steinfahrt, Holmer (Hg.): *Was ist gutes Leben? Philosophische Reflexionen.* Frankfurt/M. 1998 (stw 1323).

Thomä, Dieter (Hg.): *Lebenskunst und Lebenslust. Ein Lesebuch vom guten Leben.* München 1996.

Titze, Michael/Eschenröder, Christof T.: *Therapeutischer Humor. Grundlagen und Anwendungen.* Frankfurt/M. 1998 (Fischer TB 12650).

Walther, Lutz (Hg.): *Melancholie.* Leipzig 1999 (Reclam-Bibliothek 1664).

Werle, Josef M. (Hg.): *Klassiker der philosophischen Lebenskunst – von der Antike bis zur Gegenwart. Ein Lesebuch.* München 2000.

Werle, Josef M. (Hg.): *Epikur für Zeitgenossen. Ein Lesebuch zur Philosophie des Glücks.* München 2002.

Wolf, Ursula: *Die Suche nach dem guten Leben. Platons Frühdialoge.* Reinbek 1996.

Zanker, Paul: *Eine Kunst für die Sinne. Zur hellenistischen Bilderwelt des Dionysos und der Aphrodite.* Berlin 1998.

II. Lachen: Feste und Gottvertrauen

Adam, Wolfgang (Hg.): *Geselligkeit und Gesellschaft im Barockzeit-alter*. 2 Bde. Wiesbaden 1997.

Bachtin, Michail: *Probleme der Poetik Dostojewskis*. München 1971 [zuerst russ. 1929, veränd. 1963].

Bachtin, Michail: *Rabelais und seine Welt. Volkskultur als Gegenkultur*. Hg. und mit einem Vorwort von Renate Lachmann. Frankfurt/M. 1987 [zuerst russ. 1967].

Bachtin, Michail: *Literatur und Karneval. Zur Romantheorie und Lach-kultur*. Frankfurt/M. 1990 (Fischer TB 7434) [zuerst 1969].

Berger, Peter L.: *Erlösendes Lachen. Das Komische in der menschlichen Erfahrung*. Berlin 1998.

Bohrer, Karl Heinz/ Scheel, Kurt (Hg.): *Lachen. Über westliche Zivilisa-tion*. Stuttgart 2002 (Sonderheft *Merkur*, Nr. 641/642).

Corbin, Alain: *Meereslust. Das Abendland und die Entdeckung der Küste*. Frankfurt/M. 1994 (Fischer TB 10989) [zuerst Paris 1988].

Croix, Arnaud de la: *Liebeskunst und Lebenslust. Sinnlichkeit im Mittelalter*. Darmstadt 2003.

Dietzsch, Steffen (Hg.): *Luzifer lacht. Philosophische Betrachtungen von Nietzsche bis Tabori*. Leipzig 1993 (Reclam-Bibliothek 1480).

Fietz, Lothar u.a. (Hg.): *Semiotik, Rhetorik und Soziologie des La-chens. Vergleichende Studien zum Funktionswandel des Lachens in Mittelalter und Neuzeit*. Tübingen 1996.

Gaus, Detlef: *Geselligkeit und Gesellige. Bürgertum und bildungsbür-gerliche Kultur um 1800*. Stuttgart 1998.

Haug, Walter/Warning, Rainer (Hg.): *Das Fest*. München 1989 (Poetik und Hermeneutik 14).

Hebekus, Uwe (Hg.): *Goethes Feste*. Frankfurt/M., Leipzig 1993 (it 1325).

Kamper, Dietmar/Wulf, Christoph (Hg.): *Lachen, Gelächter, Lächeln. Reflexionen in drei Spiegeln*. Frankfurt/M. 1986.

Kotthoff, Helga: *Spaß verstehen. Zur Pragmatik von konventionellem Humor*. Tübingen 1998.

Mennecke-Haustein, Ute: *Luthers Trostbriefe*. Gütersloh 1989.

Oechslin, Werner/Buschow, Anja: *Festarchitektur. Der Architekt als In-szenierungskünstler*. Stuttgart 1988.

Rang, Florenz Christian: *Historische Psychologie des Karnevals* [entst. 1909]. Hg. von Lorenz Jäger. Berlin 1983.

Richter, Dieter: *Schlaraffenland. Geschichte einer populären Utopie.* Frankfurt/M. 1995 (Fischer TB 12780).

Röcke, Werner: *Die Freude am Bösen. Studien zur Poetik des deutschen Schwankromans im Spätmittelalter.* München 1987.

Röcke, Werner/Neumann, Helga (Hg.): *Komische Gegenwelten. Lachen und Literatur in Mittelalter und früher Neuzeit.* Paderborn u. a. 1999.

Steiger, Johann Anselm: *Melancholie, Diätetik und Trost. Konzepte der Melancholie-Therapie im 16. und 17. Jahrhundert.* Heidelberg 1996.

Stern, Alfred: *Philosophie des Lachens und Weinens.* Wien, München 1980.

Straub, Eberhard: *Repraesentatio Maiestatis oder churbayrische Freudenfeste. Die höfischen Feste in der Münchner Residenz vom 16. bis zum Ende des 18. Jahrhunderts.* München 1969.

Wickberg, Daniel: *The Senses of Humor. Self and Laughter in Modern America.* Ithaca 1998.

III. Melancholie-Therapie: Die Heiterkeit der Literatur

Anz, Thomas: *Literatur und Lust. Glück und Unglück beim Lesen.* München 1998.

Bellebaum, Alfred/Muth, Ludwig (Hg.): *Leseglück. Eine vergessene Erfahrung?* Opladen 1996.

Benjamin, Walter: *Der Ursprung des deutschen Trauerspiels* (1928). In: ders., *Gesammelte Schriften.* Hg. von Rolf Tiedemann und Hermann Schweppenhäuser, Bd. I. Frankfurt/M. 1974, S. 203–430.

Bernhard, Klaus: *Idylle. Theorie, Geschichte, Darstellung in der Malerei 1750–1850. Zur Anthropologie deutscher Seligkeitsvorstellungen.* Köln, Wien 1977.

Böhmer, Günter: *Sei glücklich und vergiß mein nicht. Stammbuchblätter und Glückwunschkarten.* München 1973.

Böschenstein-Schäfer, Renate: *Idylle.* 2. Aufl. Stuttgart 1977.

Eichhorn, Peter: *Kritik der Heiterkeit.* Heidelberg 1973.

Garber, Klaus (Hg.): *Europäische Bukolik und Georgik.* Darmstadt 1976 (Wege der Forschung 355).

Gutjahr, Ortrud u. a. (Hg.): *Gesellige Vernunft. Zur Kultur der literarischen Aufklärung. Festschrift für Wolfram Mauser.* Würzburg 1993.

Hörisch, Jochen: *Gott, Geld und Glück. Zur Logik der Liebe in den Bildungsromanen Goethes, Kellers und Thomas Manns*. Frankfurt/M. 1983 (es 1180).

Jentzsch, Bernd (Hg.): *Lauter Lust, wohin das Auge gafft. Deutsche Poeten in der Manier Anakreons*. Leipzig 1991 (Reclam-Bibliothek, Bd. 497).

Kiedaisch, Petra: *Ist die Kunst noch heiter? Theorie, Problematik und Gestaltung der Heiterkeit in der deutschsprachigen Literatur nach 1945*. Tübingen 1996.

Kiedaisch, Petra/Bär, Jochen (Hg.): *Heiterkeit. Konzepte in Literatur und Geistesgeschichte*. München 1997.

Kimmich, Dorothee: *Epikureische Aufklärungen. Philosophische und poetische Konzepte der Selbstsorge*. Darmstadt 1993.

Klotz, Volker: *Bürgerliches Lachtheater. Komödie, Posse, Schwank, Operette*. München 1980.

Koranyi, Stephan (Hg.): *Heiteres Darüberstehen. Geschichten und Gedichte zum Vergnügen*. Stuttgart 1990 (Universal-Bibliothek 4004).

Maisak, Petra/Fiedler, Corinna (Hg.): *Arcadien. Landschaft vergänglichen Glücks*. Frankfurt/M., Leipzig 1992 (it 1421).

Mauser, Wolfram: *Konzepte aufgeklärter Lebensführung. Literarische Kultur im frühmodernen Deutschland*. Würzburg 2000.

Menninghaus, Winfried: *Lob des Unsinns. Über Kant, Tieck und Blaubart*. Frankfurt/M. 1995.

Preisendanz, Wolfgang: *Humor als dichterische Einbildungskraft. Studien zur Erzählkunst des poetischen Realismus*. München 1963.

Preisendanz, Wolfgang/Warning, Rainer (Hg.): *Das Komische*. München 1976 (Poetik und Hermeneutik 7).

Profitlich, Ulrich (Hg.): *Komödientheorie. Texte und Kommentare vom Barock bis zur Gegenwart*. Hamburg 1998 (re 55574).

Schings, Hans-Jürgen: *Melancholie und Aufklärung. Melancholiker und ihre Kritiker in Erfahrungsseelenkunde und Literatur des 18. Jahrhunderts*. Stuttgart 1977.

Schneider, Helmut J. (Hg.): *Idyllen der Deutschen*. Frankfurt/M. 1978.

Schüsseler, Martin: *Unbeschwert aufgeklärt. Scherzhafte Literatur im 18. Jahrhundert*. Tübingen 1990.

Seibert, Peter: *Der literarische Salon. Literatur und Geselligkeit zwischen Aufklärung und Vormärz*. Stuttgart 1993.

Stollmann, Rainer: *Groteske Aufklärung. Studien zu Natur und Kultur des Lachens*. Stuttgart 1997.

Völker, Ludwig: *Muse Melancholie – Therapeutikum Poesie. Studien zum Melancholie-Problem in der deutschen Lyrik von Hölty bis Benn.* München 1978.

Völker, Ludwig (Hg.): »*Komm, heilige Melancholie*«. *Eine Anthologie deutscher Melancholie-Gedichte. Mit Ausblicken auf die europäische Melancholie-Tradition in Literatur- und Kunstgeschichte.* Stuttgart 1983 (Universal-Bibliothek 7984).

Wagner-Egelhaaf, Martina: *Die Melancholie der Literatur. Diskursge schichte und Textfiguration.* Stuttgart 1997.

Weinrich, Harald: *Lethe. Kunst und Kritik des Vergessens.* München 1997.

Weinrich, Harald: *Kleine Literaturgeschichte der Heiterkeit.* Überarb. und erw. Neuausg. München 2001 [zuerst Opladen 1990].

Zeman, Herbert: *Die deutsche anakreontische Dichtung. Ein Versuch zur Erfassung ihrer ästhetischen und literaturhistorischen Erscheinungsformen im 18. Jahrhundert.* Stuttgart 1972.

IV. Glück: Grenzen der Freude in der Moderne

Abele, Andrea/Becker, Peter (Hg.): *Wohlbefinden. Theorie, Empirie, Diagnostik.* Weinheim, München 1991.

Adorno, Theodor W.: *Minima Moralia. Reflexionen aus dem beschädigten Leben.* (1951). Frankfurt/M. 1979 (Bibliothek Suhrkamp 263).

Bellebaum, Alfred (Hg.): *Glück und Zufriedenheit. Ein Symposium.* Opladen 1992.

Bellebaum, Alfred: *Glücksforschung. Eine Bestandsaufnahme.* Konstanz 2002.

Bellebaum, Alfred/Barheier, Klaus (Hg.): *Glücksvorstellungen. Ein Rückgriff in die Geschichte der Soziologie.* Opladen 1997.

Bellebaum, Alfred u. a. (Hg.): *Staat und Glück. Politische Dimensionen der Wohlfahrt.* Opladen 1998.

Bien, Günther (Hg.): *Die Frage nach dem Glück.* Stuttgart 1978.

Bloch, Ernst: *Das Prinzip Hoffnung* (1959). 3 Bde. Frankfurt/M. 1973 (stw 3).

Bohrer, Karl Heinz: *Plötzlichkeit. Zum Augenblick des ästhetischen Scheins.* Frankfurt/M. 1981 (es 1058).

Bohrer, Karl Heinz: *Das absolute Präsenz. Die Semantik ästhetischer Zeit*. Frankfurt/M. 1994 (stw 1055).

Bohrer, Karl-Heinz: *Der Abschied. Theorie der Trauer*. Frankfurt/M. 1996.

Bohrer, Karl Heinz: *Ästhetische Negativität. Zum Problem des literarischen und philosophischen Nihilismus*. München 2002.

Bohrer, Karl Heinz: *Ekstasen der Zeit. Augenblick, Gegenwart, Erinnerung*. München 2003.

Bolz, Norbert: *Das konsumistische Manifest*. München 2002.

Bruckner, Pascal: *Verdammt zum Glück. Der Fluch der Moderne*. Berlin 2001.

Fink-Eitel, Hinrich/Lohmann, Georg (Hg.): *Zur Philosophie der Gefühle*. Frankfurt/M. 1993 (stw 194).

Freud, Sigmund: *Studienausgabe*. Hg. von Alexander Mitscherlich u. a. 11 Bde. Frankfurt/M. 1982.

Geier, Manfred: *Das Glück der Gleichgültigen. Von der stoischen Seelenruhe zur postmodernen Indifferenz*. Reinbek 1997 (re 55586).

Grasskamp, Walter: *Konsumglück. Die Ware Erlösung*. München 2000 (becksche reihe 1397).

Hausschild, Thomas (Hg.): *Lebenslust und Fremdenfurcht. Ethnologie im Dritten Reich*. Frankfurt/M. 1995 (stw 1189).

Heidbrink, Ludger: *Melancholie und Moderne. Zur Kritik der historischen Verzweiflung*. München 1994.

Heidbrink, Ludger (Hg.): *Entzauberte Zeit. Der melancholische Geist der Moderne*. München 1997.

Heimann, Hans (Hg.): *Anhedonie – Verlust der Lebensfreude*. Stuttgart, New York 1990.

Horkheimer, Max/Adorno, Theodor W.: *Dialektik der Aufklärung* (1947). In: Max Horkheimer, *Gesammelte Schriften*, Bd. V. Frankfurt/M. 1987, S. 11–290.

Kerbs, Diethart (Hg.): *Die hedonistische Linke. Beiträge zur Subkultur-Debatte*. Neuwied, Berlin 1970.

Klein, Stefan: *Die Glücksformel oder Wie die guten Gefühle entstehen*. Reinbek 2002.

Kursbuch 95/1989: *Das Glück*.

Lauer, Werner: *Humor als Ethos. Eine moralpsychologische Untersuchung*. Bern u. a. 1974.

Lepenies, Wolf: *Melancholie und Gesellschaft*. Neuausg. Frankfurt/M. 1998 (stw 967) [zuerst 1969].

Lewin, Bertram D.: *Das Hochgefühl. Zur Psychoanalyse der gehobenen, hypomanischen und manischen Stimmung*. Frankfurt/M. 1982.

Mitscherlich, Alexander und Margarete: *Die Unfähigkeit zu trauern. Grundlagen kollektiven Verhaltens* (1967). Leipzig 1990 (Reclam-Bibliothek 1374).

Piper, Annemarie: *Glückssache. Die Kunst, gut zu leben*. Hamburg 2001.

Ruch, Willibald: *The Sense of Humor. Explorations of a Personality Characteristic*. Berlin, New York 1998.

Sauerland, Karol (Hg.): *Melancholie und Enthusiasmus. Studien zur Literatur- und Geistesgeschichte der Jahrhundertwende*. Frankfurt/M. u. a. 1988.

Schummer, Joachim (Hg.): *Glück und Ethik*. Würzburg 1998.

Seel, Martin: *Versuch über die Form des Glücks. Studien zur Ethik*. Frankfurt/M. 1995 (stw 1445).

Spaemann, Robert: *Glück und Wohlwollen. Versuch über Ethik*. Stuttgart 1989.

Thomä, Dieter: *Vom Glück in der Moderne*. Frankfurt/M. 2003 (stw 1648).

Weinrich, Harald (Hg.): *Positionen der Negativität*. München 1975 (Poetik und Hermeneutik 6).

Autoren- und Quellenverzeichnis

Richard Alewyn (1902–1979); seit 1932 Professor für Neuere deutsche Literaturgeschichte an der Univ. Heidelberg, 1933 Emigration, Gastprofessuren in Paris und London, Aufenthalte in Österreich und der Schweiz, seit 1939 Professor am Queens College in New York, 1948 Rückkehr nach Deutschland, seit 1949 Professor für Neuere deutsche Literatur an der Univ. Köln, seit 1955 an der FU Berlin und 1959–1967 an der Univ. Bonn, Herausgeber des »Euphorion« 1957–1961. – Buchveröffentlichungen u. a.: Vorbarocker Klassizismus und griechische Tragödie (1926, Nachdr. 1962), Johann Beer. Studien zum Roman des 17. Jahrhunderts (1932), Über Hugo von Hofmannsthal (1957, 4. Aufl. 1967), Das große Welttheater (1959, 2. Aufl. 1985), Probleme und Gestalten (1974).

Die höfischen Feste (1954). In: ders., Das große Welttheater. Die Epoche der höfischen Feste. München: Beck 1985 [zuerst 1959], S. 7–18. – © C. H. Beck, München 1985.

Michail Bachtin (1885–1975); nach einem Studium der klassischen Philologie in Odessa und St. Petersburg von 1918 bis 1920 Gymnasiallehrer in Nevel, 1929 Verhaftung und Verbannung nach Kasachstan bis 1936, anschließend Deutsch- und Russischlehrer in Kimry bei Moskau, von 1945 bis 1960 Professor für russische und europäische Literatur an der Pädagogischen Hochschule Saransk. – Buchpublikationen u. a.: Die formale Methode in der Literaturwissenschaft (russ. 1928, dt. 1976), Probleme der Poetik Dostojewskis (russ. 1929, Neuausg. russ. 1963, dt. 1971), Rabelais und seine Welt (russ. 1965, dt. 1987), Literatur und Karneval. Zur Romantheorie und Lachkultur [Auszüge aus den Büchern über Dostojewski und Rabelais] (1969), Die Ästhetik des Wortes (russ. 1975, dt. 1979).

Die volkstümliche Lachkultur. In: ders., Rabelais und seine Welt. Volkskultur als Gegenkultur. Hg. und mit einem Vorwort von Renate Lachmann. Frankfurt/M.: Suhrkamp 1987, S. 51–67 (leicht gekürzt).

Karl Heinz Bohrer, geb. 1932; seit 1966 Leiter des Literaturblatts der »Frankfurter Allgemeinen Zeitung«, später Kulturkorrespondent, von 1982 bis 1998 Professor für Literaturwissenschaft an der Univ. Bielefeld, seit 1984 Mitherausgeber des »Merkur«. – Buchveröffentlichungen u. a.: Die gefährdete Phantasie oder Surrealismus und Terror (1970), Die Ästhetik des Schreckens (1978), Ein bißchen Lust am Untergang (1979, Neuausg. 1982), Plötzlichkeit (1981, Neuaufl. 1998), Mythos und Moderne (Hg. 1983), Der romantische Brief (1987, Neuausg. 1989), Die Kritik der Romantik (1989, Neuaufl. 2001), Der Abschied. Theorie der Trauer (1996, Neuaufl. 1997), Die Grenzen des Ästhetischen (1998), Ästhetische Negativität (2002), Ekstasen der Zeit (2003).
Kleists »heiterer« Todesdiskurs. In: ders., Der romantische Brief. Die Entstehung ästhetischer Subjektivität. Frankfurt/M.: Suhrkamp 1989 (es 1582), S. 135f. und 164, hier S. 143–149 (vom Autor gekürzt).– © 1987 Carl Hanser Verlag München–Wien.

Sigmund Freud (1856–1939); nach einem Studium der Medizin von 1882 bis 1885 Tätigkeit als Neurologe in einem Wiener Krankenhaus, seit 1885 Privatdozent für Nervenkrankheiten an der Univ. Wien (Ernennung zum Professor 1902), nach einem sechsmonatigen Aufenthalt in Paris 1886 Eröffnung einer neurologischen Privatpraxis, in den folgenden Jahrzehnten Begründung und Entwicklung der Psychoanalyse in zahlreichen Schriften, 1938 Emigration nach London. – Buchveröffentlichungen u. a.: Studien über Hysterie (1895), Traumdeutung (1900), Zur Psychopathologie des Alltagslebens (1901), Drei Abhandlungen über Sexualtheorie (1905), Der Witz und seine Beziehung zum Unbewußten (1905), Totem und Tabu (1913), Jenseits des Lustprinzips (1920), Das Ich und das Es (1923), Das Unbehagen an der Kultur (1930), Gesammelte Werke, 18 Bde. (1940–1952), The Standard Edition of the Complete Psychological Works, 24 Bde. (1953–1974).
Der Humor (1927). In: ders., Studienausgabe, Bd. IV: Psychoanalytische Schriften. Frankfurt/M.: S. Fischer 1982 (Fischer TB 7304), S. 277–282. – © S. Fischer Verlag GmbH 1982.

Axel Honneth, geb. 1949; nach Professuren in Konstanz und an der FU Berlin Professor für Sozialphilosophie an der Univ. Frankfurt/M. und Direktor des Instituts für Sozialforschung, Mithg. der »Deutschen Zeitschrift für Philosophie«. – Buchpublikationen u. a.: Soziales Handeln und menschliche Natur (1980 mit Hans Joas), Kritik der Macht (1985), Die zerrissene Welt des Sozialen. Sozialphilosophische Aufsätze (1989; erw. Aufl. 1999), Kampf um Anerkennung (1992), Das Andere der Gerechtigkeit (2000), Leiden an Unbestimmtheit (2001), Unsichtbarkeit (2003), Umverteilung oder Anerkennung. Eine politisch-philosophische Kontroverse (2003 mit N. Fraser).

Wurzeln des modernen Hedonismus. In: ders., Desintegration. Bruchstücke einer soziologischen Zeitdiagnose. Frankfurt/M.: S. Fischer 1994 (Fischer TB 12347), S. 39–47. – © S. Fischer Verlag GmbH 1994.

Helmuth Kiesel, geb. 1947; seit 1990 Inhaber des Lehrstuhls für Neuere Deutsche Literaturgeschichte an der Univ. Heidelberg. – Buchpublikationen u.a.: Gesellschaft und Literatur im 18. Jahrhundert (Mitverf. 1977), »Bei Hof, bei Höll«. Untersuchungen zur literarischen Hofkritik (1979), Lessing: Epoche, Werk, Wirkung (Mitverf. 1975, 6. Aufl. 1998), Erich Kästner (1981), Literarische Trauerarbeit. Das Exil- und Spätwerk Alfred Döblins (1986), Briefe von und an Lessing 1743–1781 (Hg. 3 Bde. 1987–1994), Wissenschaftliche Diagnose und dichterische Vision der Moderne (1994), Martin Walser: Werke (Hg. 12 Bde. 1997), Ernst Jünger – Carl Schmitt: Briefe 1930–1983 (Hg. 1999), Geschichte der literarischen Moderne (in Vb. für 2004).

Thomas Manns *Doktor Faustus*. Reklamation der Heiterkeit. In: Deutsche Vierteljahrsschrift für Literaturwissenschaft und Geistesgeschichte 64 (1990), H. 4, S. 726–743 (vom Autor um einige Abschnitte gekürzt). – Mit freundlicher Genehmigung des Autors.

Dorothee Kimmich, geb. 1961; seit 2002 Professorin für Neuere deutsche Literatur an der Universität Tübingen. – Buchpublikationen u. a.: Epikureische Aufklärungen. Philosophische und poetische Konzepte der Selbstsorge (1993), Texte zur Literaturtheorie der Gegenwart (Mithg. 1996), Wirklichkeit als Konstruktion. Studien zu Geschichte und Geschichtlichkeit bei Heine, Büchner, Immermann, Stendhal, Keller und Flaubert (2002), Charlie Chaplin. Eine Ikone der Moderne (Hg. 2003), Universität ohne Zukunft? (Mithg. 2003).

Epikurs Philosophie und das Konzept der Selbstsorge. In: Epikureische Aufklärungen. Philosophische und poetische Konzepte der Selbstsorge. Darmstadt: Wiss. Buchges. 1993, S. 22–31 (leicht erw. Fassung). – Mit freundlicher Genehmigung der Autorin.

Andreas Heinz, geb. 1960; seit 2002 Professor für Psychiatrie und Direktor der Klinik für Psychiatrie und Psychotherapie der Charité/ Humboldt-Univ. Berlin. – Buchpublikationen u. a.: Das dopaminerge Verstärkungssystem (2000), Anthropologische und evolutionäre Modelle in der Schizophrenieforschung (2002), Neurobiologie der Alkohol- und Nikotinabhängigkeit (Mithg. 2003).
Irre Lüste und lustloses Irren. Konstruktionen von Lust und Begierde im 20. Jahrhundert. – Originalbeitrag.

Anja Höfer, geb. 1971; seit 2002 Kulturredakteurin und Hörfunkmoderatorin beim Südwestrundfunk Baden-Baden, zahlreiche Zeitungs-Hörfunk- und Fernsehbeiträge. – Buchpublikation: Johann Wolfgang von Goethe. Portrait (1999).
Heiterkeit auf dunklem Grund. Zu einem zentralen Begriff in Goethes Kunstanschauung. In: Petra Kiedaisch/Jochen A. Bär (Hg.), Heiterkeit. Konzepte in Literatur und Geistesgeschichte. München: Fink 1997, S. 85–108 (von der Autorin gekürzt). – © Wilhelm Fink Verlag 1997.

Wolfram Mauser, geb. 1928; seit 1964 Inhaber des Lehrstuhls für Neuere deutsche Literatur an der Univ. Freiburg/Br., Emeritierung 1993. – Buchpublikationen u. a. über Karl Hillebrand (1960), Hofmannsthal (1960, 1964 und 1977), Bobrowski (1970), Paul Celan (1974 mit anderen), Gryphius (1976), Christa Wolf (1987), Lichtenberg (2000), zuletzt: Konzepte aufgeklärter Lebensführung. Literatur und Kultur im frühmodernen Deutschland (2000).
Anakreon als Therapie? Zur medizinisch-diätetischen Begründung der Rokoko-Dichtung. In: Lessing-Yearbook 20 (1988), S. 87–120, hier S. 107–116 (vom Autor gekürzt). – Mit freundlicher Genehmigung des Autors.

Franziska Meier, geb. 1964; seit 2001 Privatdozentin für Romanische Philologie an der Univ. Passau, z. Zt. Vertretungsprofessur an der Univ. Mannheim. – Buchpublikationen: Leben im Zitat. Zur Modernität der Romane Stendhals (1993), Emanzipation als Herausforderung. Rechtsrevolutionäre Autoren zwischen Bisexualität und Androgynie (1998), Mythos der Erneuerung. Italienische Prosa in Faschismus und Resistenza (2002).
Das Lachen des Hofmanns. In: Merkur 56, 641/642 (Sept./Okt. 2002), H. 9/10, S. 801–808. – Mit freundlicher Genehmigung der Autorin.

Wilhelm Schmid, geb. 1953; lebt als freier Philosoph in Berlin und lehrt als Privatdozent an der Univ. Erfurt sowie als Gastdozent an der Staatl. Univ. Tiflis (Georgien). – Buchpublikationen u.a.: Die Geburt der Philosophie im Garten der Lüste. Michel Foucaults Archäologie des platonischen Eros (Neuausg. 2000, zuerst 1987), Auf der Suche nach einer neuen Lebenskunst. Die Frage nach dem Grund und die Neubegründung der Ethik bei Foucault (Neuausg. 2000, zuerst 1991), Denken und Existenz bei Michel Foucault (Hg. 1991), Was geht uns Deutschland an? (1993), Philosophie der Lebenskunst (1998, 8. Aufl. 2001), Schönes Leben? Einführung in die Lebenskunst (2000, 5. Aufl. 2002), Reinhold Messners Philosophie (Mithg. 2001).
Wiederkehr der Heiterkeit. Zur Rehabilitierung eines philosophischen Begriffs. In: ders., Schönes Leben? Einführung in die Lebenskunst. Frankfurt/M.: Suhrkamp 2000, S. 152–162 (vom Autor um Nachweise erw. Fassung). – © Suhrkamp Verlag Frankfurt am Main 2000.

Heinz-Günter Schmitz, geb. 1938; seit 1982 Prof. für Germanistik an der Universität Kiel. – Buchpublikationen u.a.: Physiologie des Scherzes (1972), Die Schildbürger. Nachdr. der Ausg. von 1598 (Hg. 1975), Wolfgang Büttners Volksbuch von Claus Narr (1990), Jahrbuch der Henning-Kaufmann-Stiftung zur Pflege der Reinheit der deutschen Sprache (Mithg. seit 1985), zahlreiche Arbeiten zur Geschichte der Melancholie und zur populären Literatur der frühen Neuzeit.
Die physiologische Heilwirkung von Scherz und Lachen nach den Lehren der Medizin. In: ders., Physiologie des Scherzes. Bedeutung und Rechtfertigung der Ars Iocandi im 16. Jahrhundert. Hildesheim, New York: Olms 1972, S. 135–151 (vom Autor leicht überarb. u. gekürzt). – Mit freundlicher Genehmigung des Autors.

Detlev Schöttker, geb. 1954; seit 2000 Professor für Neuere deutsche Literatur und Medienanalyse an der TU Dresden. – Buchpublikationen u.a.: Hermen Bote. Braunschweiger Autor zwischen Mittelalter und Neuzeit (Mithg. 1987), Bertolt Brechts Ästhetik des Naiven (1989), Konstruktiver Fragmentarismus. Form und Rezeption der Schriften Walter Benjamins (1999), Von der Stimme zum Internet. Texte aus der Geschichte der Medienanalyse (Hg. 1999), Walter Benjamin: Medienästhetische Schriften (mit Nachwort 2002), Mediengebrauch und Erfahrungswandel. Beiträge zur Kommunikationsgeschichte (Hg. 2003).

Martin Seel, geb. 1954; seit 1992 Professor für Philosophie an der Univ. Hamburg und seit 1995 an der Univ. Gießen. – Buchveröffentlichungen: Die Kunst der Entzweiung. Zum Begriff der ästhetischen Rationalität (1985), Eine Ästhetik der Natur (1991), Versuch über die Form des Glücks (1995), Ethisch-ästhetische Studien (1996), Ästhetik des Erscheinens (2000), Vom Handwerk der Philosophie (2000), Sich bestimmen lassen. Studien zur theoretischen und praktischen Philosophie (2002).
Paradoxien des Glücks. Warum das Glück nicht hält, was es verspricht. In: Neue Zürcher Zeitung vom 26./27. 10. 2002 (leicht erw. Fassung). – Mit freundlicher Genehmigung des Autors.

Peter Sloterdijk, geb. 1947; Prof. für Philosophie an der Hochschule für Gestaltung in Karlsruhe, Herausgeber der Reihe »Philosophie jetzt!« – Buchpublikationen u. a. (jeweils in mehreren Aufl.): Kritik der zynischen Vernunft (1983), Der Zauberbaum (1985), Der Denker auf der Bühne. Nietzsches Materialismus (1986), Kopernikanische Mobilmachung und ptolemäische Abrüstung (1987), Zur Welt kommen – Zur Sprache kommen. Frankfurter Vorlesungen (1988), Eurotaoismus (1989), Vor der Jahrtausendwende. Berichte zur Lage der Zukunft (Hg. 1990), Weltrevolution der Seele (Mithg. 1991), Im selben Boot. Versuch über Hyperpolitik (1995), Sphären I: Blasen (1998), Sphären II: Globen (1999), Nicht gerettet. Versuche über Heidegger (2001), Luftbeben. An den Quellen des Terrors (2002).
Auf der Suche nach der verlorenen Frechheit. In: ders., Kritik der zynischen Vernunft. 2 Bde. Frankfurt/M.: Suhrkamp 1983 (es 1099), hier Bd. 1, S. 203–208 und S. 245–252. – © Suhrkamp Verlag Frankfurt am Main 1983.

Dieter Thomä, geb. 1959; seit 2000 Professor für Philosophie an der Univ. St. Gallen. – Buchveröffentlichungen u. a.: Die Zeit des Selbst und die Zeit danach. Zur Kritik der Textgeschichte Martin Heideggers 1910–1976 (1990), Eltern. Kleine Philosophie einer riskanten Lebensform (1992), Lebenskunst und Lebenslust (Hg. 1996), Erzähle dich selbst. Lebensgeschichte als philosophisches Problem (1998), Unter Amerikanern. Eine Lebensart wird besichtigt (2000), Analytische Philosophie der Liebe (Hg. 2000), Vom Glück in der Moderne (2003), Heidegger-Handbuch (Hg. 2003).
Vom Glück und seinen Verrätern. In: Frankfurter Allgemeine Zeitung

vom 27. 11. 1999 (stark erw. Fassung). – Mit freundlicher Genehmigung des Autors.

Harald Weinrich, geb. 1927; nach Professuren für Romanistik und Linguistik an verschiedenen Universitäten von 1978 bis 1992 Professor für Deutsch als Fremdsprache an der Univ. München und von 1992 bis 1998 Professor für Romanistik am Collège de France in Paris, Mitbegründer und erster Direktor des Zentrums für Interdisziplinäre Forschung an der Univ. Bielefeld 1972–1974. – Buchveröffentlichungen u. a.: Das Ingenium Don Quijotes (1956), Tempus. Besprochene und erzählte Welt (1964), Linguistik der Lüge (1966), Literatur für Leser (1971), Textgrammatik der französischen Sprache (1982, franz. 1989), Wege der Sprachkultur (1986), Textgrammatik der deutschen Sprache (1993), Lethe. Kunst und Kritik des Vergessens (1997), Kleine Literaturgeschichte der Heiterkeit (1990, erw. Neuausg. 2001).
Was heißt »Lachen ist gesund«? In: Wolfgang Preisendanz/Rainer Warning (Hg.), Das Komische. München: Fink 1976 (Poetik und Hermeneutik, Bd. VII), S. 402–408 (vom Autor leicht gekürzt). – © Wilhelm Fink Verlag 1976.

Herausgeber und Verlag danken den Autorinnen und Autoren sowie den Verlagen, Zeitungen und Zeitschriften für die Genehmigung des Nachdrucks der Beiträge.

Ein besonderer Dank gilt Anja Rößler für technische Hilfen sowie Anja Hübner für ihre Mitarbeit an der Redaktion des Bandes.

Melancholie

Herausgegeben von Lutz Walther

229 Seiten. RBL 1664. € 12,10

ISBN 3-379-01664-0

Was bedeutet »Melancholie«? Eine pathologische Störung oder eine wesentliche Voraussetzung für Genialität und kreatives Schaffen? Verzweiflung an der Sinnlosigkeit der Welt? Im Mittelalter galt sie sogar als unheilbare Erb- und Todsünde.

Literaturwissenschaftler, Kunsthistoriker und Psychopathologen befassen sich seit langem mit dem Phänomen »Melancholie«. Gegenwärtig findet, vor allem im deutschsprachigen Raum, eine regelrechte Debatte zum Thema statt, die zunächst eines herausstellt: Melancholie ist weitaus mehr als nur unbestimmte Traurigkeit, nostalgische Schwermut oder faules Nichtstun.

Dieses Studienbuch bietet sowohl einen Einblick in die reichhaltige Diskussion als auch einen Überblick über die Geschichte der Melancholie.

RECLAM
LEIPZIG

Ekkehard Martens

Vom Staunen oder
Die Rückkehr der Neugier

138 Seiten. RBL 20057. € 8,90
ISBN 3-379-20057-3

Die Fähigkeit zu Staunen galt der Antike als Grundvoraussetzung
menschlicher Existenz: »Denn Staunen veranlasste zuerst die Menschen zum Denken und Philosophieren« (Aristoteles).
Mit der neuzeitlichen Aufgeklärtheit ist dem Menschen das Staunen
aber wohl vergangen. Staunen, so scheint es, tun heute nur noch die
Kinder und die Dummen, die keinen Durchblick haben. Für den
Philosophen Ekkehard Martens bedeutet Staunen aber vielmehr ein
Innehalten angesichts wunderbarer, auch erschreckender Ereignisse,
die uns urplötzlich vor philosophische Fragen wie die nach dem Sinn
des Lebens, nach dem Wesen des Menschen, seiner Stellung in der
Welt, seinem Verhältnis zu sich selbst und zu anderen stellen.

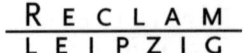

RECLAM
LEIPZIG

Ekkehard Martens
Der Faden der Ariadne
oder **Warum alle Philosophen spinnen**

119 Seiten. RBL 1704

DM 16,90. Ab 1.1.2002 € 8,50

ISBN 3-379-01704-3

Wir brauchen einen Ariadnefaden, um uns im Labyrinth der Welt zurechtzufinden. Wir müssen diesen Faden selbst in die Hand nehmen und auch weiterspinnen, um schöpferisch unser Denken und Handeln zu bestimmen. Motto des Bandes: Die Philosophen haben nur verschieden interpretiert, es kommt aber darauf an, weiterzuspinnen. Doch philosophisches Spinnen will gekonnt sein, man muss es lernen: Nicht jeder Spinner ist ein Philosoph. Aber jeder Philosoph sollte ein Spinner sein.

»Diese Untersuchung stellt eine ernst zunehmende und vergnügliche Philosophiegeschichte dar.«
Der blaue Reiter

R E C L A M
L E I P Z I G

Philosophie der Freundschaft

Herausgegeben von Klaus-Dieter Eichler

255 Seiten. RBL 1669. € 12,10

ISBN 3-379-01669-1

Die Philosophie der Griechen definiert Freundschaft als eine der höchsten Tugenden. Heute erscheint Freundschaft als Grundsubstanz einer neuen Kultur der Geselligkeit. Dieses Kompendium gibt einen Überblick über die Geschichte der »Philosophie der Freundschaft« von der griechisch-römischen Antike bis in die jüngste Gegenwart und eröffnet einen Einblick in die aktuelle Diskussion.

»Laien wie Kenner werden in der Sammlung fündig. Das Reclambändchen ist schmuck und kann nach sorgfältiger Lektüre noch ein Mitbringsel für gute Bekannte werden.«
Der blaue Reiter

»Von Cicero bis Gadamer, von Montaigne bis Nietzsche, von Hume bis Derrida – auf knapp 250 Seiten liefert das stets anregende Studienbuch die klassischen Anleitungen zum Affektmanagement in Sachen Freundschaft.«
WDR

RECLAM
LEIPZIG

Steffen Dietzsch
Kleine Kulturgeschichte
der Lüge

156 Seiten. RBL 1580. € 9,10

ISBN 3-379-01580-6

Schon mit der aus dem 16. Jahrhundert stammenden Fabel vom *Reineke Fuchs* wird das illusionslose Wissen über die Allmacht der Lüge überliefert. Mit schamlos-dreister Lüge obsiegt der Schurke Reineke Fuchs im Kampf um Macht und Reichtum. Er weiß eben, wo der Hase langläuft. Die Welt läßt sich, bedauerlicher- oder glücklicherweise, nicht mit einem Kloster vergleichen; die Lüge ist längst jenseits von Gut und Böse, sie ist schlechthin gemein, sie ist allgemein.

Steffen Dietzsch, der Berliner Philosoph, hat einen frech-provozierenden, kurzweilig-heiteren Essay geschrieben, der die Lüge nicht moralisierend verdammt, sondern als notwendiges gesellschaftliches Regulativ thematisiert.

Ein origineller Streifzug durch das Dickicht der Lügen – von der Antike bis zur Gegenwart.

R E C L A M
L E I P Z I G